文學叢刊之三十八

現代詩縱橫觀

蕭蕭 著

文史哲出版社 印行

國家圖書館出版品預行編目資料

現代詩縱橫觀/ 蕭蕭著. -- 初版. -- 臺北市 :文史哲, 民 89 印刷
面 ; 公分. -- (文學叢刊 ;38)
ISBN 957-547-052-4 (平裝)

1.中國詩 - 現代(1900-) - 評論

821.886 89001301

文學叢刊 ㊳

現代詩縱橫觀

著者：蕭蕭
出版者：文史哲出版社
登記證字號：行政院新聞局版臺業字五三三七號
發行人：彭正雄
發行所：文史哲出版社
印刷者：文史哲出版社
臺北市羅斯福路一段七十二巷四號
郵政劃撥帳號：一六一八〇一七五
電話 886-2-23511028 · 傳眞 886-2-23965656

實價新臺幣五〇〇元

中華民國八十九年二月初版二刷

ISBN 957-549-265-X

自序

越是寂寞的事，越需要有人堅持。

寫詩評論，已經堅持了二十年，必須再堅持下去，否則，台灣的詩評論，在台灣的人會失掉發言權。漫天蓋地的現代詩作品，對台灣詩作的評述，正從海峽對岸以不能估計的數量傾巢而來，如果台灣的作家、學者仍然只顧揀選容易獲得掌聲的工作，台灣現代詩的詮釋、評鑑，將被島外的聲音所替代、所淹沒，台灣文學九十三年來的獨立面貌也將逐漸模糊。

「吾爲此懼」，所以出版《現代詩縱橫觀》，《現代詩縱橫觀》是我八十年代十年間所有實際批評的滙集，應與《現代詩學》並立齊觀。如果與七十年代的成績《鏡中鏡》、《燈下燈》、《現代詩導讀》比較，追求與台灣土地、台灣人民同脈摶、同氣息的詩觀，正逐漸增強，而詩之必須爲詩的藝術理想依然堅持。

有人在街頭表達他對台灣的愛。

我則守在案頭表達對台灣的愛。

雖然寂寞，誓死堅持。

蕭蕭謹白 一九九一年五月

目次

輯一　塑造詩的風骨

建立現代詩的新形象新內涵

一、詩是一切藝術的根源

初民世界，未有文字，先有語言，未有語言，先會發聲。以最單純的咦唔、吆喝之聲，表達最基本的喜怒之情，是所有動物的本能，動物——有生命，有感覺，有情意，都會以單簡的行爲語言配合單簡的發聲，表達他的感覺與情意。人類當然也有感覺與情意，而且更爲精緻，更爲細膩，更爲敏銳，最重要的，人類不僅是有生命、有感覺、有情意的動物，而且還是能思想的動物，因此，人類的語言就更爲複雜，複雜到必須有文字記存了。

當詩還止於口傳文學的形式時，必定與「樂」與「舞」緊密接合而不可分，《樂記》上說：「凡音之起，由人心生也，人心之動，物使之然也，感於物而動，故形於聲，聲相應，故生變，變成方，謂之音。」《詩經》〈大序〉也以爲「詩者志之所之也，在心爲志，發言爲詩，言之不足，故嗟歎之，嗟歎之不足，故詠歌之，詠歌之不足，不知手之舞之，足之蹈之也」。

一般而言，詩之起源是「由人心生也」，「志之所之也」，因此必須以言、以聲、以舞，表現在外，而人心之所以動，則是「物使之然也」，外物的變動激起人心的感應，人心也不過是模仿自然而已，模仿自然之聲，自然之色，而這一切的活動源於人的心志，人的心志中最不可忽略的是「思考」，當情意初動，因外物而感而興，人的大腦馬上要思考表達的問題，表達自己的情意，使其能與他人相感應，宋朝朱熹已有這樣的看法，他在《詩經集傳》序中說：「人生而靜，天之性也，感於物而動，性之欲也，夫既有欲矣，則不能無思，既有思矣，則不能無言，既有言矣，則言之不能盡，而發於咨嗟詠歎之餘者，必有自然節奏而不能已焉，此詩之所以作也。」

「感於物而動」是心與物驟然相觸而起，無法分其先後，當其搖蕩之時，正是詩意萌生處，如果有言、有歎、有節，則是詩文學。如果有歎、有節，則可能引長而爲音樂。如果僅僅有節，而又不能不輔以手之舞，足之蹈，則舞蹈於焉形成。如果僅僅有言，言之不足，必要佐以圖繪，最簡單的線條、象形，形成美術。探究這些藝術的創造，無不是起於一源，歸於一元——「志之所之」的那點詩意正是藝術創造的最初與最終。

二、中國詩的眞正本質

詩既是人類有情、有思的證明，探討一首詩的好壞也就是探討這首詩是否再現了「自然的形象」，是否再現了「自我的形象」，換言之，這首詩是否誠於天，誠於人？我們要在詩裏發現天與人的形象，這份形象要是我們腦中已具的樣子，還要有我們所未設想的音容。

更進一步言，「情」可能爲人類所共通，「思」卻必須是詩人所獨有。中國詩的眞正本質，從這點特性去索探即可取得。

中國文化是一種人本文化，不言怪力亂神，中國人共通的「情」是基於人群生活的實貌而引發，此情是人心中的志情，也是事物的實情，中國詩中的「情」絕不脫離實際人生而存在，是實際的人與人，人與物的系聯所滋生，是環繞著人與物的情的發現與尋求，《詩經》是最好的代表，寫作詩三百的方法，古人歸納爲「賦」「比」「興」三種，王應麟在《困學紀聞》中即是以「情」與「物」的關係來敍論，他以爲：

> 敍物以言情，謂之賦，情盡物也；
> 索物以記情，謂之比，情附物也；
> 觸物以起情，謂之興，物動情也。

賦是直陳其事，一面敍物一面言情，二者同時並行，所以「情盡物」也。比是譬喩，尋求適合的外物來記情，是先有情再索物，索物以記情，所以情附於物。第三種「興」則與前二者的主動尋求物以表情的方法不同，相反的，它是被動的，因物而動情，觸物以起情，是觸景生情的，情與物之間不一定有必然的關聯。總結而言，情是虛渺的，物是實存的，情與物必須兩相配合而成詩，因此，中國詩中的情往往有實體的物可以依循，情之所以引發也往往環物而生，詩與實存環境緊密相連，與人生相連，與時代相連。

這種接連點愈多，則詩運愈蓬勃，詩作愈佳。《詩經》是北方平民文學，其涵括面要勝過《楚辭》。屈原心懷楚國蒼生，要比宋玉的悲憐身世更深刻。杜甫身歷戰火之痛，眞切、沈痛，遠非白居易可比。唐詩之所以輝煌璀燦，因爲上自皇帝、下至市井小民都寫詩，是中國貴族文學與平民文學首次大匯流；有來自印度的沈思，來自西域的羌笛，也有來自北方匈奴的驃悍之風；有承平歡樂之時，也有戰亂流離之苦，詩的堂奧因此而大而深。詩與時代與人生有著繁密而結實的接觸點，唐詩因而矗立於中國文學的廣大原野上，閃閃發光。

中國詩有中國人共通的情——注視人生，不玄不虛，也有詩人自我獨特的投射，投射的結果，有人分唐詩爲春夏秋冬四季，有人說詩有險怪、唯美之目，詞有豪放、婉約之別，都是因爲詩人個別的才氣與習染不同，認識不同，因而留下詩人獨特的風貌，也因此才使得詩的王國花繁葉茂，衆香具備，這就是中國詩，有其一貫的實際人生的關注態度，也有因詩人情思不同而表現的美學差異。

三、充實現代詩的新內涵

詩至民國初年，有了極大的變動。

詩既依緣於可視可聞可察可感的實際人群生活之實貌而引生，那麼，民國以來政制的大改革，是四千年帝制的結束，其於人心之震撼，不可說不大，正反兩面的衝激，自有其利弊，而惶惶然、茫茫然的文學走向之辨，當然成爲國人共同思考的大問題。

其時，西學東漸，完全異乎中國傳統思考模式的人生觀、文學觀，各種不同的生活方式，源源而來，這種新的刺激來得凶猛，而且具有侵略性，長久平靜的中國文學面臨這樣的場面，需要調整自己的視境。因此，白話文學的提倡、新詩的嘗試，在龐大的傳統壓力下，異軍突起，迅速竄升。

最有利的情況是：政治方面，實施民主政治，貴族與平民自然匯合爲一，無君民之別；社會方面，革命、抗戰的新情勢，改變了生活型態；文學方面，新語言的使用、新技巧的引進，逼使詩人思考如何突破既有的格律，突破固定的思考模式。最先胡適、俞平伯、劉半農等人，以白話入詩，首創風氣，接著，劉大白、徐志摩等人鍛鍊語言，在抒情與言物間另立新的聯繫關係，有承襲古典詩詞衣鉢者，有接枝西洋商籟體式者，不一而足，至乎戴望舒，又跳脫了所有情物的系聯關係，另成一派，而匆匆三十年已過，新詩並未完成定型，社會大衆願意接受不押韻、不分平仄、分行而寫的白話詩，但，顯然並不十分欣賞。

到了台灣以後，最初的幾年，承繼抗戰時期激昂的歌聲，發爲反共的怒吼，意識正確，而詩藝未進，要等紀弦等人登高而呼，詩的大植物園主義興起，現代派、藍星、創世紀、笠，不同的詩刊，不同的路向，形成現代詩發展最狂熱的六十年代，也激發了現代藝術間相互刺激、增長的作用，此時，有所謂「橫的移植」的理論出現，多人高呼，但眞正西洋藝術理論、美學原理、詩作，翻譯介紹的並不多，至少並未有系統的做好這些工作，徒有移植之名，而無移植之實，眞正從「橫的」而來的影響並不多，只有零碎的譯詩，囫圇呑棗，其結果互有正負，正面的影響是詩人大步踢翻各種禁忌，各種擬聲、圖象、長句、短句、即物、超現實，都能放開手去實驗，拓開詩的視野，但其副作用則是因此招來晦澀的非議，幾乎使詩成爲新的貴族文學，各報刊幾乎不登現代詩，情勢不能說不危急。

近十年來，台灣地區經濟的飛躍，全面改善了物質生活，社會上精神生活、思想型態隨著而有大幅度的變遷，消除了閉塞一隅的視境與觀念，能以廣角鏡頭探照各處，因此，詩人恢復了人本文化的思想重心，敢於肯定生存在這個時空下的人群生活實貌，敢以眞實的語言表達心中的苦樂，敢去尋求我們在歷史上的位置。

現代詩有了新內涵，十年來的努力，等待著詩人繼續去充實。

四、建立現代詩的新形象

最近有許多出版社推出現代詩導讀類的書籍，希望通過詮釋者的努力，使讀者能從其中認識詩，這是過渡時期的好現象，但不是現代詩發展的正途。現代詩必須面對面，以自己赤裸的面貌面對讀者，就像繪畫、音樂、舞蹈、建築，直接面對觀衆。詩所要的不是詮釋，而是感動或批評。詩人必須擺脫詮釋者，詩作本身應該已能說明一切，表達一切，眞正的詩評家也不能把重點放在詩的解說上，必須以批判、評斷爲主要內容。換句話說，八十年代的現代詩要自己負起詮釋的任務，讀者直接以詩和詩人溝通，詮釋者的地位應該進一步成爲批評者，或者完全退隱，這才是眞正的詩藝術！

如何建立這種現代詩的新形象呢？

首先必須恢復傳統中詩的眞正本質，把握這種環繞人與物的感情，把握表達這種感情的物與我的關係，能深入於人與物之中，從而以自然的形象、自我的形象，建立現代詩的新形象，是淸新的，可喜的，令人易於親近的。

神，以自己的形象創造了人。人，也要以自己的形象創造詩！

這樣的現代詩，聲聲息息與群衆的生命、民族的命脈相傳通，所有國人的心的跳動，紀錄爲一行一行的詩，所有一行一行寫成的詩，也能激動國人的心。我們面對著一個新局勢開創時的扇面之前，要有涵籠所有喜好文學的人成爲詩讀者的輻射力量，以新的形象閃耀詩的光輝！

——一九八〇年詩人節前夕

展望現代詩的新動向新風骨

一、詩的浪潮

詩的浪潮一波一波的推進，就像歲序的循環、季節的遞換，敏感的人覺察到陰晴冷熱，懵然的人卻只見到顏色的濃淡。

三千多年的中國詩，經歷了無數的形式和題材的變化或重覆，每一個較長的時代都會有特殊的聲氣出現，在一個特定的時空裡，詩人「同聲相應，同氣相交」，自然形成了相通相投的聲氣，形成了時代的特色。

三十多年的台灣現代詩發展，事實上也有衆多的浪花推湧，我們回顧民國三十八年以後的詩壇，曾經詩與政治現實結合，出現反共詩，曾經詩與政治現實分離，出現晦澀詩。曾經詩與傳統背離，力倡「橫的移植」，曾經詩與傳統揉合，主張「新古典主義」。曾經詩與圖畫一色，具象詩出焉，曾經詩與歌謠齊飛，民歌誕生矣！曾經主知重智，曾經抒情重意，曾經貴族，曾經鄉土，曾經豆腐干，曾經散文體……三十三年來，詩的現象、詩的活動、詩的爭辯，層出不窮，因此而更豐富了詩的各種可能。

但是，到底，現代詩應該走向什麼樣的路，應該形成什麼樣的聲氣？值得寫過三十年、二十年、十年的詩人朋友靜下心來想一想。

二、詩與感動

相當古老的問題，詩是什麼？

詩如果不能離開人與人生，我以爲詩的最佳定義應該是「感動」，有所感有所動，如此而已。看見晚霞落日，看見露珠晶瑩，我們難道不會有美的感動嗎？看到母親照拂子女，看到同胞受苦遭難，我們難道一無所覺嗎？詩如果從感動這點出發，即使感動的對象不同，還有什麼可爭論的？

感動，求其眞。如果一個詩人不知工人的處境，偏偏要爲工人仗義直言，倒不如寫他的落日故人情，還更能使人接受。詩，最怕爲文造情，就像僞慈善家一樣，就像鄉愿一樣，滿紙的苦難是因爲我們知道這種苦難，不忍這種苦難，滿紙的虛無是因爲我們知道這種虛無，難度這種虛無，沒有苦難或虛無，卻故作呻吟，就不是感動。

我們不相信：會爲一朵花感傷的人，竟然不會爲一個人的挫折感傷。我們也不相信：會爲民族的苦難唏噓不已的人，竟然無視於落日的悲壯。

人性原是衆情衆性備具。

一個人可能整天「言而及義」卻不知疲累嗎？偶而也會有「言不及義」的時候吧！一個天天「言不及義」的人，同樣也會有「言而及義」的時候。

詩人受了感動，要將這種感動傳達給別人，他可以採用任何他認爲最恰當的方法，讀者看了感不感動，別人認爲適不適合，那又是另一回事了。對於方法，其實也是不用爭論的，民主社會裡，難道沒有這種創作的「自由」？詩壇上多少人相互鄙夷、爭辯，不是多餘的嗎？

三、詩的新風骨

然而，經歷了多次的波湧潮流，現代詩在二十世紀八十年代的台灣，在「感動」之餘，是不是也應該有更寬廣的路子讓大家奔馳？是不是有更準確的方向讓大家尋求新的路徑？

近十年的現代詩已落實到現實生活中來，如果經歷了各種流變，各種實驗，猶不能以大方的態度面對讀者，三十多年的努力是不是白費了？如果還拘囿於一個小小的流派，一家小小的舖面，而自以爲滿足，又如何面對三千年的過去，三千年的未來？

我曾說過，未來的現代詩必定是：

空間上，是台灣鄉土的關懷。

時間上，是中國文化的認同。

新的動向如此，新的風骨猶待詩人們共同努力建樹。詩人尋求方向，提高層次，原是重要的工作，有些前行代詩人仍然迷惑於詩人應具的歷史感、使命感，不知方向，有些新生代的詩人則又臚列文字，徒呼口號，不知提昇文學層次，這兩種人恐怕就會被摒棄於創作偉大詩篇的行列之外，我們能不自我戒惕嗎？

四、台灣鄉土的關懷

空間上，我們重視台灣鄉土的關懷。

世世代代，我們生活在婆娑之洋，美麗之島，這份感情，我們如何表達？即使，最保守的年份估計也有三十三年長於斯的經歷，我們汲取大地的精華，享用台灣的一切，難道竟無一語以報之嗎？如果我們連自己所站的地方，連自己呼吸與共的人都不知道關懷，我們眞的會關心地球嗎？我們只有一個地球，何嘗我們不是只有一個台灣？

詩人，你是否重視台灣鄉土的情懷？

如果你還不曾關懷，我們提醒你，只有這塊土地才是中國最大的希望，你還猶豫什麼！再猶豫，徒然蹉跎了詩人可貴的心靈與創作才華啊！

如果你已重視安身立命的地方，我們提醒你，你是否眞的認識了台灣？有的人心目中的台灣是日據下的台灣，更早的明鄭、荷蘭，更早的荒野、海島又如何呢？當前的車水馬龍又如何呢？竟無暇顧及嗎？有的人心目中的台灣是現實的台灣，他們不去探尋文化的源頭，不去追尋未來的台灣，台灣有他的過去也有他的未來呀！有的人心目中的台灣只有悲苦的一群人或者只有縱樂的一群人，其他誠樸踏實的人又都那裡去了？因此，讓我們確實認識眞正的台灣，關懷眞正的台灣。

我們期望詩人的關懷層面更廣濶，不止於農人、勞工；更深入，不止於悲苦、黯淡；更周延，不止於台灣、鄉土！

五、中國文化的認同

時間上，我們重視中國文化的認同。

中國文化發源於大陸北方、黃河流域，慢慢南移而到長江流域、富庶的南方，又繼續東渡台灣。這樣的承傳，我們記憶深刻。

台灣人回答別人問詢的「你要什麼？」，往往是「親菜」，「親菜」就是「隨便」，這是生活裡的認識，在文化上卻有更深更值得探討的意義，因爲實際上，「親菜」兩字的發音是「請裁」二字的訛誤，「請裁」——請你裁奪，何等謙沖的文化修養，我們是不是糟蹋了我們的語言，忽略了我們的文化？

文化，更是每個民族「安身立命」的永久根基。

因此，詩人，你是否重視了中國文化的認同？

我們期望詩人能深入生活之中，也能沈潛於文化的體認，唯有眞正廣博的中國文化的冶鍊，才能造就明日現代詩的巨人。

詩人們，是否從古物、古典中認識文化，認識中國？在時間之流裡，有沒有特別注意此時此地的文化特色，如何在東西文化衝突的過程中及早建樹新的文化體系？

深入認識中國文化，是為了延續並創新台灣文化，詩人要從「生活的感動」提昇到「文化的感動」並且將這種感動傳諸讀者。

時空不可兩分、獨存，展望現代詩的新動向、新風骨，唯有在台灣鄉土與中國文化的認知、認同之下，才能堅強有力，奔赴更遠大的新境界。我們期待從台灣鄉土伸展為中國文化的偉大詩人、偉大詩篇！

——一九八二年詩人節前夕

擴大詩的小說企圖

一

三十多年來台灣的現代詩，在語言與內容上都有極為嶄新而動人的突破，這是有目共睹的事實。

以語言而論，現代詩經歷了由古典詩解放出來的半調子語言，也曾經有過拙劣翻譯影響下的彆扭文字，從而蛻化出獨特的現代詩語言，勇猛、精銳，以極端前衛的姿態展現現代詩的「抽象畫時代」。民國六十年以後，淺白直俗的生活語言，吆喝著入詩，果然也有斬獲，產生了新刺激，對峙的局面則在五年後逐漸調整而適應，如今，高貴的文學語言不可多見，蒼白的脫口而出的語言也已斂迹。我們看見了詩人與讀者不再埋怨的語言。

二

再以內容而言，寫過苦悶、鄉愁、虛無，藉用西洋典故的詩之後，詩人題材也趨於多樣性，都市、泥土、學生、社會現象，無一不可入詩，狹窄的詩人視界已因衆多不同層次詩人的介入而開闊，更因詩人投入現實的積極態度而呈現活潑之勢。

詩與人生、詩與生命的結合已經不是口號，詩人終於走上一條大家看得見的路。

然而，詩還會有多種可能，詩人的觸鬚還可以去觸探未知的世界。

首先，我們願意再強調「詩的小說企圖」。

基本上，詩與小說的結合可能，在語言上已透露先機，現代詩的語言已成熟到「生活語言的文學化」或「文學語言的生活化」，這種散文語言既是詩之所習用，也是小說界的語言，在語言資材的運用上，毫無區別，不會產生困難。

內容上，詩人已探究了各種可能，只是忽略了「感動過程」的「再呈現」而已。

詩人與小說家的選材，必然源於感動，令人感動的事物也必然是一個會移動的點，就說是一首描寫景物的詩吧！所以令人感動，絕對不是孤立的一幕「景」而已，此景必與過去的記憶，記憶中的某一情、某一景有所繫連。換言之，會移動的點，必然在兩個以上不同的時空出現，小說家繫連了這不同的時空，詩人卻只著意在一個點上發揮。

因此，詩人往往在一首詩寫完之後，加上附記，附記也者，往往是說明性的文字，敍記這首詩的寫作緣由或過程，這樣的附記應該可以化入詩中，但詩人總是將此本事另誌於詩後，形成累贅。如果將此附記略去，詩的傳達就發生了困難，特別是民國六十年以前，詩語言不夠暢達、明快，詩的內容又抽去足以令人感動的本事，晦澀之評，接踵而至，不是沒有緣由的。

詩人爲什麼感動？應以入世的態度與心情，將其中原委以「精」「切」之筆點出。特別是在瞬息萬變、隔行隔山的現實社會中，不能期求你之所知也爲別人所知，你之所感也能爲別人所感，因而，留存本事中具體的情節，使兩點間移動的痕跡，使事象本身，也能成爲詩之傳達的助力！

三

詩留存給讀者的想像空間，一般而言，大於小說所示諸讀者的，這是一個優點，但也可能是缺點，漫無際涯的想像，使讀者如墜五里霧中，成爲膚泛、空疏之作。濟助此一缺點以成爲優點的辦法，仍然是詩中的小說企圖。試以柳宗元近乎不食人間煙火的〈江雪〉爲例，可以看出二十個字裡如何點畫一篇小說：

千山鳥飛絕
萬徑人蹤滅
孤舟蓑笠翁
獨釣寒江雪

讀此詩時，不僅在腦中形成一幅江雪獨釣圖而已，千山是否曾經有千鳥？萬徑人蹤未滅時又如何？孤翁從何而來，爲何留下？這些都是小說可能敍說的要素，而「詩」僅略示「企圖」而已。

這首詩曾經蘇紹連改寫爲〈江血〉，形成另一篇不同的詩，顯然也有著極深刻而令人聳然之意圖。

柳宗元的〈江雪〉本無事，但含蘊著可以有事的傾向，千載之後的我們讀這首詩，可以塡補本事，發揮想像，這正是詩的恆久性。

如果再以白居易等社會詩人而言，他們原來就主張「文章合爲時而著，歌詩合爲事而作」，詩中留存本事，殆無疑義。但「敍事」與「小說企圖」又有不同，小說企圖要有簡單的情節，釀製衝突，形成高潮，詩的小說企圖更著重於點的渲染，有力掌握關鍵即可，因此，瑣碎的敍事過程也就可以省略了。詩，仍然保持精鍊的要求，仍然是精緻的藝術。

四

這裡，我們舉渡也的〈信〉（《憤怒的葡萄》第三十二頁，時報出版公司）爲例：

他辛苦積蓄了多年的話
卻找不到傾訴的對象

他寫好了幾十封給友人的信
竟想不出朋友們的地址

夜深時他只好埋頭寫信給自己
然後特地趕到山下的城市去寄信
兩天後他欣喜地接到自己寫的來函
信上簡短地問候：
睽別多年，十分掛念
不知你近來好嗎？

這首詩不必說解，也不必眞有其人，眞有其事，但詩人設計了一個這樣的個案，說盡天下某些人的孤獨與寂寞。讀這首詩就像讀極短篇，我們發現「他」在山上，找不到傾訴的對象，這樣短小的事件背後可以承載相當大的不同發展。

以後的發展如何，或眞實的發展如何？都已不是詩人的事，而是讀者鑑賞的問題了！

古詩人談詩喜歡說「言外之意」「弦外之音」，我們何嘗不可以讓讀者有「篇外之事」去馳騁啊！

——一九八三年十月

鄉疇與鄉愁的交替

——七十年代台灣詩壇風雲

鄉疇鄉愁

「鄉」是中國詩的原發地。

「鄉」是中國詩壯大的根鬚。

自古以來，文化歷史的演進總是以多次漸變的方式朝待一次突變，也就是說，在多次緩慢的演進裡，逐漸塑造一個文化的自我，一個「鄉」的意識因此形成，彼此之間共同的體認逐漸趨於諧和、統一，而後，這樣成長的方式必定於期待一次外來或內在的大衝激，促使文化「生命體」質與量的巨變，當然，這種巨變有著一定的限度，沖跨這個限度，則文化瀕臨式微或毀滅，如果能掌握這種突變的質度與量度達於極限而不毀，新的文化於焉產生。

詩的文化亦然。

就形式上說，詩的形式從「引長」與「押韻」的特質發展，完成最基本的雛形，而後又逐漸積累為謹嚴的格律，當全套格律發展齊備，就像全熟的果實必然墜地，發芽為另一株新苗一樣，詩也會發展出另一套形式，所以，王國維說：

「四言敝而有楚辭，楚辭敝而有五言，五言敝而有七言，古詩敝而有律絕，律絕敝而有詞。蓋文體通行既久，染指遂多，自成習套，豪傑之士，亦難於其中自出新意，故遁而作他體，以自解脫。一切文體所以始盛終衰者，皆由於此。」

詩的內容自然也應作如是觀。成長於本鄉本土的人，隨著成長而萌生的是愛鄉的意識，不自覺而顯露於詩句中，擴而及於不同的題材，表達出不同的形式，特別是當他離鄉背井以後，時日俱增而愁緒亦增，離鄉愈遠而鄉情益濃。因此，安土重遷的人以鄉疇為重，愛鄉土，衞鄉土；不得已而遠赴異地的人，懷鄉土，念鄉土，形成兩種取材相異的詩——鄉疇詩與鄉愁詩！

以中國第一部詩歌總集來看，《詩經》依內容可分「風」、「雅」、「頌」三部份。「風」是各地不同民情所表現的民歌，自然具有各鄉各土不同的風味。「雅」可以說是戰歌，有描述戰爭慘痛的小雅——這是鄉土受侵。也有誇耀勝利戰果的大雅——這是鄉土領域的擴大。「頌」則是頌歌，頌讚天地神明，為家鄉同甘共苦的鄉人祈求神的賜福，譬如「受福無疆」等等，是更深刻的大我之愛。因此，整部詩經就是鄉心鄉事的總記錄。

再以中國詩的黃金時代——唐詩為例，唐詩的音韻與題材，是在印度的佛經故事、西域的羌笛、蒙古的牧歌，經由中原文化吸收、融化、轉生，而豐富、生動的，也就是本鄉本土的文化因外來的刺激而增強，詩的堂廡因此而增大，因此而增輝。唐詩分類不外乎：邊塞、田園、離情、閨怨、社會、奇險……，總不外乎一個「鄉」字。我們所熟悉的唐詩幾乎都能找到「鄉」的投影，高中國文課本第一冊選錄了七首絕句，全是羈旅思鄉之作，王維〈君自故鄉來〉，李白〈玉階生白露〉，白居易〈江人授衣晚〉，王維〈獨在異鄉爲異客〉，杜甫〈岐王宅裡尋常見〉，岑參〈故園東望路漫漫〉，王之渙〈黃河遠上白雲間〉。風格容或有異，鄉情深濃處處同。

如果仔細審察，民國三十八年以後的現代詩，自然也不外乎鄉疇與鄉愁之情，因爲「鄉」的意識在詩人心中逐漸分明，必基於「遠離」、「污染」、「欺凌」三大因素。近三十年自由中國政治與經濟的變動、衝激，不能說不大，第一，民國三十八年撤退來台，有近兩百萬人遠離大陸老家。第二，近十五年經濟發達，工商進步，先知先覺的人，轉而注意自己當前生存的環境，感性重的人懷念過去，理性強的人尋求免除污染（包括心理污染）的方法。第三，近十年來國際政勢波詭雲譎，外交挫折使國人深知自強之道，對於「鄉」的認識依循傳統而增大，表現於詩作中，普遍、敏感而深刻。

鄉愁與詩的裝飾音

寫作鄉愁詩的人，必是遠離鄉疇的人。基本上，我們可以說，遠離鄉疇的人大約就是孤臣孽子一類的人，孟子曰：「唯孤臣孽子，其操心也危，其慮患也深。」離鄉是一種不得已的行爲，是一種不得志的現象，因此，對於世事的設想與顧慮，遠較一般人爲深爲密，異鄉人的心態表現在鄉愁詩人的作品裡，其語言、行事往往稠密，詭奇，有著多層次的轉折。

這樣的鄉愁詩作，在最初的五年（三十八年至四十三年）並不曾有多量作品問世，要等心情與局勢稍微安定下來，要等物質的生活有了著落，寫詩的欲望才逐漸興起，鬱積的情緒才尋求宣洩之道，這已是民國四十四年以後的事，詩人在模索中理清自己的心緒，但還無法確定寫詩的方向。大陸來台詩人，與日據下成長的本土詩人，都有共同的失鄉情緒，前者驚惶，後者徬徨，前者有實質的家鄉失落感，後者是文化的家鄉失落感，有相同的愁緒，但乏相同的思路，各是其是，各非其非，失去相互衝激、相互啓發的先機，現代詩的起步因此而艱困十分。

第二個十年開始，也就是民國四十八年以後，鄉愁型態的詩作大行其道，此時，失鄉情緒尚未全然磨除，詩人大都忌諱明言鄉親的可愛，泥土的眷戀，反而將「鄉」的意識縮小爲「自我」的探求，或者擴充爲宇宙感情的玄思。失鄉、無根的苦澀，又因語言、意象的有意晦暗，更爲暗啞無聲！

就文學藝術的理論軌跡而言，民國五十年代的思潮，實在是三十年代的反動，抗戰時期的中國新詩，以訴諸情緒激動爲其首要目標，文采的摛陳反在其次。渡海來台以後，反共的怒潮承繼抗日的聲音，風起雲湧，其勢横厲，而平淡的語言仍然缺乏意象的經營。四十八年開始，西洋文學運動與詩作的翻譯，日興又興，詩人拙劣的譯詩裡模仿西洋各種主義的皮毛，爲保守的中國詩壇帶來極大的震撼，標新立異，光怪陸離，一時裡，各種前所未有的中國文字的使用法、排列法，全部出籠，有人視爲洪水猛獸，也有人甘之如飴。不過，這種外來詩文化的刺激，壞的影響即刻顯現而被排除，好的影響卻在無形之中逐漸醞成，就像歷代以來中華文化之能容能化，四十六年至五十八年的現代詩狂飆期，確實爲中國詩文化引進新的資源、新的技巧！

或者說，這個時期更像蟬蛻的階段，分娩的階段，陣痛乃屬必然。

這個時期是壓抑的，不能明言的鄉愁，卻又不能不言，因此，曲折、迴深、隱喩、暗示、象徵，無非是爲了十幾二十年的鄉愁，爲了千里萬里的家國。詩人永遠是感時的，他爲家國的艱危困阨而憂心如焚的心境，超越一般人的憂急，正如屈原的香草美人隱喩著君子與君主的距離，六十年代的現代詩人群，將這份憂國愁鄉的心情轉深，最深最沈的悲痛要以最錯綜的文字意象來掩遮，譬如說，基本上，中國詩人一向就是廣義的人道主義者，但在這個時期的政治環境下，卻須時時具有決戰之心，剛從戰爭陰影裡逃出來的兵丁，卻又必須隨時策動或迎接另一場戰爭，「鄉」的意識形成了苦澀，甚至於是沈痛的回憶。這個時期的鄉愁，是一種壓抑的鄉愁。

壓抑的鄉愁要以許多不同的面具出現。詩因此有了千奇百怪的裝飾音。能了解到這種裝飾音其實就是鄉愁的延伸，那麼，即使是十分晦澀的詩句也能豁然而悟，憬然而醒，對於西洋技巧的接受，也就不妨視爲渴欲中國成長的鄉愁意識的積極表露了！

鄉疇詩的眞蹟

六十年代，現代詩人對語言和意象的鍛鍊成就，影響了當時其他文學藝術的追求，促成現代藝術在六十年代的蓬勃景象。特別是現代散文與現代小說的語言，甚至於思考方式，顯然都有現代詩輾壓的痕跡。

至乎七十年代，這種文類間的相互影響卻改變了方向，詩人在自覺或不自覺中，反而受到小說鄉土題材的衝激，也開始以鄉土題材入詩，這種鄉土題材的重估與關懷，當然不是始自此時此地，但卻在這十年間引爆了極大的震撼。

這期間，「一個新的文學景象，迅速的茁壯、擴展而來」，這就是「報導文學」的興起，報導文學興起的歷史背景，高信疆在一篇以〈永恆與博大〉爲題的演講辭中，率先指出：「民國六十年以後，台灣似乎已經邁入了一個新的境域、新的冒險裡了！國際形勢的變化一波波的衝擊而來，國內政治的趨向愈來愈熱烈而開放，經濟的大量成長，教育的普遍提高，文學藝術觀念的紛岐與擴大，出版事業的蓬勃發展，到處的演講、座談……等等，在每一層次、每一階段裡，都有新的變化與考驗等待著。新的面孔、新的聲音、新的知識、新的事事物物不斷交替湧現，相互舖陳出這幾年來滿佈希望卻也滿佈陷阱的道路。」（引自《現實的探索》二十六頁，陳銘磻編，東大圖書公司出版）。

這種關懷現實的史實背景如是，而點燃這種關懷的心理背景卻未曾有人指出，我以爲：光復後（民國三十四年）出生的孩子，在接受眞正中國教育以後，到了民國六十年已經完全成長，二十五歲的青年正是充滿理想與愛的年紀，他們有著獨立的判斷能力，有著堅實的大學學力，感性的愛與理性的抉擇，使他們認識了成長的歷程與未來發展的途徑，都不外乎：空間上是台灣鄉土的孕育，時間上是中國文化的綿衍。他們在尋求旣是台灣的也是中國的詩，詩人的「鄉」的意識，逐漸由「鄉愁」轉而爲「鄉疇」的體察。

報導文學開拓了詩人的視境，傳播事業的發達，直接而快速地激發詩人仁者的心懷，鄉土小說的流傳更觸引詩人注意這塊土地的過去，過去的血淚。年青的詩人首次踏踏實實地關懷自己生存的時空，時間上曾逆推到更久以前的淚影，空間上曾擴延到更廣遠的傷痕，「鄉」的意識落實於自己脚下的這片土地，詩的表現方法則尋求直接的溝通，希望詩是面對面可以聲息相通，可以聲息呼應，可以直接傳達愛鄉的感動。

所以，鄉愁詩是壓抑、濃縮而沈思；鄉疇詩卻是縱放、稀釋而激奮。

近十年來的台灣詩壇，正是鄉疇詩蔓延的時期，毫無遲疑地點明詩人對鄉土的熱愛，不加修飾地擁抱拙樸的河山、泥土。

鄉疇詩的眞蹟，顯示了中國人對根本、對泥土的永遠信賴。全世界都在鬧尋根熱的時候，中國人不必尋根，中國人篤定而確實地知道自己的根在那裡，一代一代相傳而下的「鄉」的意識，正是不忘本的眞實內涵。

當然，十年來的鄉疇詩還不足於顯示中國詩的磅礴與偉大，何以故？

第一，現代詩人對於中國文化的精深博大，缺乏深刻的認識，一個最平凡、最膚淺的鄉語，可能含蘊著深奥的智慧結晶，詩人們往往見到現象，寫出現象，而未挖發實質的本體世界。

第二，鄉疇詩容易寫成平白，直接而暴露的語言，不知詩的可貴在於多蘊藉，能含蓄，不知鄉疇的可貴在於相互間的諒解與關愛。

第三，眞正有著「鄉」的意識的詩人，能愛自己的本鄉本土，也能維護異鄉異客的愛，更能接納不同的愛鄉方式。偏狹的詩人則執一而爲，排斥異己。

因此，關愛鄉疇，滋長鄉愁，相互交替而爲詩，仍然各有其利弊，近年來的台灣現代詩分別在兩個階段中完成不同的形貌，何時才有眞正的成就呢？何時才有磅礴而偉大的詩作呢？我們期待未來的十年。

鄉疇之愛的衍生與拓展

要期待未來的十年，我以爲先要認淸最近這十年裡，現代詩壇的風雲因何湧起？然後要辨明以什麼樣的認識什麼樣的態度去期待。

首先必須指出這十年裡的兩大特色，也就是說，自民國七年、八年，中國新詩運動以來，民國五十九至六十八年，在新詩發展史上的地位如何？

第一，這個十年裡，語言的化成以「鄉」爲圓心。

簡單的說，可以兩個現象來表明：其一，直接以方言入詩，以台灣話的語法入詩，不論是偶一爲之，或做有系統的表達，都顯示文學語言的轉變隨著題材而更易，形式與內容必須相合爲一。其二，間接而無形的演變，是語言的淺顯化，深奧、晦澀的語調已漸漸爲詩人所拒斥，文學語言逐漸與生活語言結合，造成這種現象的主因是「語文合一」的教育成果，青年詩人所讀、所說都是白話，所寫出來的文學自然就是日常生活用語，與民國初年以前的求學過程迥然不同，那種語文相離的生活態度，自然會以典雅爲上，讀與寫如此，而「說」又是另一回事。如果胡適時代面對古詩而提出「以文爲詩」的作法，那麼，直到民國六十年開始，才有另一次新的轉變，那就是「以話入詩」，任何俚俗的話都可能出現在這時期的詩中，而且是約定俗成，大家都這麼做，甚至於包括來自西洋的民歌所造成的影響，也是這樣。

第二，這個十年裡，敍事詩蓬勃，敍事詩的蓬勃是「鄉心」與「事義」的激引。

十二年前，爲了解決詩的晦澀問題，我曾倡議「詩的小說企圖」，在以抒情爲主流的現代詩裡應可置入事義，不一定要有完整的小說情節，但詩中應有事義可循，詩人循事義而抒寫就不會颺而不還，讀者循事義而入詩也不會茫無所措。這樣的建議仍以抒情爲主，可以說是抒情兼敍事的寫法。

其後，鄉土題材的描寫增多，需要更多的說明性文字，詩的敍事成份逐步漲增。再加上聯合報推出「新聞詩」，中國時報徵獎「敍事詩」，年青一輩的敍事潛力從此被激引而出。如果以時報敍事詩得獎作品做爲敍事詩的典型，我們會發覺：激引敍事詩蓬勃的眞正力量是「鄉心」與「事義」，兩屆得獎作品的題材，大而至於天安門事件，小而至於小兒入學，遠則霧社抗暴，近則礦區災變，都飽漲著愛鄉之心，而且具有分析事理、安排秩序的能力。全面性的「鄉」的意識完全甦醒，而且擴充爲整個島土的關懷，延伸至炎黃世胄命脈存續的探討。

這是近十年來詩作的兩大特色，環繞著鄉疇而引生。但是，它們也具有共同的缺點，那就是「戲劇動向」與「文化體認」的缺乏。鄉土語言過於平白淺俗，敍事詩成爲抒情詩文字的擴增，都因爲缺乏詩中的戲劇動向，因而疏淡寡味。所謂戲劇動向是指詩的語言要能醞釀高潮，要有脈絡分明的形態與方向。就語言而言，詩不可一瀉到底而無曲折含蓄處，就敍事而言，詩不能單刀直入而無穿插起伏時，即使是短短的一首小詩也應有凝鍊的戲劇動向，戲劇動向彷彿人體的血脈，使詩具有鮮活的意義，感人動人且引人深思。

更深一層言，二、三十年來的現代詩，普遍的缺憾是對於文化的體認太少，只有深刻的中國文化的體認，能使「鄉」之意識得到具體而正確的揮揚，否則，恐怕祇會流於淺薄、膚泛的情緒吶喊。

如果以兩代詩人的鄉愁與鄉疇情緒來看，渡海來台的詩人如今落地生根，三十二年的感情已使大陸鄉愁之感轉爲海島鄉疇之愛。光復後成長的青年詩人，爲了求學、謀職，或渡洋或北上，更因工業文明的污染，不能不轉鄉疇之愛爲鄉疇之愁。這其間的交替無聲無息，卻能自詩中隱約視聞，換言之，詩人的鄉疇與鄉愁意識，已經不因年齡而有差異，是詩人就必有因鄉疇而生的愛與愁，是詩人就必須將這種「鄉」的意識通過文化的體認，予以冶鍊。

未來的十年，詩人必須以追求自我卻喪失自我的經驗爲戒，不能因爲鄉疇的偏愛引發更大的鄉愁。在仔細閱讀一九七〇年至一九七九年詩大展以後，我們知道鄉疇的可貴可愛以後，讓我們將文化的深刻體認列爲寫詩的第一要務！

——一九八一年元月底完成於台大一〇二〇病室

一九八〇年台灣詩壇風雲

一

通常以民國八年爲新文學運動開始的第一年，這一年，新詩老祖宗——胡適，發表了一篇重要論文〈談新詩〉，主張「詩體大解放」，「因爲有了這一層詩體的解放，所以，豐富的精神、精密的觀察、高深的理想、複雜的感情，方才能跑到詩裏去。」同時，這一年，胡適出版了第一部白話詩集《嘗試集》，理論、創作，雙管齊下，因此，一般也以這一年爲新詩運動的啓蒙年。

民國六十九年（正值西元一九八〇年），是新詩運動屆滿六十年、再跨出新步伐的第一年，恰是二十世紀八十年代燦燦然開始的第一年，現代詩壇自有其新興的氣象，煥發出成熟的英姿，一掃晦澀的舊習染，再除傖寒之新缺憾，詩人普遍從鄉愁的噩夢中覺醒，這時，可以說，詩的語言鍛鍊與技巧提昇，已獲致相當成就，意識型態也有了相互的諒解與共同的認識，最基本的，在空間上，詩人都能共同熱愛台灣鄉土；在時間上，則能以中國文化爲歸趨。也惟有在這樣的認識與期許下，才能昂然邁進八十年代的新史頁！

二

事實上，七十年代末期，發展了將近六十年的現代詩，已有相當大的作品數目，可惜良莠不齊、優劣不分，加以詩的艱深難解，讀者雖有讀詩的興趣，往往不得其門而入，因此，詩的解析工作，在一九八〇年這一年成爲詩人推廣詩教、詩運的重要任務。

早在一九五七年（民國四十六年）十一月，詩人覃子豪先生即已出版《詩的解剖》，從「立意」「內容」「結構」「句法」「節奏」「形象和意境」「修改的意見」等七項，剖析詩例，進而引導讀者如何欣賞詩，如何創作詩。其後，陸續也有類似的書籍出版，如林鍾隆的《現代詩的解說與評論》，周伯乃的《現代詩的欣賞》，楊昌年的《新詩品賞》，都有意爲現代詩做說解工作，但也都缺乏有系統、有條理、有深度的分析與引導。眞正能達成這種目標，給讀者一個明確的解說與方向的，大約是民國六十八年，羅青寫的《從徐志摩到余光中》（爾雅出版社），游喚編的《現代名詩賞析》（心影出版社），前書由羅青就詩的形式，將詩分類爲「分行詩」、「分段詩」、「圖象詩」，而後選取詩例詳細詮釋。後書的實際賞析者爲李弦、陳啓佑、趙夢娜、蕭蕭、林南、莊金國、陳黎、簡安良、蔡信德等九人，賞析了二十六家詩人的四十七首名詩，詩的賞析工作至此已稍具眉目。

眞正規模宏大的賞析工作則由張漢良、蕭蕭編著的《現代詩導讀》（故鄉出版社・六十八年十一月）來完成。《現代詩導讀》共五大冊，前三冊爲詩的導讀，選錄民國三十八年至六十八年間，一百位詩人，兩百首作品，依年代先後順序排列，各依其詩分別以不同的方法加以衡鑑；後兩冊為理論篇與批評篇，蒐羅了三十年來重要的詩學論評文字，一般認為：這是三十年來現代詩發展的總成果，此書已成為各大學修習現代詩的重要教科書。

一九八〇年的詩教工作，則以文曉村的《新詩評析一百首》（布穀出版社），蕭蕭、楊子潤編著的《中學白話詩選》（故鄉出版社），為主要推動者。《新詩評析一百首》為分類詩選，共分動物、植物、人物、風景、親情、青春之歌、鄉土吟、山水頌、童話、其他等類，其選詩標準，文曉村自定為：「第一、內容健康，富有情趣，有益青少年思想情操之陶冶者。第二、語言表達，比較明朗，易為青少年所能接受理解者。第三、表現技巧比較完美，可供青少年及初習新詩朋友之範例者。」是從一百位詩人中各選其詩一首，面度極廣。其寫作方法則先列詩於前，其次簡列作者年籍、經歷、著作，最後為此詩的評析文字，逐段分解，文字淺顯。

《中學白話詩選》則完全與此大不相同，此書具有歷史意識，從胡適、徐志摩開始，介紹各時代重要詩人如紀弦、余光中、洛夫、瘂弦、鄭愁予，以至於羅青、向陽等青年詩人，可以一窺現代詩六十年發展源流，其寫作方法則先以一篇介紹文字，詳敍詩人的生平與作品風格，其次錄寫詩作，附以「注釋」與「解說」，各師範學院、專科學校，大都以此書為授課教材，中學生也多以此書為課外讀物，影響深遠。

無可否認，一九八〇年現代詩又起高潮，報紙副刊競相登載詩作，給予詩人極大的鼓舞，詩的導讀、解說，陸續展開，爭取了更多的詩人口，對於現代詩的推廣，功不可沒。

三

由於「鄉心」與「事義」的激引，伴同「報導文學」而生有的「敍事詩」與「新聞詩」，在一九八〇年繼續成長。

「新聞詩」出現於《聯合報副刊》，企圖以詩人犀銳的感觸，適時反映民生、批判現實。經歷了保釣運動、鄉土文學論爭、中美斷交、美麗島事件，台灣青年已逐漸感知家國鄉土必須珍愛，社會現實必須關懷，對於發生在自己身邊的家國大事、社會新聞，不再漠然不覺、無動於衷，「參與」的呼聲逐漸在詩中響亮。因此，從元旦凌晨全民參加總統府前的升旗典禮，一直到毒油、假酒案，都有不同年紀的詩人及時撰寫詩作，發出大衆心聲。這樣的詩作，其他報刊雜誌也刊登，如《中國時報》曾刊用張健〈卡特，十一月四日深夜〉，描摹卡特落選時的心情，頗爲傳神，但並未冠上「新聞詩」的稱號。因此，「新聞詩」這個名詞能否爲大家所接受，尙待更多的時日考驗。

新聞詩的特點在於時效的掌握上，因此「收視率」高，回響也多，但其缺憾也就在琢磨詩句的時間太短，匆促出手，不免失手，往往新聞意義高出於文學價值。

敍事詩爲「時報文學獎」徵文項目之一，篇幅規定要在兩百行以上。詩人寫作，勢必重視詩的肌理與結構，率爾執筆的現象也就不會發生了，同時，在衆多應徵稿件中，經過數層篩選，水準之作必多，所以，一九八〇年，實是敍事詩豐收的一年，第二屆敍事詩獎自三月六日起登載，第三屆敍事詩獎則於半年後陸續刊布，一年內刊登兩屆得獎作品，自然蔚成大氣旋。

三年來，詩人對於敍事詩的經營，已經粗具規模，題材挖掘無遠弗屆，大如白靈的〈黑洞〉，以天安門事件爲主要脈絡，卻以宇宙間的黑洞爲其龐大的象徵空間，次如陳黎的〈最後的王木七〉，以永安煤礦災變爲骨幹，往來於陰陽兩界，對比了地面上的繫念與地層下的哀怨，小如施善繼的〈小耕入學〉，即使是平凡的一日、平凡的叮嚀，也能以詩傳達人間溫馨。然而，中國的敍事詩終究異乎西洋的史詩，抒情的味道仍然十分濃烈，距離磅礴的英雄頌讚似乎還有一段難以跨越的鴻溝，未來的敍事詩能否突破這層抒情詩「放大」的囿限，恐怕依舊不甚樂觀。其中惟有向陽的敍事詩〈霧社〉略具規模。

四

詩是用來朗誦的。

先民時代，詩、歌、樂、舞同源，先有吟哦咏嘆，才有詩的紀錄。但是，現代詩卻一直害怕朗誦，如果有詩的朗誦會，一般多採取室內小型聚會的方式，聽衆不過兩三百人而已。

一九七八年十二月十六日，美國政府片面毀約，與中共建交，全國民心憤慨，詩人率先發出正義的怒吼，首次在台舉辦「中華民國詩人愛國自強朗誦大會」，於一九七九年元月六日假台北市新公園音樂台露天舉行，「捧出我們的詩心，喚醒我們的國魂」！場面熱烈，一千多名觀衆擠滿音樂台前，情緒隨詩而激昂！當日所朗誦的作品，早於元月四日《中國時報》人間副刊全版登載，贏得極大的回響。

一九八〇年，國軍詩歌研究會爲了慶祝詩人節，再度假台北市新公園舉辦了一次命名爲「詩與民歌之夜」的朗誦大會，六月二十日晚上，二十多位現代詩人上台朗誦他們自己的詩作，民歌手楊弦等人參加演唱，高潮頻起，盛況不減，詩人對詩朗誦的信心因而確立下來。

大學詩社活動，詩朗誦比賽往往是主要項目之一。由教育局或社教館舉辦的中學生學藝活動，朗誦詩的個人獨誦與團體合誦，通常也在青年節、母親節、詩人節、十月慶典活動中擔任重要角色。朗誦詩與詩朗誦，普遍引起詩人與社會大衆的重視，羊令野與張默遂合編《龍族的聲音》，於此年六月由黎明文化事業公司出版，更使詩歌朗誦的感染力量愈形擴大。

五

「計畫編輯」成爲報紙副刊與雜誌主編們信守不渝的規條之後，一九八〇年的台灣現代詩壇卻也因此而出現了兩種特殊現象：

其一，詩以專輯或專題方式出現。《文藝月刊》與《聯合副刊》常常如此處理。如《文藝月刊》六月號以「六月」爲一詩輯，八月號以「八月」爲一詩輯，比較特殊的，如四月主題是「劍、俠、江湖」，五月「母親」，九月「月」，十月「風雨」「秋」，十一月「鄉愁」，十二月「鄉情」。《聯合副刊》在這一年內出現兩次專題詩展，七月一日以楊牧的〈出發十四首〉做爲〈詩的冷泉〉之首篇，直到九月才結束。十一月一日復以余光中〈姮娥操刀〉做爲〈秋之詠〉之濫觴，而以管管〈陶潛圖〉爲完結篇。《中國時報》則在六月十七日詩人節當天，推出〈萬古詩心一江流〉小輯，邀請洛夫、施善繼、羅青、菩提四位詩人，以不同的靈視爲屈原摹寫詩情。

這種題目相類、範疇相同的多首詩作，可以品嘗詩人思想風格的殊異，可以銓衡表達方式的優劣，對讀者、對詩人，都是絕佳的觀摩機會。詩人大競寫，未嘗不是詩家之幸！

其二，編輯人索稿甚急，一些停筆已久的中年詩人紛紛推出新作，恢復創作生涯，其中最重要的有三位，第一位是鄭愁予，鄭愁予自一九七九年春天復出後，一九八〇年新作源源不絕，十月間出版十五年來第一本詩集《燕人行》（洪範版）展現新體式、新感性。第二位是方思，方思未有新作發表，但也在十月間將過去的三冊詩集《時間》、《夜》、《豎琴與長笛》親自校訂付梓，展示一位重要詩人的全貌，是爲《方思詩集》（洪範版）。第三位是季紅，季紅遲至十一月十三日始以〈台北之秋〉參加〈秋之詠〉專題詩展，功力仍在。季紅曾以〈詩之諸貌〉論文飲譽詩壇，而其詩章篇幅短小，情緒濾除，可惜兩者均未結集出版。

停筆十五年的詩人重新出發，一方面顯示出「一日詩人，一世詩人」之語不假，對於詩的愛戀不因時空而轉移，另一方面也不可忽視編輯人催索之功。不過，愁予與季紅的近作，彷彿直接承繼十五年前他們自己的風格，並未受到近十五年來詩壇風潮的激盪，如果稍有變異，也不過是愁予知性略增，而季紅感性微揚而已。

六

舊人復出，新人輩出，詩壇永不寂寞。

自一九七一年「龍族詩社」成立後，屬於青年人的詩社、詩刊一直不停地出擊，有「盤古」、「桂冠」、「風格」、「主流」、「暴風雨」、「拜燈」、「大地」、「秋水」、「也許」、「詩人季刊」、「草根」、「消息」、「綠地」、「詩脈」、「神州」、「長廊」、「風燈」、「掌門」……等社，十年間，倏忽淪沒者亦不少，但，總會有新的年輕詩社前仆後繼。

一九八〇年這一年，《詩人季刊》停刊，《草根》歸附《益世雜誌》，眞正能代表青年朝氣而又具影響力的詩刊，要屬《陽光小集》，陽光小集的成員來自「盤古」、「暴風雨」、「綠地」、「詩脈」……等，顯示了青年力量的整合運用，陽光小集雖然創刊於一九七九年冬天，但眞正成長於八十年代，蓬蓬勃勃，如旭日初昇，顯示著青年詩運的輝煌發展。

同樣以結合八方志士共同努力，而以推廣兒童詩學爲目標的，則是舒蘭、林煥彰主持的《布穀鳥》兒童詩學季刊，布穀鳥創刊於一九八〇年春天，一年來已獲得全國兩百多位詩人、學者、教師的實際支持，目前已成爲全國最龐大的一個詩社，其編輯委員中，林煥彰、謝武彰、林武憲、林仙龍、蕭蕭等，又分別在各報雜誌撰述兒童詩寫作方法，指導學童寫詩，成效頗著。從綠原、楊喚寫作童話詩以來，一九八〇年可說是中國兒童詩蓬勃成長的一年，時報週刊、幼獅少年、民生報、中央日報、新生報等，都闢有兒童詩園地，一時之間，小詩人紛紛吐出新聲，彷彿要證明中國眞是一個詩的民族。

同樣以青年不可限量的熱忱與智慧寫詩，成就不俗的另一批年輕詩人，是來自台大或政大的楊澤、高大鵬、羅智成、陳黎、陳家帶等人，他們不很明顯地隸屬於某一詩社，但同樣在詩壇上努力，一九八〇年這一年分別出版他們的詩集：

楊澤：《彷彿在君父的城邦》（時報出版公司）

高大鵬：《獨樂園》（時報出版公司）

陳家帶：《雨落在全世界的屋頂》（東林文學社）

陳黎：《動物搖籃曲》（同上）

黃維君：《茉莉家鄉》（同上）

從他們的詩集中可以看出，詩人提高了對現實關懷的層面，心胸更開放，藝術手法的講求與運用依然爲詩人所重視。

長老詩刊《藍星》、《創世紀》、《笠》三刊，在這一年內，《藍星》僅出刊一期，藍星同仁楊牧則出版了兩冊詩集：《海岸七疊》與《禁忌的遊戲》（洪範版），羅門也由時報出版公司出版了他的第七本詩集《曠野》，成果尙夥。《創世紀》期數較多，也常延期出刊，三月間，一口氣出版三本創世紀詩叢，分別是：張默的《陋室賦》，張堃的《醒．陽光流著》，連水淼的《生命的樹》，裝幀、挿畫均佳。創世紀同仁之一的渡也則於四月推出情詩集《手套與愛》（故鄉版），這樣的四冊詩集證明了創世紀同仁中年與青年的一代仍然有著活躍的詩心，仍然有其繼續成長的潛力。

九月間，余光中自香港返台，此後四個月台灣各報刊爭相登載余光中詩作，多次以眞蹟方式刊出，備受尊寵。回國後第一首詩〈廈門街的巷子〉刊載於《中國時報》（九月廿三日），還殘存著一點家國之思，自此以後，余光中的詩作似乎一下子都轉變爲「情詩式」的輕柔吟唱，〈木蘭怨〉（十一月八日），〈杏燈書〉（十二月六日），無不如此，迥異於九月以前在港期間所撰寫的熱血、鏗鏘之作，爲什麼會有這樣大的轉變呢？值得所有現代詩人深思。余光中與楊牧在《時報文學週》中，分別以〈詩與散文〉、〈詩的自由與限制〉爲題，發表演講，聽衆暴滿，國立藝術館內水洩不通，詩人的魅力仍然相當誘人。

至於笠詩社，一九八〇年是值得他們紀念的。笠詩刊創刊於民國五十三年（一九六四年）六月十五日，雙月刊，十六年後的一九八〇年十二月十五日，正好出版一百期。一個同仁詩刊能持續不斷出滿一百期，其韌力、毅力、內聚力，自爲其他詩刊所望塵莫及，這正表現出細水長流的出版方式値得仿學，而踏實的「笠」精神更令人敬佩，特引錄趙天儀的一段話做爲頌讚：

「笠詩刊，在詩的創作、翻譯和評論上，在這十六年之中，不論質和量，都相當可觀。尤其是中堅的同仁，在創作的潛在力和持續力上，都發揮了高度的威力，可以說突破了一切的挫折與困難，繼續不斷地吟詠著、歌唱著。這種大無畏的精神，在現實生活的體驗、鄉土精神的挖掘、社會群體的關懷，以及人生批判的態度上，表現了笠諸君子的剛毅的正義感，也表現了笠同仁的和而不同的虔誠的精神，爲了詩藝術的精進，也爲了詩良知的昂揚，大家投出最眞摯最熱誠的支持。因此，使這個純正的現代詩刊，得以跨過一百期的奮鬥，豎立了當代中國詩史的一座可紀念的現代詩的里程碑。」（錄自〈從荆棘的途徑走出來〉——《笠》百期的回顧與展望）。

七

一九八〇年，是新詩運動滿六十年後再踏出的第一年，因此回顧之作亦多，其中以羅青和瘂弦的兩篇力作，最足以代表。

羅青的〈詩壇風雲三十年——三十年來新詩的回顧〉，刊登於六月廿六日《台灣日報》上，此文重點在於敍述詩社與詩社論爭的因果，及因論爭而促使詩觀衍化、進展的始末，對於新的一代如何產生、代與代間有何差異，有極爲詳細的分析。

瘂弦的〈新詩運動一甲子〉，連載於十月二十七日至十一月五日的《台灣新聞報》上，重點仍放在民國三十八年至六十八年的詩壇活動，檢討了「現代與傳統」、「詩的語言創新」、「創造現代史詩」、「詩的社會性」等問題，有史的敍述，也有知的鑑衡，文長三萬字，頗具份量。這篇長文是天視文化公司《當代中國新文學大系》(詩輯)的前言,前言與詩選的最大特點,是所選的詩不拘限於台灣一地,還包括新加坡、馬來西亞、菲律賓、越南、香港、美國等處的華人詩作,眼光放遠、心胸恢宏,實値得編選詩集的人參考。

此年另有林明德等人主編的《中國新詩選》(長安版),內容上雖不及前書,詩人歸屬亦有瑕疵,但能注意詩人寫詩的先後關係,依序選錄,自可補前書的姓名筆畫排列的缺憾。

八

一九八〇年詩壇最痛快的一件事,是波蘭籍作家米瓦希獲得諾貝爾文學奬,十月十日台灣各大報即刊登米氏作品與相關資料,《中國時報》及時刊登訪問記,是米氏得奬消息發佈後第一篇訪問記錄,萬衆矚目。其後,各報刊陸續登載米氏作品及訪談經過,資料益趨完備。此外,早在二月間,《聯合副刊》曾對一九七九年諾貝爾文學奬得主「艾利提斯」做過極爲詳盡的追蹤採訪,包括他的自述、年表、詩觀、散文、詩,使得前後兩屆諾貝爾文學奬得主,均能在台灣詩壇引起注意,大約就是報紙反哺社會的明證吧!

綜觀一九八〇年台灣現代詩壇,做爲一個新時代來臨前的起跑點,似乎相當合於標準,現代詩發展了六十年以後,新的第一年顯然已有再創新局的架勢了!

——一九八一年二月寫於台北

詩社與詩刊

現代詩運動的推展，在台灣的這三十年，可以說是詩社與詩刊如何興起、淪沒的滄桑紀錄，個人的努力總以詩社與詩刊爲其後盾、爲其前鋒。詩人結社，出版詩刊，無疑可以形成一股巨大的力量，匯聚了來自不同階層、不同個性的詩人智慧，終能迸出火花。這些火花，炫麗非常，但是，偶而也因此灼傷了觀賞者的眼睛或皮膚。詩壇上，各詩社詩刊間壁壘分明的現象，未嘗不是因爲詩人結社造成的磨擦傷痕，這樣的傷痕又形成一股詩壇和諧的逆流。幸耶？不幸耶？詩社與詩刊的努力或許就在這種正正負負的夾縫裏慢慢推進。

民國五十一年，進入高中，我開始接觸現代詩，當時「現代詩」、「藍星」、「創世紀」三個詩社鼎立於詩壇，中部的我毫無所悉。負責編輯校刊，我往來於員林彰化間，在書店、書攤上買了一些詩集，這些詩集據說是彰化詩人古貝散發寄售的，當時的古貝屬於相當前衛，實驗性極強的詩人，與「創世紀」、「藍星」詩人交往密切。我記得最早的一部詩集購買於民國五十二年六月十八日，日期記得這麼清楚是因爲我在這本詩集——洛夫的《靈河》裏寫下這個日期。如果從五十一年算起，到今年七十一年我也有整整二十年的時間與現代詩爲伍，詩社與詩刊的起起落落，正應了〈桃花扇〉說的：「眼看他起高樓，眼看他宴賓客，眼看他樓塌了！」如果以我個人與詩社的交往，觀看詩刊的心得，或許也能勾勒出詩壇的一個簡單雛形，做爲寫史者的參考。在這篇文章中，我著重於個人情誼的憶述，不及史實的評鑑，主觀成份極重，但並不妨礙我們對一個詩社、詩刊的全面了解，所謂客觀事實不外乎創刊時日、出刊頁數等等，除此之外都不免有主觀的價值判定在內，包括紙張、印刷的精良與否。因此，情誼的憶述，可能是從一種更接近眞實，更接近生活的方向來認識詩社與詩刊。就像一個從政者在座談會上，電視訪問中，口沫橫飛，義正辭嚴，但在實際生活裏又是另一付不同的形貌，我們寧願喜歡生活裏的這份親切。

我最早認識的詩社、詩刊，當屬「新象」，「新象」詩刊創刊於民國五十二年十二月十六日，有些什麼成員，不甚清楚，主要負責人大約是古貝、陳奇合，當時古貝已是成名青年詩人，陳奇合與我年紀相仿，彰化秀水人。印象最深刻的是陳奇合曾以射精二字暗喩月光之映照，詩刊印出來以後，以我當時的年紀而言，極感駭異，戳破所有我曾讀過的月光印象——一種陰柔、相思的印象，爲什麼這樣寫？可以這樣寫嗎？「現代詩」往往刺激我思考，大約從這時候就開始了！

加入「新象」成爲社員，是五十三年春天的事，我與同學黃榮村一齊加入，那時，黃榮村比我還關心現代詩，我所能讀到的有關的雜誌、專集，大約都由他那兒傳閱過來，那時的他已經開始執筆批評詩作了，最有名的一篇題爲〈學者詩人余光中〉，這個題目頗能點出余光中的特色。見事之精，於此可見。上大學以後，黃榮村日漸疏遠詩，不久，轉入心理學系攻讀，數年之間，獲得博士學位，儼然成爲心理學界後起之秀，現代詩壇失去一位傑出的詩人、詩評家，心理學論壇上卻多了一位優秀的學者，仍然是台灣之福吧！

《新象》詩刊是報紙型的雜誌，摺疊爲四十開，頗似《藍星詩頁》，發行期數不多，不廣，影響所及，恐怕也只是詩友之間寄送而已。詩社與詩刊的命運，一開始就在我心中留下這種「流星」印象，日後對於任何詩社詩刊，我都以「細水長流」共勉，不是沒有緣由的。

參加「新象」的同時，我也參加了「笠詩社」的一項籌備聚餐會，當時我只是高二學生，文藝青年，瑟縮在角落裏，對於「詩人」的印象也來自這次聚會，桓夫、林亨泰、錦連三人，都有威嚴的臉龐、親和的態度，是我的父執輩，最初的詩人形象就是由他們三人留存給我的，驗證於以後的認識，如果我也能沾上一點「詩人」的邊，可能也是以他們三人爲典範的，桓夫以積極的行動推廣詩運，林亨泰埋首於理論的鑽研，肆力發展自己的詩觀不及其他，錦連少有創作，但，從不與詩脫節。「笠」創社之時，我就只認識這三位詩人，其他來來往往，不曾招呼我（我那麼小），也沒有人引介的詩人，我就沒留下什麼深刻印象了。

「笠詩社」很少有公開活動，大多是同仁間的內部聚會，整個詩社的性格趨於閉鎖性，其優點是向心力強，團結，有力量，十八年來，不脫期出刊，成爲所有詩社羨慕的對象，其理由在此，其缺點則爲不容許別人對他們有所批評，一有批評即起反應，這種性格，於人而言，紀弦、洛夫、羅門都有這種反應，於社而言，「創世紀」也免不了這種過敏症，也許，這是台灣所有詩社的共同毛病。悲夫！

與「笠」同仁來往次數不多，比較熟悉的只有桓夫、李魁賢二人，其次是陳秀喜、陳明台、李敏勇、非馬，也有一兩次聚談機會，其他則在其他場合碰面，點頭寒喧而已，大部份「笠」同仁則心儀已久而緣慳一面。在我出版的兩本詩評論《鏡中鏡》與《燈下燈》裏，不曾出現對「笠」同仁詩作的評論文字，僅在《現代詩導讀》《現代詩入門》《中學白話詩選》中選析了「笠」部份同仁作品，以與其他詩社共分秋色。不過，「笠詩社」同仁則對我十分照顧，先後有桓夫、岩上、林鐘隆、郭成義、喬林等人批評我的批評文字，據說這種行動仍將繼續。

《笠詩刊》創刊於五十三年六月十五日，一直以雙月刊雜誌型出版，免不了延遲出廠，卻從未脫期，目前尚無任何詩刊能有這種能耐。開始的幾期由林亨泰設計、主編，推出〈笠下影〉〈作品合評〉〈詩史資料〉等專欄，分別以詩人、詩作、詩史爲研究對象，顯示出一個有計畫的編輯行爲，其後仍然循著一定的條理行進，脚步穩健，分明是集體智慧而非個人色彩，主編人則以桓夫、趙天儀、李敏勇三人爲實際掌舵者，特別是桓夫貫串全局，經理笠叢書，成爲《笠詩刊》的重要靈魂人物，其功不可不記。通常一個詩社詩刊的存在，都需要這種爲團體犧牲的人，紀弦之於《現代詩》，張默之於《創世紀》，林煥彰之於《龍族》、《布穀鳥》，均可做如是觀，《藍星》在覃子豪之後不曾出現這種熱心的人，星散的局面自然不可免，特別是近幾年成文出版公司經費支援之下，《藍星》仍然維持數年一期的尷尬現象，面對《笠》詩刊的一年數期，更令人浩歎再三！

大學四年，未與任何詩社往來，但從外文系學長王裕之那兒獲讀《藍星》、《創世紀》等詩刊，王裕之背詩極勤，創作前衛，他的詩刺激我但未影響我，基本上，我的個性內向、畏怯，適合抒情，不擅想像與敍事，截至畢業爲止，我的習作十分有限，我只是喜歡現代詩而已，這四年確實讀了不少詩，讀詩、寫詩，原本不必結社、出版雜誌吧！

服預官役的這一年，前四個月在林口，後八個月在金門，隔絕的環境使我有機會反芻大學四年所讀、所思，開始寫作詩評文字，其中評洛夫的一首〈無岸之河〉，論葉維廉的「秩序」，寫的最堅實，以〈辯尙體要論碧果〉的那篇文章最受「笠」同仁責罵，十二年後耳根猶不得清靜（七十一年五月喬林仍在《自立晚報》含混地輕薄數句）。五十九年元月，聯合「創世紀」、「現代詩」、「南北笛」而組成的「詩宗社」在台北成立，其時我人在金門，未與任何詩人通信，但被列爲同仁之一，原來是好友林鋒雄的主意。

「詩宗社」用心良苦，期望「萬流歸宗」，頗有「天下之勢，分久必合」之意，以季刊方式出版書籍型的雜誌，「風花雪月」之後又出版了一次第五期，即不了了之，所謂「合久必分」是也。從「詩宗社」的「結合」與「合結」，我知道奢談詩壇大團結是可笑而不切實際的，紛紛擾擾的局勢不等外侮入侵是不會終了的。

退伍回到台北讀研究所，民國五十九年七月至六十一年七月，兩年間，大約可說是我與詩社、詩刊接觸比較密切的一段時間，主要有「創世紀」與「龍族」，其次是「藍星」、「大地」、「主流」。

與「創世紀」接觸，其實是「詩宗社」的延續，在國軍文藝活動中心三樓，年長一輩的詩人經常在那兒聚會，林鋒雄下山與我見面，也就約在那兒，林鋒雄十分健談，我則拙於辭令，往往陪著他，聽他與年長詩人激辯，這是我進入詩壇的快事之一，「創世紀」同仁就是這樣一個一個認識的，其時，張默與管管還在左營，謀面晚些。大體說來，「創世紀」同仁比較熱情、開放，說做就做，比較之下，「笠」同仁就拘謹多了，顯現在詩刊上，「創世紀」衝力大，少有章法，「笠」穩重踏實，做事較具條理。「創世紀」的活動力顯然比「笠」強，出選集、辦朗誦，二十八年來，一直在展現、促銷，對於詩的推廣頗具「苦勞」，不過也有人持相反的看法，認爲《創世紀》詩刊曾登過相當晦澀的作品，對於詩之不爲人接受要負一部份責任。實情如何，恐怕還是見仁見智，民意測驗學會或可做個統計，寫詩的青年朋友一定要在「藍星」「創世紀」「笠」三個詩社中選一個影響自己最大的詩社，不知各社獲得的比例如何？

不過，我一直認爲，民國三十四年以後在台灣出生的青年，他們的文化背景、生活環境、教育成效，都與前一輩詩人不同，應該有青年詩人自己對詩、對人生、對家國的看法，在與辛牧、施善繼多次交往之後，我們三人肯定了這點，辛、施約來了林煥彰、林佛兒、喬林、景翔，我則推荐陳芳明、蘇紹連，在五十九年的冬天，我們頻頻溫酒聚會，所謂「詩人」，這個冬天我眞有「詩人」的感覺，進入詩壇，這是第二件快事。經過幾次磋商，我們決定在民國六十年元月一日成立「龍族詩社」，十五年前，紀弦的〈現代派宣言〉曾有「新詩乃是橫的移植而非縱的繼承」之言，民國六十年「龍族」詩社的成立，則宣示縱的繼承之可能，青年詩人組社的風氣自是風起雲湧，關懷現實的詩作，語言接近生活接近群衆的努力，都因時勢之趨，在這一兩年內水到渠成。

「龍族」雖是青年詩刊的先聲，卻也是上一代詩人分門別派之遺毒的直接受害者，創社九「龍」，每個人都另有詩社與詩人間的恩怨，夾纏不清，不免因此而傷害到他人，譬如陳芳明推崇余光中，辛牧則力斥余光中而與海軍張默交情不惡，施善繼則因洛夫說過「施善繼吃創世紀的奶水長大」，對洛夫及「創世紀」十分反感，但推崇商禽，我則被視爲親「創世紀」的人，林煥彰與喬林維持與「笠」的私人友誼，施善繼卻不喜歡「笠」，與陳秀喜社長則姑侄相稱，來往密切，景翔原屬「創世紀」，林佛兒與「笠」較近，蘇紹連在中部，很少與大家見面，如此錯綜複雜的關係，埋下日後分道揚鑣的憾事。

《龍族》詩刊的出版，預示青年詩人的覺醒，高上秦策畫出版的《龍族評論專號》更激起詩人與世人的反省，這種反省不是立即反應，即刻顯現，但浸漬式的效果，慢慢使現代詩更富生機。「龍族」詩人本身的貢獻不大，但詩社詩刊所象徵的意義卻極大，包括「中國的」、「青年的」、「現實的」三個特殊意義，與上一代詩人顯然有了不同的面貌。

「龍族」成立的同時，「創世紀」詩人張默、管管僻處左營，另行創刊《水星詩刊》，四開報紙型的詩刊，極爲清爽，渡也、朱陵、沙穗、連水淼、張堃、汪啓疆，都從《水星詩刊》嶄露頭角，這批青年人後來都成爲「創世紀」第二代詩人。如果沒有「水星」，「創世紀」可能也像「現代詩」、「藍星」一樣後繼乏人，不過，這批第二代詩人似乎尚未在社內取得發言權，他們能在《創世紀》詩刊上呈現嶄新的風景嗎？他們會推湧出屬於他們自己的共同方向嗎？他們能像上一代那樣團結，那樣互相切磋嗎？

六十年夏季，「主流詩社」成立於六月，「暴風雨詩社」成立於七月，「暴風雨」主事者沙穗、連水淼、張堃，曾經投注相當大的心力，辦好他們的報紙型詩刊，結果反應不大，頗為心灰意冷，（其實，所有的詩刊，訂戶都不多，反應與回收均欠佳），好像一陣暴風雨，匆匆結束了，「暴風雨」還會再來嗎？不會了，因為他們都已加入「創世紀」，他們的成就要算在「創世紀」的章節裏。

倒是「主流」尚有可為，「主流」以主流自居，來勢洶洶，其組成份子，一部份是華岡詩社同仁，一部份是來自台南地區的文藝青年，黃勁連、羊子喬、林南、吳德亮、莊金國、龔顯宗等人，他們也有抒情的正常青年詩人的作品，主要的特色則表現出鄉土氣息的追尋與吐露，整個詩社的個性頗具草莽之風，朗爽的作法，俠氣的擔當，青年人的衝勁、狂傲，整個顯露出來，可以擔得一個「眞」字，「眞」，在詩壇也算得是高貴的一種品質，而且，鄉土味的作品富於陽光、空氣、水，健康有活力，在台灣詩壇上又是另一種罕有品質，具有這兩種可貴的品質，主流仍然時流時不流，只能說是年少氣盛，喊的多，做的少，想的更少，沒有時時以「主流」深自期許，有時還不免妄自菲薄，「不流」「支流」的念頭一直籠罩心頭，心理建設不夠完整，主流的豪氣未能貫串，殊屬可惜！

「主流」在略有影響的時候，拖延，停刊，在形勢將成之際斷水，最近兩三年則與《自立晚報》合辦「鹽分地帶文藝營」，服務鄉梓，紮根泥土的作法，未失鄉土本色，「主流」是不是在培養暗流，期能一鼓作氣再起聲勢呢？

與「主流」同在民國六十年策畫成立，卻遲至六十一年六月方正式公開的是「大地詩社」，最早的構想來自林鋒雄，林鋒雄以為「龍族」組成份子龐雜，尚不以足代表青年詩人的特色，希望能組成一個更純淨的青年詩社，邀集陳芳明、陳慧樺（原屬「星座詩社」）和我共同參預其事，其時我們分別就讀於不同學校的戲劇、歷史、外文、中文研究所，共同的理想認為：中國現代詩要想進入文學史，為社會所承認，必得樹立正確的詩學理論，以理論輔佐創作，雙軌並進。因此，其後「大地」同仁大都為碩士以上學位，翔翎、李弦、古添洪、林明德、林綠等人也就自然成為詩社一員，是目前學術水平最高的一個詩社，如果說「主流」具有「水滸」精神，「大地」則有「儒林」之風，當時，我身為「龍族」一員，雖未便入盟，但樂觀其成，陳芳明則身跨兩社，游刃有餘。

檢視成果，《大地詩刊》也未見豐碩，李弦針對詩壇現況所做的論評較為出色，陳慧樺、古添洪則以神話學、比較文學來論詩，以當前詩作而言，他們是以其所學所知論詩，並非完全符應詩壇需要。「大地詩社」在成立後兩年，同仁出國的出國，讀博士的讀博士，停刊六、七年，六十九年改以《大地文學》綜合雜誌代替詩刊，截至目前僅出刊兩期，是否能為軟弱的詩壇提供陽剛、理性的氣息?猶待檢視未來發展。比較樂觀的看法是，「大地」同仁今日都已學有所成，身在黌宮內，個個都是教授、副教授，應該「學以致用」，踐履當初立社的理想吧!

六十一年夏天至六十六年夏天，我回家鄉任教，這五年間未與詩壇往來，青年詩社繼續滋生成長，重要的有五個，分別是中部的《詩人季刊》、《詩脈季刊》，北部的《草根月刊》、《秋水詩刊》，南部的《綠地詩刊》。七十年代可以說是新生代詩人擅揚的年代，他們所扮演的角色才是眞正詩評家應予注目的焦點，「龍族」、「主流」、「大地」之後，讓我們看看更年輕的詩人活力!

《詩人季刊》原爲《後浪詩刊》，早在民國五十八年即由台中師專學生蘇紹連、蕭文煌、洪醒夫(司徒門)創立「後浪詩社」，畢業、服役後，民國六十一年九月二十八日(孔子誕辰，後浪社慶日)推出十六開報紙型詩刊，先後加入的同仁有:莫渝、陳義芝、掌杉、許茂昌、陳珠彬、楊亭、牧尹、李仙生、廖莫白、林興華、許國耀等人，他們大部份是師專校友，溫文儒雅，與世無爭，兩年後，易名改版，以雜誌型態出版《詩人季刊》，影響力擴大，贏得詩壇信任，佳作連連，主事者爲蘇紹連，蘇紹連自六十一年退出「龍族」之後，即實際掌舵，維持盛況不減，直至六十六年意興闌珊，卸下仔肩爲止。

蘇紹連的意志消沉，直接影響《詩人季刊》的民心士氣，搖擺不定的出版情況十分嚴重，我於六十七年六月，基於與蘇紹連的交情，眼見《詩人季刊》即將停擺，特別爲《詩人季刊》策畫出版《詩人小集》六冊，鼓舞大家，也只能維持兩年微弱的詩刊生命，終在六十九年宣佈無限期停刊。檢討《詩人季刊》始盛終衰的原因，不外乎三點：一、主事的蘇紹連懈志，同仁頓失精神領導中心。二、出版經費來源困難，無法支付龐大的印刷費用。三、同仁多人停筆，不復當年熱忱。這三個原因，恐怕就是所有詩社難以持續的原因，少年多情，詩社林立，熱情一滅，詩社瓦解，如果未能克服這個難題，一仆一繼的詩社訊息也就永遠會有新的後浪湧來。

《詩脈》季刊創刊較晚，六十五年七月於南投登場成員大多是與南投縣有地緣關係的岩上、王灝、向陽、李默默、李瑞騰等人，頗具山城特色，岩上持事穩重，條理井然，王灝兼有設計才能，能詩能論，很快地，《詩脈季刊》就成爲詩壇上受重視的青年刊物，他們也以鄉土事物入詩，感情眞摯，語言的表現捨棄粗糙之途，能以含蓄筆法呈現新意。《詩脈季刊》裏可以發現許多久被遺忘的鄉土用物，不受重視的行業，詩人的仁心使他們溫婉地回到讀者的眼前。

「詩脈」興起以後，中部詩壇就成爲三社鼎立的局面：《詩脈》以山爲大本營，《詩人季刊》以海爲喩（「後浪」詩社，設址「沙鹿」），《笠》在綠野平疇中。桓夫主持的「台中市立文化中心」即常邀請他們策畫活動，中部詩運因而蓬勃起來，中部各大學的藝文活動也因而熱活起來。詩往往比其他文類更容易帶動，但也往往是火光一閃，詩刊的命運何嘗不是如此！

在北部，《秋水詩刊》創刊於六十三年元月，自始堅持橫排方式印刷，有詩，有短論，早期曾有幾位名家作品出現，後來則又匿迹不見，原由古丁、涂靜怡合編，古丁逝世後，由涂靜怡獨撑，是否爲「同仁雜誌」，未聞其詳，出版定期如《笠》，詩作平實如《葡萄園》，可以視爲《中國新詩》，

《葡萄園》同一詩風的青年詩刊代表，也是現代詩刊唯一由女性主持的刊物。

六十四年文藝節，「草根詩社」成立，主要成員包括羅青、李男、詹澈等人，「每月一期」的詩誌，不僅中國詩壇未見，外國亦罕聞，《草根月刊》竟是這樣苦撐了三、四年。「草根詩社」是青年詩社中唯一提出長篇宣言的刊物，將〈草根宣言〉與〈龍族宣言〉（六句）一比，或許可以證明青年詩人的觀念愈趨成熟，不再是「我就是要這樣寫」的時代，他們也要說出「爲什麼」與「如何」，他們有自己的「目的論」與「方法論」。

值得一提的是「草根」的實驗精神，〈草根宣言〉中說：

「圖象詩，分行詩，分段詩，以及其間所屬的小詩，格律詩，自由詩，戰鬥詩，民歌……等等，我們一律不排斥；或繼承，或研究，或改進，或闡揚，我們要不斷的在新詩的形式上研究、探討、實驗、創造，在某些情況下，因題材詩想的需要，我們認爲詩歌可合一，以發展新民歌的可能性。」

《草根詩刊》中的許多異想，許多突破性的試探，對於詩人想像力的啓發具有實質上的助益，循著這條路走下去，詩路會越來越寬。可惜，「草根」的訊息傳佈的很不廣，「草根」的勇氣不曾舒展開來，很有希望成爲大詩社大詩刊的「草根」也斲傷於無情的現實刀斧下。《草根》後來依附於《益世雜誌》裏，跟《龍族》曾依附在《大學雜誌》上一樣，已經沒有明顯的目標和意義了！

北部有《草根》，南部有《綠地》，詩壇上一直這樣蒼蒼翠翠。「綠地詩社」以高雄地區詩人爲骨幹，包括傅文正、陌上塵、陳煌、謝武彰、王廷俊……等，他們也與「草根」一樣，企求詩與其他藝術的結合，但在處事上比「草根」果決明快，「草根」因為羅青而富於學術、說理，「綠地」則因為傅文正與陌上塵而趨向社會寫實，南北兩社，作風不同，「綠地」所引起的注目卻比「草根」大，特別是第十一期《中國當代青年詩人大展專號》，網羅民國三十四年以後出生的青年詩人九十七家，全面展示，大手筆，大氣魄，為有史以來最厚的詩刊，人心大快！

「綠地」同仁後來分裂，鍾順文等人另組「掌門詩社」出版《掌門詩刊》，於民國六十七年元月創刊，「掌門」人口增多後，復於七十年成立「門神」姐妹刊，全面接替了「綠地」在高雄地區的地位，一方面則向下扎根，積極推展兒童詩。「綠地」另一部份同仁則在失去出版社支援之後，與其他詩社同仁組成「陽光小集」，其影響力不限於高雄地區。

「掌門」成立之同時，由高雄師範學院原「風燈」詩社畢業社員組成的「風燈」，在北港創刊，採四開報紙型，楊子澗主編。風格典雅，較多抒情之作，社員與詩風，頗類「後浪」，但積極行健的精神，超越「後浪」極多。在不免汚染的詩壇上，「風燈」保存了一塊潔淨版面，最值得稱述，即使在狂風中依然不滅的是這樣的一盞詩的「風燈」。

民國六十八年十二月，「陽光小集」的組合，應可視為青年詩人的一次大結合，其成員包含了「綠地」、「詩脈」、北醫「北極星」、台大「現代詩社」及「創世紀」部份同仁，社員分佈全島各地，向陽、苦苓、李昌憲、林廣、林野、陳寧貴、張雪映、劉克襄……都擔任了社內重要工作，一方面積極編印極富挑戰與創意的詩雜誌，一方面以詩與民歌結合的努力，舉辦大型朗誦會，極富朝氣與活力，可以說，不論老中少詩人都期待「陽光小集」的出版，會帶來什麼樣的新刺激，新訊息，詩壇沉寂的局面打開了，詩與各類藝術接觸的可能逐步實現了，我們更盼望新的詩的境界因此而拓展開來！

七十一年，還有更新的詩刊陸續出擊，「脚印」、「掌握」、「漢廣」……。詩社與詩刊是這樣不停地興辦，不停地前推。

回顧近二十年詩壇風雲，前十年由「藍星」、「創世紀」、「笠」扮演主要角色，後十年則不能不記述「龍族」以降各青年詩刊的努力痕跡，眞正的詩創作、詩活動才促成詩的生長，眞正的詩史也是這些小齒輪摩擦推進的。

——一九八二年五月寫於台北

詩人與詩風

民國五十一年，我即開始閱讀現代詩，思考現代詩，並從五十八年開始爲文評述現代詩，五十九年以後陸續認識了大部份的寫詩的朋友，我喜歡以讀詩的印象來印證我所認識的人，是不是人格即風格呢？有時認識了詩人，重讀他的詩作，腦中不免又浮起孟子的話「讀其詩，不知其人可乎？」

在這篇文章裏，我試圖描摹詩人與詩的風貌，讓我們從另一個觀點來了解詩與詩人，把詩與詩人當做朋友一樣來了解，或許更有一份喜悅！

桓夫

我認識的第一個詩人是笠詩社的桓夫，先入爲主，我以爲詩人就該像他這樣，據說小鴨生下來，第一眼看見會動的東西即緊緊跟隨，即使是滾動的球，牠也以爲是母親。李白、杜甫，應該是什麼樣的形貌，年代久遠，我們無從揣摩，詩人應該長得怎麼樣，也沒有明文規定，不過，我喜歡桓夫威嚴的臉龐，那是一種執著、剛毅，驗證他從日據時代以日文了解詩，詩在他心中形成一股無可阻遏的熱力，促使他一個字一個字學會漢文、學會國語，終於跨越了語言，就是一種剛毅、一種執著。「望之儼然，即之也溫，聽其言也厲」，對詩謹守分寸，對人不妨隨和，寫詩、譯詩、評詩、推廣詩，執著的是對詩的一份熱愛。

桓夫的詩語言，無論如何不能說是暢達，但在「乾澀」的語言背後，卻是人情的溫暖，血一樣的激盪，即使帶點現實的諷刺，也可以感知眞正的諧和的期望。他的詩或許就像他的人，外表看起來十足威嚴，潛藏於其中的熱忱則不能不察，不能不知，否則，對於他的詩免不了望而生畏。如果讀吃力的詩而能有所穫，要比讀容易的詩卻無所感、無所繫要好多了，但一般的讀者總是喜歡甜味，桓夫的詩當然不是甜味的詩，即使抒情的詩也像熱火燒焦的甜，因而，桓夫的詩不是流行的圓，是四方的臉。

羊令野

羊令野的臉則屬於長方形，據說這是安徽人的臉型特徵，寫詩的朋友裏安徽人還眞不少，張拓蕪、張默、大荒、碧果、季野，仔細看看他們的臉型果眞輪廓類似，分明是長方的樣子，只是詩味卻不一定同品。羊令野浸淫古典詩既久，又擅書法，總覺得他的詩中浮現了古典詩詞的餘響，以人而言，稀疏的、銀色的髮絲，川端康成似的額頭和面頰，分明也是想像中古詩人的樣子，人與詩或許可以這樣印證吧！張拓蕪早年以「沉甸」筆名寫詩，稍嫌矮胖的體型，頗似他積囤過濃的意象，豪放的人與鉛重的詩則不能相稱，倒是後來以「代馬輸卒」爲名的手記，方讓世人看見眞正的張拓蕪，中國的張拓蕪，安徽的張拓蕪。

張默

張默精神體力均極旺盛，連說話的速度也比別人快半拍，字與字的距離只好縮短，有時縮得太短，距離消失，只好將他的話放在腦子裏重新以正常速度播放一遍，我們方能會意，等會過意來，又錯過了另外一句。張默像一部升火待發的車子，永遠把自己放在一檔，油門一踩，離合器一放，詩選，朗誦，琳瑯滿目，目不暇接，有時換檔太快，超速也難免，《七十年代詩選》出版於七十年代中期，《八十年代詩選》出版於剛剛跨入的第一年，令人訝異，但你不能不承認，張默的人與做事的效率。這樣的人寫什麼樣的詩呢？當然也寫快節奏的詩，我常覺得張默的詩中好像有一股旺強的生命力隨著文字而生長，這股生命力有時也會繼續傳染，讀他的詩，讀者不自覺地躍躍欲動！中年的張默仍然如此活旺，想想老年的張默又會如何呢？

大荒與碧果，在說話上比較「保守」，不到最後關頭，絕不輕言，激昂處，大荒也能侃侃而談，據理而爭，是少數說話具有條理的詩人之一。碧果的表現一向溫溫文文，節奏緩慢，兩三字一行，這點頗似他的詩。大荒與碧果的詩，詩風與其筆名有關，大荒喜歡處理神話，大題材，讀他的詩眞有初誦佛典、初入曠野的感覺，感覺到自己的渺小。碧果的語言如青綠色的果子，不識者說他生澀，怎麼粘也粘貼不起來，識者自能識其味在鹹酸之外，感受鼓聲般的震盪。這兩個人的共同處卻是分別創作了兩部大型詩劇，大荒的〈雷峰塔〉，碧果的〈田單復國〉，都在　國父紀念館演出過。至於年輕的季野，生在雲南，長在台灣，不知道安徽的風土是否也影響長遠，及於他身上？

洛夫

其次提到洛夫，他也呈現了地域性的脾氣，所謂「湖南騾子」是也。詩壇幾次論戰，都由他點燃戰火，遠的如與余光中的天狼星論戰，與顏元叔的「陋巷風波」（顏也是湖南人，我們都說這次的陋巷風波是湖南人的家務事），近的如五月號《中外文學》洛夫所撰的〈詩壇春秋三十年〉，惹來各門各派的不滿，會師《陽光小集》，刀槍齊出，盛況皇皇。洛夫在口舌與筆墨上都曾得罪不少人，因此，對他口誅筆伐的現象也就層出不窮了。「自反而縮，雖千萬人吾往矣！」的剛烈脾氣，在做人上未必成功，在作詩上卻未必失敗，不論敵友，對洛夫的詩都不能不贊歎：確有獨到之處。

洛夫的詩確有獨到之處，因爲他勇於創造事物之間的新關係，不過，一般後學者往往欣羨他的語言，忽略了跳接之後詩思的貫串處，詩壇上有許多語言面目酷似洛夫的詩，卻無神髓近似的詩人，大概就是這個緣故。

瘂弦

湖之南的洛夫如此，河之南的瘂弦是不是有所不同呢？我常說洛夫的詩如夏之炎虐，秋之肅殺，那麼瘂弦的詩當是春之駘蕩了！張默說瘂弦「甜是他的語言，苦是他的精神」，這樣的形象喻詞相當準確。

詩如此，人亦如此。瘂弦主持《聯副》，根據我的投稿經驗，每次投寄詩文，他總會回個短函，用或不用都有個交待，聯副稿多事繁，猶能如此，其他事務的處理可以類而推之矣！瘂弦獎掖後進不遺餘力，傑出的如羅青、吳晟，多蒙裁成，這種情況，張默在左營辦《水星詩刊》時也曾提拔不少詩人，如渡也、沙穗、朱陵等。洛夫雖曾為德亮、林廣、楊子澗等人的詩集撰序，詩壇上卻無提攜的說法。比較起來，張默認識的新生代成為「創世紀」的第二代，瘂弦的青年朋友卻未必是「創世紀」之友，倒是十分有趣的事。

羅門

在台灣，眞正的詩人恐怕只有一個，那就是羅門。

爲什麼說羅門才是眞正的詩人呢？

有三個原因：第一，近數年來，羅門退休後，除了寫詩與詩評，不事任何行業，生活優遊，其他詩人都是業餘寫作。第二，羅門心中只信仰詩，與詩有關的活動，他才樂於討論，參與。第三，羅門眞能從詩中得到快樂，他不牽掛任何事，全心投入詩的享受中，那樣著迷，無人可及。跟羅門交往過的人都知道，一談起詩，羅門永不疲倦，朋友戲稱他爲「羅蓋」，說他是「心靈大學校長」，他認爲人類的心靈需要詩，他「蓋」的也是詩，這些戲稱都只說明羅門對詩的那份「狂熱」，羅門眞是徹頭徹尾的詩人。

如果說洛夫常常惹起戰火，那麼，羅門則是隨時迎戰的人，事無鉅細，只要有人批評了羅門，羅門一定會有長文答辯，而且，不做人身攻擊，不扣帽子，永遠繞著詩與心靈打轉，維持詩人的可愛。羅門的詩如果經由他自己逐字逐句的口頭說明，會發現詩的含蘊更豐富，我就聽過幾次他解釋自己的詩——不是每個詩人都能解釋自己的詩——這時候的詩人是主觀而又客觀，自問，自答，本來是心理的爭戰，卻又變成另一度的審視，就旁觀的讀者而言，彷彿經歷一次創作之旅，十分有意思。

周夢蝶

同屬藍星詩社，往往一語不發，枯坐在那兒的，必是周夢蝶，三千年前的莊子已經在懷疑：「周」夢「蝶」？還是「蝶」夢「周」？今日的周夢蝶也難免有此一問，而且可能終身不解，不解，所以無語，解了，也可能無語，眞讓人莫測其高深。對於周夢蝶，我們又了解多少呢？周夢蝶枯坐形象，數十年如一日，《還魂草》的封面就是一襲黑衣枯坐的形象，人與書，形相近，詩與人，類相似，始終如一，表裏如一，這樣的詩人形象與羅門又成了一個有趣的對比。在年輕詩人中，王灝與蘇紹連也是不容易敲出聲音的人，如果有一天，周夢蝶、王灝、蘇紹連三人各據桌之一角，要等多久才會有一句話，這句話會是什麼？（是不是「下次再聊」？）

人是一絕，詩更是一絕。周夢蝶的詩，出入於佛典禪理之中，枯與苦是詩的形貌，也是詩的內涵，不可仿學的現代詩人之一，因爲一般讀者缺少那樣內斂而有光的精神面貌，即使是融合了佛學典故與文言辭彙的特殊語言，也不容易模擬一二。

余光中

相對於周夢蝶，妙語如珠的是余光中，溫文儒雅的是向明。如果有所謂名嘴之稱，余光中自屬其中之一，大庭廣衆的演講，小型會議的聚談，余光中一直是衆人的焦點，自有其迷人的丰采，說話的速度不急不緩，每一句卻都引人注意，偶而不注意就會錯過可以爆笑、微笑的資材，即使講的是笑談，「天圓地方」的余光中的臉好像也能保持傲岸的樣子，顯示出相當大的自制力。余光中體型略爲瘦小，但詩的天地十分寬廣，收放自如，眞講究氣勢時，那種龐沛的力量好像來自一個魁梧奇偉的巨人，令人不能不想起劉漢時代的張良。

如果周夢蝶偏倚佛理，則向明可以歸屬於儒學，行事、詩文，甚至於舉止、言行，都可以見出儒家的涵容之心，中庸之行，特別是師事詩人覃子豪生前執禮甚恭，恭死後懷思極深，維繫著詩壇的「倫理」觀念，更值得後輩詩人學習，這種師生倫理與情誼，也表現在已故詩人古丁與《秋水》詩刊主編涂靜怡身上。

辛鬱

詩壇前輩詩人中，辛鬱與管管也在我心中留有深刻印象，最早的印象是他們都是大兵詩人，後來他們退役了，辛鬱成爲雜誌編輯，思理細密，管管經過幾番變遷，成爲電影明星，因此走出來的路，兩人有了相當大的分歧。即使在詩作上也有不同，辛鬱詩如其名，悲辛愁鬱，爲苦難的同胞付出相當多的詩人的關懷。

管管

管管，這裏管管，那裏管管，讀書做事，淺嚐而止，所知多而不深入，其詩不按牌理出牌，時有驚人之語，寫多了，也有套式出現，極待突破，他們兩位做人寫詩都有不同，但在歌謠小調的唱做上，各有專擅，詩人聯誼性的茶會、酒會上，他們常做即興表演，贏得不少掌聲，掌聲的熱烈，兩人不相上下。

商禽

商禽偶而也湊興，來個小調，他與辛鬱、管管、張拓蕪、楚戈，在最早的歸類裏都應該是大兵詩人，商禽常有許多軍中軼聞以助酒興，據說行軍時往往落後，驗證於一般聚會，他也時常遲到。「觀察」比一般人縝密，因而面對生命能賦予關懷，基本上，頗富於人道主義者的思想，早期的詩服膺「超現實主義」的方法，近期忙著主編《時報週刊》，產量銳減，遣詞用字則十分現實！

長年旅居國外的詩人，鄭愁予、葉維廉、楊牧，他們常有詩作在國內報刊發表，詩壇上也不陌生，這三位詩人我都見過兩三次面，存有一些概念。

鄭愁予

鄭愁予是我五十五年暑期「戰鬥文藝營」的駐營老師。瘂弦與鄭愁予兩人駐營指導，帶給我們的不一定是方法上的指示，重點偏向詩味的體會，詩句的欣賞，激引我們對詩的興趣與喜好，我想這個方向是正確的，不是每個人都會成爲詩人，也不需要每個人都成爲詩人，只要每個人都能欣賞詩，興致來時偶而寫幾句詩過過癮，發幾聲怒吼，發幾聲感喟，也就夠了，以寫詩爲職志的，百不得其一啊！

十六年前，鄭愁予與瘂弦正是風姿英爽，玉樹臨風的年紀，大約也是詩人朋友裏「帥」字輩的人物，詩的手采與人的手采同樣令人著迷，他們的詩適合品味卻不適宜解析。「秀外慧中」如果不止於形容女性的話，我以爲用來形容他們的詩有清爽引人的語言，有値得令人深思的眞義，未嘗不是一句好成語。

葉維廉

葉維廉與楊牧同屬學人兼詩人，在台灣接受大學教育之後即飛往國外完成博士學位，並以之教授國外大學，兩人求學的軌跡類似，詩作的風格卻是反方向，交叉而行，葉維廉早期詩作喜歡處理龐大題材，詩的篇幅、句的長度也以巨大爲滿足，楊牧早期的詩則淸秀可喜，處理刹那間的情緒爲能事。學成之後，兩人有了顯著的不同，葉維廉接納王維等人的詩觀，不喜知性、感性介入，近來又以現實題材入詩，文字的運用則都以裁截後的短行詩句爲主要特色，巨大的實體成爲弔長的細線，在形式上有了改變。楊牧近期的詩，則援用中國經典古籍入詩，虛實相間，剛柔並濟，組詩的型態時常出現，篇幅當然加長了！

楊牧

葉維廉曾與我有一兩次較爲深入的談話，楊牧只在去年返國時因羅青引介有一餐之緣，他返國期間的居所就在我們家巷尾轉角的地方，羅青與我只一巷之隔，楊牧說：台灣眞小，我則以爲台灣眞大，接觸他的詩十五年以後才見到他。學人自有學人的學識、談吐，但談詩的那份熱切、眞誠卻更令人懷想。

楊牧與我相差七歲，其次稍長於我，我對他們的詩與人也有了解的，則有林煥彰、李魁賢、非馬、吳晟等人。

林煥彰

與林煥彰認識極早，共創「龍族詩社」的時候，他已結束稍微「超現實」的一些詩想，轉注於生活中的瑣瑣小事，並且將它們點染爲詩，透示了自己的聲音，這樣的詩觀持續了六七年，林煥彰又轉移他的心力於「兒童詩」的拓植上，使兒童詩的推廣工作發揮到衆人樂於投入的境地。林煥彰至今仍然保持宜蘭人執著的個性，克勤克儉，他的求學經歷與葉維廉、楊牧完全不同，小學畢業後即失學在家，或當學徒、伙計，完全依賴自學苦讀，摸索奮鬥，累積自己的知識與經驗，這樣得來的知識，這樣的求學歷程，他十分珍惜。有關詩的任何事務工作，他不厭其煩地擔負起來，編輯《龍族》詩刊、《布穀鳥》兒童詩學專刊，整理近三十年新詩書目，都做得有條不紊。

李魁賢

李魁賢應屬「笠」詩社的中堅人物，可以承先，可以啓後，從《野風》時期就開始了詩的生命，具有眞正對詩的認識，分析詩壇現象也能客觀而有主見，不囿於一家一派的觀點。他的職業從「工」轉「商」，他的詩也從工業詩人轉而爲都市與自然的理解，因爲常常往來於歐洲各國間，李魁賢的工業詩不是工人詩，他的生活詩也不偏限於低階層的苦難，知識份子犀利的審判能力常從他的詩中透露出來。最主要的，他對於里爾克的譯介，不遺餘力，多少影響了莫渝在這方面的努力，中德兩國在詩文化的交流上，李魁賢有著實際的貢獻。

「發明家」這樣的頭銜也同時落在李魁賢身上，這個頭銜印證他在「詩」的國度裡是屬於「肯想」的詩人，不想怎能發明呢？

非馬

「白馬非馬」，「非馬」不是白馬，笠詩社的白馬應該是指著李敏勇，陳明台，鄭炯明這樣年輕的白領階級吧！非馬不是白馬，「非馬」是笠詩社的「黑馬」！

非馬本名馬爲義，是馬非馬，往往惹得讀者費疑猜。非馬的詩也往往站在兩極，引逗讀者思索，譬如他對〈鳥與鳥籠〉的看法，他說：「把鳥籠打開，將自由還給鳥籠吧！」顯然與一般人的看法不同，到底是鳥自由了還是鳥籠獲得了自由？值得我們思索另外的一種可能，可能獲取詩的驚喜。

非馬居留國外，從事科學研究，「冷靜的思考」是他的人與詩共同的特點，人與詩冷冷相對，卻又發現其中孕藏詩人對世事的熱切關懷，冷的外表，熱的內心，非馬仍然以兩極處理他的詩，以短句短篇表現他的詩。

吳晟

非馬如果遠在天邊，吳晟則近在眼前，忠厚、踏實，具有農夫的沉著與不可褻翫的個性。農夫不同於商人，他了解泥土、水稻、樹木，卻不擅長與人言語，眞正需要開口說話時則能鏗鏘有力，吳晟的表現正是如此。吳晟的字與余光中的字都是一筆不苟地寫，吳晟字跡略嫌笨拙，余光中則有靈秀之氣，詩的不同風格也可從此略知端倪吧！

吳晟的詩，從《吾鄉印象》、《泥土》的範疇，擴而及於對孩子成長的觀察與教育，「破土而出」，極有可爲，已有堅實的土地爲基礎，要成長自然之物，建樹人爲之物，都不是困難之事了！

羅青

羅青恐怕是青年詩人群中丰采最迷人的，機鋒甚健，反應靈敏，可以迅速進入話題之中，臉不紅，氣不喘，可以迅速引導大家進入另一個話題中，興致昂揚。他的詩存在他的詩中，也存在他的畫中，甚至於存在他的家居佈置裡，存在他的話句裡。

羅青的興趣廣，涉獵多，因此他寫詩的題材也就包羅萬象，上天入地無所不能了，一般而言，可以老少咸宜的現代詩，大概只有羅青的詩可以達到這個地步，有的人太高，只有詩評家有興趣，有的人太俚俗，三教九流都不屑一顧，有的人高不成低不就，卡在其中。但是羅青的詩，詩運亨通，當然有他的道理，第一，他的題材廣，戰士、學童、司機，各行各業都可以入詩。第二，他的想像力豐富，六合之內之外，盡情遨遊，玩地球就像玩西瓜，時光隧道，幾度進出。第三，他的語言喜愛對偶，具有諧趣，白話對偶比文言對仗更活更有趣。第四，他能從平凡的事物裏突然跳接到另一個看似不相干的東西，事後又不覺得突兀。引錄〈司機阿土的月亮〉中的三句可以同時見證上面的四個觀點：

握著方向盤的手，更加謹愼了起來
配合著顚簸滾轉的輪胎
配合著靜靜旋轉的地球

渡也

渡也的多才多藝也可與羅青相媲美，但在穩重度上略遜於羅青。渡也身材修長，頭髮梳理油亮，對事物的看法頗有己見，也善於辯說。渡也的詩，早期精鍊，特別是一些散文詩，常有出人意表的發展，畫龍點睛之妙，在他的散文詩中表現得相當出色。近期作品則完全舒放，認為天下萬物隨意點化均可成詩，自然景物與人文世界密切串聯、疊合、諧通，詩的創作力十分豐富，寫詩的速度極快，語言則不計雅俗，不講對仗，俯拾即是。因此，有人懷念二十五歲以前的渡也，我則以為詩人的創作力與深度跟年齡有關，舒放後的渡也會再有收束的力量出現，在詩思的表達上自會轉深轉沉。

蘇紹連

蘇紹連也從精鍊之作慢慢舒放開來，他的轉變不若渡也那樣迅速，截然兩分，這跟詩人不同的稟賦有關，蘇紹連這個人不喜言說，趨於內向、拘謹、木訥，但他的詩卻非常人易於觸及的世界，繽紛多彩，處處都是電動的光影，爆裂的景象隨時出現，蘇紹連詩中的震撼是一種久遠的震撼，他不是流行詩的寫作者，即使寫的是父子間的親情，他的處理也異於一般詩人。

現代詩壇，青年詩人中的兩個「尖端」，應該是在前的蘇紹連，在後的羅智成，蘇紹連純粹是心靈的異變，羅智成則有哲學的思索在其中，玄異詭秘的氣氛則兩人各有所長。他們兩人都不是激進的青年，比一般寫詩的朋友更含蓄的個性，更和藹的態度，為什麼會有這種電光石火的詩？詩人與詩風的不同，實在值得做一次心靈的探險，問題是：蘇紹連不輕易開口，羅智成的話又似老子的《道德經》，仍然是一團待解的謎。

最後我想再提兩位我認識的青年詩人，他們都有特殊的詩風，可以印證一下人與詩的相關程度。

沙穗

沙穗寫詩極早，創辦有《盤古詩頁》、《暴風雨詩刊》，都是報紙型詩刊，跟他一起創辦詩刊的青年伙伴連水淼、鄧玉昆、張堃，都已走入影視界、商界，惟他留守屏東當公務員，詩則越寫越好。

早期的《風砂》習作不談，沙穗的《燕姬》是眞正生活的紀錄詩，這段時間，他求職心切，現實的都城又讓他碰壁、灰心，這樣的心情是可以了解的，燕姬的愛情就是打氣、慰撫，就沙穗而言，斯時感受自然不同，失業與愛情的兩相對比，形成《燕姬》詩集的特色，失業的打擊愈大，愛情的甜蜜愈濃；愛情的甜蜜愈濃，則失業的挫折與愧疚感愈深。這是生活詩，沙穗勇於肯定生活就是詩，最瑣碎的生活細節也不放過。這兩年，沙穗又以父親爲對象，寫出更堅實的作品，沙穗是沒有鄉愁的外省籍青年，但父親的這一代卻與時代裏的大變動息息相關，沙穗藉父親的身世、行事，投影了時代的形貌，親切，眞實，極具價值。這種情況跟他的好友吳晟以「農婦」爲主題的散文，寫他的母親與農村的一切，異曲而同工。

向陽

台灣青年中也有向陽者，以正確的意識化解於詩中，對台灣的歷史成長與土地衍變，付予關切，他有廣大的胸懷與眼光，不是埋頭沙中的鴕鳥，不是置身井中的青蛙，其見識與魄力，慢慢的從詩中透露出來。

向陽來自溪頭山中，踏實的山頂人遺風未減，埋頭苦幹的精神還在。求學時代的古詩浸淫，一直影響他極深，因此他的詩有他自定的外在形式，語言極「文」。爲了更貼切的表達，我倒希望他的語言能放開一點，就像小時候在山林中奔馳一樣，處處天機可見，生機可見。

青年詩人離青春期不遠，少年說愁的詩到處可聞，但是我們也知道，這是必經的階段，眞實的感情、感受，原該如此，因此，不分省籍，不分區域的更年輕的青年詩人逐漸出現了，他們都已走經蔭涼的抒情幽谷，種下自己的喬木，陳藜、楊澤、苦苓、林廣、楊子澗、廖莫白……都是我們可以期待的新詩人，他們終會帶來新詩風！

——一九八二年五月寫於台北

詩集與詩運

詩人出版一本詩集，有人視同結婚，有人視同生孩子，都相當鄭重其事，但限於經費及發行問題，往往出版後贈送親朋好友，即消聲匿跡。因此，三十多年來，在台灣地區出版的詩集到底有多少，就像詩人有多少一樣，無法數計。眞正能廣爲流傳，並具影響力的詩集其實也不多，經過自然淘汰的結果，能在時間之流裏浮浮沉沉的，已算相當幸運了。

這裏，我們選出十本具有魅力，且具有影響力的詩集，依出版年月分冊敍論。我們的標準是，這本詩集出版當時造成相當大的轟動，對於詩壇具有潛在的影響力，換句話說，對讀者與詩人朋友都產生作用的詩集，經過衡量、商酌，才確定下來的。因此，這本詩集不一定是這位詩人的代表作，不一定是詩壇上最好的十本詩集。詩壇上傑出的許多詩人如紀弦、商禽、羅門、葉維廉、非馬、蘇紹連、沙穗、向陽、楊澤……等等，也曾出版詩集，但並未刺激市場購買欲，也未引起詩壇廣泛的注意力，只好闕而不論。

仔細了解這十本詩集，大約可以測知整個詩壇詩運的推進如何，三十年來的詩壇動向，詩風的改變，都可以從這個抽樣中窺探得知，在詩人節前夕，我們且以這十本詩集預祝我國詩運昌隆。

洛夫

《石室之死亡》

《石室之死亡》出版於五十四年一月，屬於袖珍型的四十開本，不是洛夫最好的作品，卻是惹人議論最多的一冊詩集，正反褒貶，各走極端，各是其是，論點相當複雜，即使到今天，仍然莫衷一是。

「攬鏡自照，我們所見到的不是現代人的影像，而是現代人殘酷的命運，寫詩即是對付這殘酷命運的一種報復手段。」這是洛夫在自序〈詩人之鏡〉開宗明義的一段話，一般認為這就是《石室之死亡》的寫作旨趣。《石室之死亡》是六十四首十行的詩組合而成，兩節十行，形式一致，顯示洛夫寫作時已有統一形式，追求主題的意願。「石室」指的是金門地下的坑道，是在砲聲嗖嗖的戰地完成這一輯詩，因此，戰爭與死亡很自然地時時隱伏其中，除此之外，或許還可探聽到一些其他的訊息，但是我們知道很難，因為這是一本相當艱澀難解的詩，十七年以後再來看這本詩集，仍然恨沒有人做鄭箋。

祇偶然昂首向鄰居的甬道，我便怔住
在清晨，那人以裸體去背叛死

任一條黑色支流咆哮橫過他的脈管
我便怔住，我以目光掃過那座石壁
上面即鑿成兩道血槽

在《石室之死亡》的自序裏，洛夫提到超現實主義與詩的純粹性，從四十九至五十九年的十年間，洛夫這樣的語言相當流行，晦澀與超現實主義的罪過就這樣聯結起來。

周夢蝶

《還魂草》

周夢蝶的《還魂草》成爲當時重要的一部詩集，有兩個客觀因素，一是「文星」雜誌、叢刊的發行，普遍刺激讀者購書的欲望，楊牧（葉珊）的《燈船》，余光中的《蓮的聯想》也都拜此之賜。二是周夢蝶街頭詩人的悲苦形象，引人好奇。《還魂草》初版於五十四年七月，影響於詩壇的則是她的內容——一個重要詩集之所以重要的主觀因素。

《還魂草》書前有葉序，以一個讀舊詩、評舊詩的學者來透視這本新詩集，極爲恰當，因爲周夢蝶的詩在語言的驅遣上頗合古法，周夢蝶的詩境則富禪理、哲思，葉氏又是一個能以新觀點、新方法來解釋舊詩詞的人，這樣的一個因緣際會，卻是新舊詩的一次完美而和諧的接觸。

葉序中指出，周夢蝶是「一位以哲思凝鑄悲苦的詩人」，因此，周夢蝶的詩，「凡其言禪理哲思之處，不但，不爲超曠，而且因其汲取自一悲苦之心靈而彌見其用情之深；而其用情之處，則又因其有著一份哲理之光照，而使其有著一份遠離人間煙火的明淨與堅凝。」

我以爲《還魂草》從語言到內容，都是「絕對」與「絕對」的「相對」，絕對的冷「對」絕對的熱，周夢蝶的詩中沒有游移在兩極之間的東西，但是，奇的是截然相對之中隱藏一絲倚伏的命運或可能，就像一塊純黑的畫面裏存在著一線細細的白絲，令人聳然而驚的就在這裏，冷如果是絕對而龐大的冷，則熱也是絕對的熱，卻是一個小點的熱。以周夢蝶的詩來說，那就是「於雪中取火且鑄火爲雪」吧！

楊牧

《燈船》

楊牧出版《燈船》是五十五年十一月的事，那時的筆名是比較瘦而深情的「葉珊」！很多人懷念《水之湄》、《花季》、《燈船》的葉珊，但是詩人要長大，要老成，「青春」很可愛卻不能久留，其理在此。

《燈船》自序裏，楊牧認爲《水之湄》描摹的是些「陌生的情緒，似眞似幻，十餘歲少年的夢想摻和著掙扎蛻變的血跡。」到了《花季》，「古典詩的雨澤重了」，《燈船》時期則「曹植、左思、陶潛、庾信、阮籍一班人的影響事實上遠勝於少陵、太白。」這樣的成長軌跡一直是葉珊深受喜愛且持續不斷的道理。

楊牧早期的詩，有「婉約派」的風味，纖巧的，古中國風的，絕句型的。《燈船》出版的時候，詩壇上「多的已不再是拙樸的詩，而是造作的淒厲和喧囂。」楊牧懷疑「現代文明的表現是不是一定要通過冷酷悲慘的文學？」因此，他所維繫的、他所堅持的，是樹蔭、是流水、是遠香、是清唱……

雖然楊牧在《燈船》自序裏提到南北朝文學對他的影響，不過更大的影響應該來自西方濟慈等詩人，在這冊詩集裏有〈歌贈哀綠依〉、〈給命運〉、〈給寂寞〉、〈給時間〉、〈給死亡〉……等詩題，對哲學理念做著比較情感化的反應，自是來自西方的刺激，也蘊含了楊牧轉變的契機，讀這些詩，多少都要有些學問了！

《燈船》結束了楊牧從東海到金門到愛荷華的詩路，以後的楊牧是有經典知識的楊牧了！

鄭愁予

《窗外的女奴》

鄭愁予的迷人始於五十年代，《現代詩刊》時期，鄭愁予的風采，不分性別、年齡，贏得大家的喜愛。誰不會隨口誦讀一兩句「我達達的馬蹄是美麗的錯誤」這樣的詩句？

成名極早的鄭愁予，其第一本詩集《夢土上》已經產生相當大的影響力，「愁予風」曾經吹遍了詩壇每個角落，愛詩、寫詩的人，同輩、晚輩，多少都會有一點鄭愁予的影子在詩中出現。不過，純粹「愁予風」的《夢土上》詩集很早就絕版了，生得稍微晚一點的詩人，要想讀到這冊集子並不容易，倒是加入剛強之力的詩集《窗外的女奴》有了比較普遍的暢銷能力，看的人也多，鄭愁予發抒的題材更廣，影響程度也因而遞增。

《窗外的女奴》出版於五十七年十月，抒情而兼敘事之作不少，篇幅雖然不長，但都能擷取精華予以點染，讀他的詩會感覺到詩的背後有一個離奇的長故事在敘說著，〈錯誤〉就是這樣的一首詩，〈浪子麻沁〉、〈邊界酒店〉等詩也有極強的小說企圖。鄭愁予的詩有其粗獷、偉岸的一面，更有其細膩獨到之處，語言純熟，楊牧說他是「中國的中國詩人」，在四面楚歌，南蠻鴃舌的六十年代詩壇，鄭愁予眞是值得珍惜的。

此書出版後，鄭愁予的詩作逐漸減少，終至於出國而停筆，沈寂十多年後再出發時，詩壇又是另一種景觀了！所幸，他的詩作完整地出版了，《鄭愁予詩集》（洪範版），包括了出國前所有作品，這種幸運，《楊牧詩集》、《瘂弦詩集》的出版也一樣令其他詩人欣羨。

瘂弦

《深淵》

瘂弦寫詩晚於鄭愁予，停筆卻又早於鄭愁予，從民國四十二年到五十四年是瘂弦的創作時期，所有的迷人聲音都在這十二年間完成，但在台灣出版詩集卻晚至五十七年十二月始推出《深淵》，兩年後又改版發行，讓衆多的讀者翹首以待了好幾年。

憑著一本詩集享譽數十年的詩人，瘂弦要算是其中最顯著的一位，他從《瘂弦詩抄》（香港出版）、《深淵》、《鹽》，到最近全本《瘂弦詩集》，歷經幾次變貌，詩作或有增刪，但大體內容不變，八十五首詩奠下了瘂弦在現代詩史上的一個重要位置。

《深淵》的特色很多，包括語言與節奏富於北方小調的風味，自然而隨意的景物舖排，突如其來的人物諧趣，甚至於有些詩的異國情調，超現實主義的驚喜，……等等，構成瘂弦詩繁複而殊異的風貌。瘂弦的詩有些相當輕鬆，有些相當緊張，都能維持瘂弦語言的機智，也許就因爲這種機智，使得瘂弦收放自如。

這麼美好的詩才，爲什麼停筆於一九六五年？

詩人多竅的心靈，有著什麼樣的委屈？

這些都不是我們所能了解的。很多復出的詩人，表現得相當尷尬，即無以超越群雄，又不能戰勝自己，倒不如像瘂弦一樣以八十五首維繫聲名，努力以其他工作——如整理史料、獎掖後進，貢獻才能爲佳。

白萩

《天空象徵》

像中國歷代有名的詩人，像鄭愁予、葉珊，白萩也是一位早慧詩人，少年時代以詩獲獎，頗有聲聞！

白萩是中國現代詩壇少數心胸開闊的詩人之一，他曾出入「藍星」、「現代派」、「南北笛」、「創世紀」，不爲所拘，目前雖身屬「笠」詩社，更能突破狹窄的藩籬，放手寫自己的詩。

白萩是一個有「創作力」的詩人。

早年出版《蛾之死》、《風的薔薇》，已顯示相當強韌的創作潛力，特別是對於詩的「繪畫性」，創作與理論相互配合、輝映，成爲現代詩壇的殊異景觀，三十年來，能以詩和理論共同表達獨特詩觀的尚有林亨泰，但其影響不若白萩的「繪畫性」深遠。其他詩人則往往詩不顧論，論不顧詩，不能「自圓其說」。

《天空象徵》的出版，白萩未曾配以強而有力的理論文字，但其影響並不比圖畫詩稍遜。因爲，白萩以一個聲譽頗著的前行代詩人，勇於改變自己的形貌，改變自己的思理與語言習慣，切入現實之中，冷肅批判，這樣的勇氣與方向指引，確實影響了後來的詩風。《天空象徵》出版於五十八年六月，此後，關懷現實生活的詩作陸續出現，從內心的探討轉向外在環境的了解，白萩的轉變透露了這個先聲。幸運的，白萩在批判現實之際，猶能堅持藝術的完整與追求，這才是眞正詩人的操守。

羅青

《吃西瓜的方法》

吃西瓜需要方法嗎?羅青的第一本詩集《吃西瓜的方法》常常與食譜類書籍放置一起，頗爲暢銷。民國六十一年十月出版，幾乎是給詩壇投下一顆炸彈，讀者、詩友，均感驚訝不置，詩的思考模式，寫作方法，完全從不同的角度出發，一些想都未曾想過的問題，紛紛出現在這本詩集裏，包括〈給樹看相的秘訣〉、〈吃西瓜的六種方法〉、〈柿子的綜合研究〉，匪夷所思，卻又令人不忍釋手，隨著他的詩做科幻式的奇想漫遊，未嘗不是一件樂事!

余光中稱譽這本詩集，說是「新現代詩的起點」，如果說現代詩的新面貌從此展現，這句話倒是十分眞確，但這並不表示羅青獨力扭轉乾坤，而是預示一個新的聲音出現了，一個新的局面出來了，自從民國六十年以後，新青年的覺醒語言開始更換五十年代六十年代晦澀不安的語言，羅青的詩集在這個時候推出來，搶盡先機，而且又以一個這樣令人驚訝的書名出現，更是不同凡響。

《吃西瓜的方法》不是使用平實的語言，而是使用調皮的語言，從書名到內容，都掌握了這個特色，詩思的尋求也以跳躍的方法，突然面對意外的效果，顯示出一個知識分子的高級幽默，羅青的機智相當高明，任何一次的轉彎，都帶給讀者一次新的驚喜，《吃西瓜的方法》之所以暢銷，應是這一份親切所帶來的——語言的親切，生活的親切，再加上驚喜的親切。

羅青，一個特殊的現代詩壇的新詩人！

余光中

《白玉苦瓜》

余光中是一位多產的詩人，具有影響力的詩集也不僅是《白玉苦瓜》一部，民國五十三年的《蓮的聯想》，所謂新古典的風采就曾顛倒衆生，青青學子幾乎人手一冊，大家沉迷於多情而優雅的詩句裏，只是這部詩集突來的高潮並未影響同一時段中其他寫詩的朋友，新古典的風采就這樣以一部詩集封鎖起來。五十八年，余光中同時推出兩部詩集《敲打樂》、《在冷戰的年代》，自然也有一番盛況，平分秋色之後，反而顯不出力量。倒不如一冊《白玉苦瓜》、七版八版地印，引來更多注視的眼睛。

《白玉苦瓜》除了維繫余光中一向語言活潑的特色之外，這冊詩集最具體的影響力是引進了美國民歌旋律，激發了中國人自己寫歌的欲望，詩與民歌的結合從此肇基，民歌的蓬勃也因而奠下良好的基礎。「答案啊答案，在茫茫的風中」，成功地演成詩中特殊的音樂效果，〈鄉愁四韻〉更以簡單的類句突出了鄉愁形成的緣由與滋味，對仗、類疊的重覆使用，使詩的吟唱性增大，從可看、可讀，到可唱，詩的音樂感逐漸加強。

「白玉苦瓜」是故宮博物院珍藏的玉品，余光中在自序中有一段話值得不重視詩藝術的人注意：「神匠當日臨摹的那隻苦瓜，像所有的苦瓜，所有的生命一樣，終必枯朽，但是經過了白玉也就是藝術的轉化，假的苦瓜不僅延續了，也更提昇了眞苦瓜的生命。生命的苦瓜成了藝術的正果，這便是詩的意義。」《白玉苦瓜》出版於六十三年七月。

吳晟

《吾鄉印象》

吳晟，台灣彰化人。他說：

「我的作品，大都是從實實在在的生活體驗中醞釀而來。泥土的穩實、厚重、博大，傳統的中國廣大的農民，不矯飾，不故作姿態，眞眞誠誠對己對人的忠厚品性，始終深深引我嚮往和企慕。」（見第二屆中國現代詩獎得獎獻辭），這段話已完整吐露了吳晟做爲一個詩人的眞摯之情，及其寫作指向。

《吾鄉印象》出版於民國六十五年十月。在鄉土文學浪潮未起之前，吳晟已開始創作一系列以台灣農村爲背景的鄉土詩，此書的出版正趕上鄉土文學最熾烈、最火旺之時，可以稱得上詩壇上鄉土詩的一塊重要里程碑，其後，關懷勞苦大衆的社會寫實詩，陸續出現，陸續結集，蔚成爲新而清醒的流向。吳晟仍繼續與泥土爲伍，在自己的家鄉教書、種田、關懷孩子的教育與成長。〈吾鄉印象〉詩輯，「不同於一般浮泛的田園詩，或閒適的農村參觀訪問記，當然不可能是童騃似的農村組曲。因爲吳晟踏臨的地面，既不是艾略特的荒原，不是陶潛的歸隱田園，也不是齊瓦歌的滿眼黃花，而是厚重樸拙的泥土，孕育中國文化的泥土。」（顏炳華的〈吳晟印象〉），因此，這本書後來又加了一些〈向孩子說〉〈愚直書簡〉，重整次序，改名《泥土》出版（遠景版）。

詩人吳晟與泥土不可分，人類的生活環境更與泥土不可分，我們是否對自己家鄉的泥土也採取相同的敬意？

席慕蓉《七里香》

經歷過「橫的移植」聳人聽聞的危言，經歷過「知性」抬頭，「超現實主義」當道，「鄉土」「社會寫實」大行其運的台灣詩壇，是不是容許一棵眞實而自然的《七里香》抒發她的幽香呢？

席慕蓉《七里香》初版於七十年七月，未及一年，已再版了七次，誠爲三十年來的詩壇奇蹟，然而，這眞是奇蹟嗎？是誰造成了這種奇蹟？

《七里香》的扉頁題著：

「獻給愛與生命

——兩者皆由天賜」

這裏是否隱隱透露出某些現代詩忌諱「純眞」的錯誤，斲傷天機的人，揠苗助長的人，如何會有愛，如何了解眞正生命成長的苦辛與喜悅？席慕蓉卻了解到「愛」與「生命」的本然、純眞，了解到「天賜」的可貴，她只是源源本本地將這樣的生命與愛，像一條適意而流的江河，清清爽爽地送出來。

《七里香》有著女性的柔婉，有愛情的憧憬，是一棵開花的樹，要人細細吟賞：

當你走近　請你細聽
那顫抖的葉是我等待的熱情
而當你終於無視地走過
在你身後落了一地的
朋友啊　那不是花瓣
是我凋零的心

——一九八二年六月寫於台北

輯二　探索詩的神髓

胡適——新詩的老祖宗

胡適是中國新詩的開山祖，他自己則戲稱爲「新詩老祖宗」。胡適與新詩，這其中自然有著很大的因緣值得我們去探悉。

胡適，字適之，世居安徽積溪，民國前廿一年（清光緒十七年）出生於上海，二十歲赴美留學，後來獲得哥倫比亞大學哲學博士學位，民國六年返國，任北京大學教授，抗戰期間，曾出任駐美大使，勝利後爲北京大學校長，旅美期間，先後任教於哈佛大學、哥倫比亞大學、加州大學、普林斯頓大學，民國四十七年來台主持中央研究院，任院長職，五十一年逝世於南港任所，享年七十一歲，著有《中國古代哲學史》、《白話文學史》、《胡適文存》等書。

中國新文學運動，胡適是最重要的啓蒙人，早在民國六年一月，他即發表〈文學改良芻議〉，提出改良當時文學的八個主張，也就是後來的八不主義：

①不做「言之無物」的文字

②不做「無病呻吟」的文字

③不用典

④不用套語爛調
⑤不重對偶—文須廢駢，詩須廢律
⑥不做不合文法的文字
⑦不摹倣古人
⑧不避俗話俗字

他主張使用「白話」做爲文學語言改革的基礎，對於白話，他的看法是：

①白話的「白」，是戲台上「說白」的白，是俗語「土白」的白，故白話即是俗話。
②白話的「白」，是「淸白」的白，「明白」的白，白話但須要「明白如話」，不妨夾幾個文言的字眼。
③白話的「白」，是「黑白」的白，白話便是乾乾淨淨沒有堆砌塗飾的話，也不妨夾入幾個明白易曉的文言字眼。（民國六年十一月二十日〈答錢玄同〉。）

民國七年四月，胡適在〈建設的文學革命論〉認爲：「中國若想有活文學，必須用白話，必須用國語，必須做國語的文學。」所以，胡適的「建設新文學論」的唯一宗旨，只有十個大字「國語的文學，文學的國語」，這種見解在當時即已引起極大的回響。

民國八年十月，胡適又發表了一篇重要論文〈談新詩〉，以爲中國文學的革命運動，先要語言文體的解放，若想有一種新內容和新精神，不能不先打破那些束縛精神的枷鎖銬鐐。他說：「中國近年的新詩運動，可算是一『詩體大解放』，因爲有了這一層詩體的解放，所以，豐富的精神，精密的觀察，高深的理想，複雜的感情，方才能跑到詩裏去。」

胡適發表〈談新詩〉前後，也有幾篇重要詩論，共同蔚成中國新詩運動的主導力量，第一篇是劉半農的〈詩與小說精神上的革新〉，早於胡適的〈談新詩〉，他以爲：要提倡新詩，唯一的要素就在一個「眞」字，不可失卻了詩的精神。其後有周無的〈詩的將來〉，文中指出詩的進化與變遷，以爲詩的進步是學問、思想、情感，種種進步的結晶，強調主情、想像與主觀，比較注意詩的內在內容。緊接著，康白情提出〈新詩的我見〉，說新詩是「自由成章而沒有一定的格律，切自然的音節而不必拘音韻，貴質樸而不講雕琢，以白話入行而不尙典雅。」「破除一切桎梏人性的陳套，只求其無悖詩底精神罷了。」

直到民國十一年一月，又有兪平伯提出〈詩的進化的還原論〉，他對詩的看法是：「詩是人生的表現，並且還是人生向善的表現。詩底效用是在傳達人間底眞摯，自然，而且普遍的感情，而結合人和人底正當關係。」他以爲「平民性」是詩的主要質素，所以要「還淳返璞」，「把詩底未來面目從脂粉堆裏顯露出來」。這是詩的還原論。「但詩的還原並非兜圈子一樣，絲毫無進步的，詩的還原，便是詩底進化底先聲，若不還原，絕不能眞的進化……，要想救這危難，只有鼓吹詩底素質底進化。」

這些都是胡適提倡新詩時的重要詩論，但胡適對新詩最大的貢獻，是他勇於嘗試創作，民國八年秋天即出版《嘗試集》，是中國第一部白話詩集，集中各詩最早寫於民國五年七月，此後的一年間，因爲只有他一個人實驗，沒有別人積極的幫助，終不能跳出舊詩的範圍，直到民國七年以後才有較好的作品出現。但胡適終究不是一個感性重的詩人，我們不能苛求他的《嘗試集》的完美，他自己也承認《嘗試集》可貢獻的事，就是這本詩集所代表的「實驗的精神」。

胡適的〈嘗試篇〉說：「願大家都來嘗試」，因爲陸放翁的「嘗試成功自古無」這句話未必是，應該改爲「自古成功在嘗試」，藥聖嘗百草，名醫試丹藥，都是試過千百回才成功的，即使失敗，也可告訴後人「此路不通行」，可使脚力莫枉費！〈嘗試篇〉的精神確實啓發了中國新詩人披荆斬棘，開天闢地的毅力與信心！

願大家都來嘗一嘗試一試「新詩」。

做爲新詩的開山祖，胡適大部份的詩是在嘗試階段，但其中也不乏佳作，而且眞的具有詩意詩境，値得迴環誦讀。

胡適有一首〈希望〉這樣寫：

我從山中來，
帶得蘭花草，
種在小園中，

希望花開好。

一日望三回，
望到花時過，
急壞看花人，
苞也無一個。

眼看秋天到，
移花供在家，
明年春風回，
祝汝滿盆花。

——錄自《嘗試集》

這首詩讀者一定覺得很熟悉，不錯，它就是老少咸宜的名歌〈蘭花草〉，改動其中幾個字詞，譜上曲子，就成爲膾炙人口的〈蘭花草〉了，但胡適的原題是〈希望〉，胡適是樂觀的，他的詩文都具有這種傾向，總在詩文裏爲人留下希望，這是胡適人生的體現，我們再看他的另一首詩〈鴿子〉：

雲淡天高，好一片晚秋天氣！
有一群鴿子，在空中遊戲。
看他們三三兩兩
迴環來往，
夷猶如意，——
忽地裏，翻身映日，白羽襯青天，十分鮮麗！
——錄自《嘗試集》

〈鴿子〉這首詩也具有這種樂觀傾向，晚秋原來是肅殺、凄冷的季節，在胡適的眼中卻是「雲淡天高，好一片晚秋天氣！」因此，鴿子在天空中自由自在的飛翔，彷彿是在空中遊戲，白色的羽毛襯著青天，那景象又是多麼鮮麗，這是樂觀者的人生，觀賞「蘭花草」的胡適，雖然一日觀三回，苞也無一個，但他並不頹喪，反而「移花供在家」，「移花入暖房」，期待明年春天滿盆，這就是樂觀者的希望。

胡適在《嘗試集》再版自序裏，說他敢把《嘗試集》再版的理由之一，是他在詩中做著二三十種音節上的試驗，他想用雙聲叠韻的法子來幫助音節的諧婉，例如：「我不能呢呢喃喃討人家的歡喜。」這一句裏有九個雙聲，令人覺得輕柔舒怡。

同理，〈鴿子〉的「看他們三三兩兩，迴環來往，夷猶如意」，三句中，有著更多的雙聲（兩字聲母相同）叠韻（韻母相同）。三與環，叠韻；兩與往，叠韻；夷與意，叠韻；迴與環，雙聲；夷、猶、意，雙聲；「如」字以方言來讀時（我們的閩南語或胡適的徽州音），也與「夷、猶、意」爲雙聲。單單這三句就有這麼多雙聲叠韻，在聲韻上自然極爲合諧。不過，胡適也明白：雙聲叠韻，偶然順手拈來，未嘗不能增加音節上的美感，但不可強求做作，否則就不是作詩了。所以他對古人的「天籟」說法極表贊同，以爲「詩的音節必須順著詩意的自然曲折，自然輕重，自然高下」，能充分表現這種情況的便是詩的最好音節。

〈鴿子〉這首詩還押韻，「天氣」「遊戲」「如意」「忽地裏」「白羽」「鮮麗」，「一」的音令人覺得輕快無比，逍遙無比。

胡適很有名的一首短詩，也充滿著類似此段的聲韻之美，特引錄下來，供大家低吟：

也想不相思，可免相思苦。
幾次細思量，情願相思苦。

周策縱先生是中外研究五四運動史的權威人物，他論及胡適的詩時，曾有這樣的見解：

好的一面，「胡適的詩較好的一面是文字流利，清淺，而時露智慧。最好的幾首往往有逸趣或韻緻。一部份佳作能在淺顯平常的語言裏，表達言外一些悠遠的意味。這是繼承了中國過去小詩小詞一些較優秀的傳統。」

不好的有三點：

第一，他立志要寫「明白清楚」的詩，這走入了詩的魔道，可能和那些寫極端不能懂的詩之作者，同樣妨礙了好詩的發展。……優秀詩人必能使這淺近明白的語言變成「詩的語言」，含有無限別的意義，才能得好詩。

其次，胡適沒有宗教信仰的虔誠，從好處說，他不迷信，但從另一方面說，他也沒有個人對大宇宙「深摯」的神秘感和默契。因此，他的詩不夠幽深。

第三點，胡適詩最大的缺點—這與他個性也有關—是欠缺熱情或摯情。中國「詩緣情而綺靡」的主流與他淵源不深。他的詩與屈原、杜甫相去頗遠；也和西洋浪漫主義詩人不相及。（見唐德剛著《胡適雜憶》附錄）

這樣的評述十分允當，但胡適不是一個純正的詩人，他是一個新文化運動的健將，是一個新思潮的啓蒙者，嚮往科學的歷史學者，因此，以一個業餘的身份而言，胡適的詩的成就仍有可觀。

〈鴿子〉這首詩以「聲」勝，胡適有一首〈蔚藍的天上〉卻是以「色」見長，胡適的實驗精神，眞的開拓了讀者的視聽世界。

我們來看看〈蔚藍的天上〉，繽紛的五彩吧！

蔚藍的天上，
這裏那裏浮著兩三片白雲；
暖和的日光，
斜照著一層一層的綠樹，
斜照著黃澄澄的琉璃瓦：
只有那望不盡的紅牆，
襯得住這些顏色！
下邊，
一湖新出水的荷葉，
在涼風裏笑的狂抖。
那黝綠的湖水，
也吹起幾點白浪，
陪著那些笑彎了腰的綠衣女郎微笑！

——錄自《嘗試集》

胡適是以遠鏡頭的全景開始，慢慢從天上回到人間。首先，天是「蔚藍的」，這裏那裏浮著兩三片「白雲」，藍天之上幾朶白雲，這是一個極爲開闊的世界。「天」與「地」要相銜接，必須靠著陽光，順著陽光的照射而下，所以說「暖和的日光斜照著一層一層的綠樹，斜照著……」在這五行裏，有四種顏色，日光是白的，樹是綠的，而且是一層一層的，瓦是黃澄澄的，背景則爲望不盡的紅牆，顯得極爲熱鬧。

最後的五行則是綠與白的對比，頗爲出色。「新出水的荷葉」，當然翠綠無比，其下的湖水則是「黝綠」的，色度較深，但是卻有「幾點白浪」點綴其間，在這樣的詩境裏，自是淸幽萬分。最後一行以「笑彎了腰的綠衣女郎」來比擬荷葉在風中招搖，極爲生動，也可見出胡適自有胡適的功力。

做爲新詩的開山祖，胡適當之無愧！

——一九八〇年九月寫於台北

永遠的檳榔樹——紀弦

「紀弦，中國現代詩史上第一個響亮的名字！」

這是我在〈紀弦與現代詩運動〉文中的第一個肯定句。如果要我在衆多詩人中，說出一個最像詩人的人，毫不遲疑，我會說：紀弦。

紀弦身長，大約在一七五公分左右，幾次見到他，是在民國五十年代後期的詩歌朗誦會上，頎長的身子很容易在會場上找到他，如果你曾看過他的自畫像，臉長的印象，就更深刻了。最重要的標記是一根大烟斗，有時拿在手中，大部份的時間咬在嘴裏，眞的有一份詩人的瀟洒狀，跟別人講話時，猛點著頭，不時微俯著頭，那樣子就像風吹檳榔樹一樣，不過，別擔心，很快他又直起胸來，挺挺地，恢復一副傲岸的樣子，有時也偏著臉，斜著眼看人，他的外表一直在告訴你：「我是詩人。」

六十年秋天，我們的詩人紀弦「嘴巴歪了」，不是笑歪了樂歪了，而是顏面神經局部麻痺，這以後，我們就很少在詩壇的聚會場合看到他了。六十二年底，腦血管循環不良，血壓高，不得已從杏壇上退休，從三十八年到六十二年，他一直在成功高中教了二十五年書。六十五年遠赴美國，依傍其二公子，以後，就更難在詩壇上見到他的人、他的詩了！六十九年十二月三十日《聯副》發表他的〈歸來吟〉，深深留戀著台北的那種回家的心情，流露無遺，詩的風格仍堅持他的一貫的味道：

賣豆腐的女人，無恙。
擦女鞋的老鄉，無恙。
經得起大颱風的考驗的
我那小小的木屋，
也無恙。
這也無恙。
那也無恙。
至於我手種的番石榴樹，
則已結了十七八隻果子，
在歡迎我的歸來。

啊啊台北，我的第二故鄉，
只有你，才是值得我留戀的，
因爲你是世界上待我最好，
和最美麗的一個地方。

民國四十五年紀弦推崇法國詩人波特萊爾，以爲象徵派及其他一切新興詩派都受他的影響，以象徵主義爲寫詩的最好標準。但在實際創作裏，紀弦不能算是象徵派的詩人，我曾說他是「述志」詩人，他的詩都有自傳性的述志意味，這首〈歸來吟〉當然也在述其志，不過，附會一下「象徵」的說法也很有趣，這首詩何處有象徵的意義呢！我想：「我手種的番石榴樹，則已結了十七八隻果子」這兩句詩，用來象徵紀弦所倡導的現代詩運動已經有了相當的結果，未嘗不恰當，番石榴（芭樂）初嚐味澀，但極富營養，個性結實，多子而硬，頗有現代詩精神啊！《六十年代詩選》曾說紀弦是「中國詩壇上具有極端個性的獨來獨往的詩人。」我很喜歡他的〈狼之獨步〉，這首詩應該就是他的自我描述：

狼之獨步

我乃曠野裏獨來獨往的一匹狼。

不是先知，沒有半個字的嘆息。
而恆以數聲悽厲已極之長嗥；
搖撼彼空無一物之天地，
使天地戰慄如同發了瘧疾；
並刮起涼風颯颯的，颯颯颯颯的：
這就是一種過癮。

紀弦把自己喻為一匹狼，獨來獨往，這是一種特立獨行的表徵，狼腿細長，又是紀弦身材的實寫，譬喻十分貼切。悽厲的叫聲暗示詩人不甘寂莫的意向，面對著天地，紀弦認為是空無一物，頗有睥睨萬物之姿，狼的長嗥搖撼空無一物的天地，使天地戰慄不已，頗有一代宗師開宗立派的氣象，豪邁無比。這首詩很能表達做為現代詩播種者的心境，孤獨而行，義無反顧，不為名利，只求過癮。

在植物方面，紀弦喜歡以「檳榔樹」自況，他有一首詩就叫〈我．檳榔樹〉，說：「在月下，我站著，修長的，像一株檳榔樹。風來了，我發出音響：瑟瑟瑟瑟，瑟瑟瑟瑟瑟瑟。」紀弦主持的《現代詩》詩刊，早期封面上即印製「檳榔樹」一棵，紀弦自選詩前兩卷為《摘星的少年》、《飲者詩抄》，來台後的作品都以《檳榔樹》為名，依其寫作先後次序，五年一冊，區分之以甲集、乙集、丙集、丁集、戊集。他自己承認有三個原因促使他這樣做：「一、我愛檳榔樹；二、我像檳榔樹；三、我寫檳榔樹。」

不過，我以爲外形的相似固爲原因之一，實質的象徵卻更重要，檳榔樹的挺立、崇高、不屈和傲岸，頗能象徵紀弦的人格和個性。印象中，瘦削的紀弦即使微笑也保持一定的傲岸，下巴永遠是縮緊的，充滿了堅毅和自負。

紀弦的另一個特徵是手杖與烟斗，他自己有詩記其事，題目是〈七與六〉，寫作時間是民國三十二年，可見手杖不是用來支撐身體的，而是一種紳士的裝飾，「拿著手杖7，咬著烟斗6」，頗有氣派，「數字7是具備了手杖的形態的。數字6是具備了烟斗的形態的。」手杖加烟斗等於我，七加六卻等於十三，一個最最不幸的數字，所以紀弦認爲自己是一個詩人，一個天才，同時也是一個悲劇。雖然如此，紀弦三十多年來並未放棄手杖與烟斗，顯示紀弦明知其不可而爲之的不信邪精神。

當然，〈七與六〉的這份自嘲的諧趣，成爲紀弦詩中的一個重要特色，溯其源，可以〈脫襪吟〉爲代表，〈脫襪吟〉作於民國二十三年，單身漢、流浪者的悲苦以簡單的形象描繪出來，全詩如下：

何其臭的襪子，
何其臭的脚，

這是流浪人的襪子，
流浪人的脚。
沒有家，
也沒有親人。
家呀，親人呀，
何其生疏的東西呀！

紀弦喜歡飲酒，在詩壇頗有名氣，早年與鄭愁予、楚戈、許世旭（留華韓國詩人）等人時相一醉，據說醉態也堪一述。在他的書齋裏供奉兩個牌位，其一是「希臘酒神Dionysus之位」，另一是「周人杜康之位」，杜康是中國第一個造酒的人，曹操曾說：「何以解憂？唯有杜康。」紀弦說他不至於像「天生劉伶，以酒爲名。」這樣藐視人生，游離現實。但像「古來聖賢皆寂寞，唯有飲者留其名」的這種狂妄，倒也不減亦不讓於李白！他的自選詩卷之二，即題爲《飲者詩抄》，其他，幾乎每一册詩集中都有飲酒的詩。六十年秋天以後，醫生囑咐他不可喝酒，最是使他難受，大概偶而也要偷喝一小杯解饞的，看看他的詩就知道了。這裏選一首〈在禁酒的日子〉，是民國六十一年作品，正是顏面神經痲痺期間所寫的，從「禁酒」來看他的「好酒」，也許更符合紀弦的寫眞標準。

在禁酒的日子，在長期的病中，
把那些喝空了的瓶，各色各樣的，
成打的排起隊來，加以回味之檢閱，
一面猛嚥著欲滴的口水；
然後
又對準了水泥牆，離遠些，使勁地
一隻隻，一雙雙拋擲過去，
使發出乒乓劈拍之響——
不也是一種大大的過癮嗎？

紀弦，本名路逾，字越公，自稱是漢代儒學家路溫舒的後裔，民國二年四月二十七日生於保定府，蘇州美專畢業。民國二十五年左右曾以「路易士」的筆名活躍於上海詩壇，來台以後，曾主編《詩誌》、《現代詩》，民國四十五年首創「現代派」，聲勢浩大。寫詩的朋友都以他爲現代詩火種的點燃者，如今遠赴異鄉，不知詩興如何？我倒是常常想起他的名詩〈過程〉的最後一節：

多少年來，

這古怪的傢伙，是唯一的過客；
他揚著手杖，緩緩地走向血紅的落日，
而消失於有暮靄冉冉升起的弧形地平線，
那不再回顧的獨步之姿
是多麼的矜持。

——一九八一年二月

余光中——奔流一樣的生命

張曉風在《中國時報》〈作家如是觀〉中預言，余光中是當代中國最有可能獲得諾貝爾文學獎的人，在詩的表現上，我贊成這種說法，不論在質與量方面，在創作與論評方面，余光中都可以執現代詩壇之牛耳。

奔流的生命

不過，余光中是一位相當懂得「節制」的詩人，因爲，余光中的詩的生命是一股不可遏抑的「奔流」。

奔流的意義，應該如蘇東坡所言「萬斛泉源，不擇地皆可出」。不僅如水性之可圓可方，消極地隨容器而成形，而有聲；更應該是一種積極的攻佔氣勢，「奔流」衝到那裏，那裏就該成河、成泊、成海，挾著雷霆之聲，萬鈞之力，「奔流」，有速度，有方向，沛然莫之能禦。

以余光中的十三本詩集而言，數量上就已遠勝當代任何詩人，當代詩人大多只出版一本、兩本詩集即戛然而止，久無詩作的中年詩人如此，即使年輕一輩的詩人也大多停筆於二十五歲，余光中則從一九五二年出版《舟子的悲歌》以後，三十三年間出版十三冊詩集，每冊詩集的出版，隱然都有不同的態勢，都有不得不出版的殊異處。此之謂「奔流」。

奔流的生命是活的，繼續成長的，因此，他的未來走向不能預料，不能預料才可稱奔流。

這種活潑的生命力，是余光中詩的最大特色，也就是說，詩材極廣，任何事物都可能成爲他吟詠的對象，而且絕不陳腐。如果有人要編一部分類詩選，那麼，不論那一類別中必定都有余光中的詩，嚴肅、輕佻都可能找到詩例，余光中的寫作歷史好像沒有所謂「冷僻」的題材，任何人、事、物、情、景，都可入詩！這是「奔流」的另一層意義。

更進一步來看，在語言表現上，余光中也不迷信，不迷信中國傳統的古典雅緻，也不迷信歐美的條分縷析，因此，一切可用的方法都曾出現在余光中的詩裏，對偶、聯句、倒裝、層疊、俗話、民歌、西洋文法，無所不包，有正面的陳述，有反面的譏諷，也有側面的描繪，順敍、插敍、跳敍、無所不用，都能源源本本交待清楚，而且在緊要的地方設置懸疑，釀造高潮，使人心沉，也使人心跳。這是「奔流」的水漩，每一回有一回的波紋。

但是，我們也要認清，奔流最怕泛濫，奔流泛濫就成爲洪水猛獸，連堯、舜都要束手無策。偏偏余光中不是堯、舜，而是大禹，因此降伏了他生命中的奔流，引導他們進入足於宣洩的河道和港口。

磅礡與雄渾

這裏，我們從詩的外在形式來談，以《白玉苦瓜》爲例，可看出余光中奔流的遺跡，節制的努力。

《白玉苦瓜》詩集共有五十九首詩，其中有三十首都是一氣呵成的詩，不分章節，數十行一瀉而下，從十一行到五十二行，幾乎各種行數都具備，「單節詩」，成爲余光中的特點之一，其他詩人偶而也有不分節的詩，總是幾首而已，而且篇章極爲短小，十數行罷了。余光中的三十首單節詩，甚至於長達三十九行、四十七行、五十二行的都有。詩不分行，氣勢必須貫串，讀者讀這樣的詩就像坐船下長江，「千里江陵一日還」，如果一有阻礙，船行不順，讀者必定煩燥無耐。若非具有大功力，詩人不敢輕易嘗試，余光中在《白玉苦瓜》中有一半的詩篇採取這種方式，《與永恒拔河》詩集共收七十一首詩，更有近五十首詩是「單節詩」，磅礡、雄渾，惟奔流能如是。

適當的節制

《白玉苦瓜》集中的另外二十九首詩，卻又表現了另一種相當嚴謹的節制力。這二十九首詩，每首詩至少都分成兩節，節與節間行數不定的，大約只有五、六首，其餘二十多首均有嚴格的行數約束，最多的是偶數節（即每首詩分兩節、四節）共十七首，每節的行數固定，自四行、五行……到十二行，各首情況不一，但同一首詩裏每節行數相同，如〈民歌〉這首詩分爲四節，每節五行，共二十行，而每節相對應的句子，其長短也相彷彿，可以說是余光中自我約束的一種格律，每首有變化，但約束力極強。我們以爲這種自覺的約束力源於豐沛的奔流，奔流巨大而強，才需要自覺、自制，也只有相當大的奔流才能使機械式的節制不致於枯澀、凝滯。毫無疑問，余光中這二十九首詩格律嚴謹，但語言仍然保持活潑的態勢，似乎未受桎梏束縛，顯示余光中的詩情浩蕩，語言駕馭能力純熟。

關於格律的制定，我們尚須指陳兩點，第一，余光中的格律隨各詩而有不同，幾乎每首詩有每首詩不同的節數或行數，一種格律重覆使用不曾超過三次，而且重覆使用的機會也不多，因此，應該不會造成窒礙，也就是說，這種形式的固定隨詩情的發展而形成，仍然有著極爲寬裕的活動空間，也許在寫詩的過程已有移易、調整的現象。

第二，整本詩集格律極多，譬如每首詩有二節，每節行數有五行、七行、八行、九行、十行、十一行等六種。每首詩有四節的，其行數有四行、五行、六行、七行、九行等五種，以這兩種不同節數的詩篇來看，很像余光中極端清醒地做著各種格律的試驗，因爲重覆使用的機會少（以上十一種，只有四種曾使用兩次，其他七種均只出現一次），彷彿在寫某首詩時，心中記掛著兩節五行、七行、八行、十行、十一行的形式都已出現過，這首該用「兩節，九行」的格式了。事實是否如此呢？如果是，那麼余光中的節制力就相當大了。寫詩要有節制力——包括自定格律，但是要有「適當的」節制力，而不是「一定的」節制力。

公無渡河

詩情凝鍊的人，形式應該縱放！詩情浩大如奔流的人，則應該知所節制，余光中、楊牧均屬後者，因此，他們的詩作產量豐富，格律比別人嚴謹。節制的奔流，一直讓人感覺著即將衝撞而出的熱力！

我們舉一首短短的小詩〈公無渡河〉，看他飽孕的詩意：

公無渡河，一道鐵絲網在伸手
公竟渡河，一架望遠鏡在凝眸
墮河而死，一排子彈嘯過去
當奈公何，一叢蘆葦在搖頭

一道探照燈警告說，公無渡海
一艘巡邏艇咆哮說，公竟渡海
一群鯊魚撲過去，墮海而死

一片血水湧上來，歌亦無奈

引用了古詩，又繫以現時代的事件，再無如此妥貼的結合了。在第二節裏，稍稍改動了「河」字為「海」字，不僅韻脚有了變化，而且更符合時事，都顯示了詩人吟安一個字所做的努力。

此詩押韻，第一節「手、眸、頭」，第二節「海、來、奈」。鐵絲網伸手攔阻，望遠鏡凝眸遠望，蘆葦風吹而搖頭，都十分貼切，擬人化的效果極佳，特別是蘆葦的搖頭，不僅是風吹草動的擬寫，更是搖頭歎息的歧義，呼應了最後一句的「歌亦無奈」！

巨大的生命力

機械式的結構中，兩節之間有所更變，在變與不變，同與不同的形式裏，顯示出簡單的句子裏飽漲著時代的悲哀。一個簡單而不一定工整的對句「一群鯊魚撲過去」「一片血水湧上來」，冷肅而悲慘，中國人的悲哀竟然不是在塞北荒原，卻是在東南海域。

這樣的寫法，影響了許多青年詩人，他們也企圖將古詩賦予時代新義，但是能如此平靜而有力地刻寫時代悲劇，似乎並未有仿寫成功者。

短短的小詩卻具有如此巨大的生命力，具有如此巨大的時代感，實在值得我們再三思考、體會，做為一個詩人，語句的純淨度越強，可能包含的深義卻相對地更加深廣了。

詩的力量，余光中的修持，都可從這裏探索出來。

——一九八七年一月

洛夫——不變的巨石

「吳三連文藝獎」在臺灣文學界具有相當水準，爲人所信服的一個重要文藝獎，創設以來，七十五年度首次頒發新詩獎，這個獎就是頒給「以小我暗示大我，以有限暗示無限」的詩人洛夫，獲獎評語這樣說：

「洛夫先生的詩風，早期銳意求新，意象鮮明大膽，發展騰跳猛捷，主題不在靜態中展現，而在劇動中完成，如同詩人中的動力學家、重級拳手。

當時的洛夫先生，以前衛中堅份子自許，並運用超現實主義技巧，爲現代詩開拓一片新的領域。

自《魔歌》詩集以後風格漸漸轉變，由繁複趨向簡潔，由激動趨向靜觀，由晦澀趨向明朗，師承古典，而落實生活之企圖顯然可見，成熟之藝術已臻虛實相生、動靜皆宜之境。

洛夫先生的詩直探萬物本質，窮究生命的意義，對中國文字也錘鍊有功。」

因此我們要以〈不變的巨石〉爲題，來探視這位個性固執而穩定，歷經風雨而屹立不搖，喜歡以石頭自喻的詩人。

檢視洛夫寫詩的幾個重要轉折處，自三十九年九月以迄於七十五年爲止，我們可以八種不同的面目來界定他的改變：

情（39年9月～46年12月）

這是試探期的洛夫，與一般詩人一樣，他也在尋求自己的路向，調整自己的啼聲與頻率，就洛夫而言，他在不自覺中表現了兩種可貴的詩藝，一是詩人多情的通性，詩人寫詩的出發點往往源於一個「情」字，親情、友情、愛情、鄉情，無一不可激盪詩人，搖撼詩人，甚而發展以天地爲廬，共萬物而死生的物我相融之境。

洛夫的第一本詩集《靈河》，處理了三十歲以前的私人感情，以生活爲情緒揮發之處，並且將這種情緒繪成不相連續的點，綴放在《靈河》中。洛夫不是一個早慧的詩人，因此，這種多情的通性並未成爲後來洛夫詩中主題，這點是洛夫與楊牧的詩成爲轅轍異向的重要原因，但這種以情爲基點的路是每位詩人必走的第一段，洛夫不曾避開這段，是他未曾自覺的、人性之本然。

這段時期的另一項可貴的詩藝，卻是洛夫自信的特性，洛夫是道地的湖南人，具有堅強的自信心與固執的肯定能力，顯現於詩中則爲意氣橫厲，不可拘泥的一股源泉，往往激噴出突然而來的意象，他確信這種突然出現的必要性，在他的「歸屬」感中，詩人應是一個創造者，凌駕乎上帝之上，洛夫說：

上帝用泥土捏成一個我
我卻想以自己作模型塑造一個
上帝

獸（47年3月～48年4月）

這是轉變期的洛夫。很淸晰的痕跡顯現在兩首詩中，一是〈投影〉，一是〈我的獸〉。洛夫自己認爲：「我開始認識詩的精神活動，也可說是詩的純粹性，是在我寫下了〈投影〉之後，這一首詩可說是一氣呵成，而且是在一件令人失望與憤怒的事件後完成的，最令人不可解的是這首詩並未經過一般的醞釀階段，幾乎是無中生有。〈投影〉雖不是我最好的一首詩，但卻是開啓我從意識活動到精神活動，從情緒到感性，從觀念到純粹之門的一把鑰匙，是我的詩創作歷程中的一個轉捩點，由此發展到〈葡萄成熟時〉、〈吻〉、〈蝶〉，以及後來具有超現實傾向的〈我的獸〉、〈石室之死亡〉、〈外外集〉、〈雪崩〉、〈劇場天使〉等。」（《外外集》後記）

〈投影〉是外來事物的刺激而引發，〈我的獸〉則是內在自我的狩獵，洛夫逼使自己陷入內外交迫的困境，過濾激情，掙扎於不可見的虛靈、深思之中。撕碎「情」的絲羅外衣，轉變期的洛夫猶不能免於思緒的不盡波湧，我們可以看見不能掩遮的衝撞：

常盤踞於我無遮攔的體内
我的獸
我美好的新郎
以褐色的舌頭塞住我驚恐欲呼的唇
那閃射的雙瞳，或許自己的預感
要謀殺我的初夜

石（48年7月～53年6月）

這是洛夫凝聚全身血肉、毛髮、骨骼、氣息，成爲不動的山，不動的石，登其峰，造其極的一個十分特出的時期。出版《石室之死亡》。

一般而言，有些詩人與評論家著意推崇他在《石室之死亡》中的磅礴氣勢，有些讀者卻認爲這是一座難以攀爬的山，一座難以進入的堅而冷的金匱石室。根據評論家李英豪的看法：《石》詩顯然就是一個詩人悲劇性的「自我」底一次又一次重覆的塑造和展露，一種夾於死生愛慾之痛苦存在，個人情緒的溢沒和昇化，而詩人困惑於戰爭、盲睡、蛇腹、墓塚、火血等，他內心有一頭獸，需要征服，也有一個神，永在呼喚。

《石室之死亡》一共輯有六十四首詩，僅有編號而無詩題，每首詩均爲十行，分爲兩段各五行，即是目前詩人向陽所努力推廣的十行詩形式。

詩題是否需要，洛夫也曾有幾番不同的更動，剛發表時，有的總題爲石室之死亡，有的則另有標目，後來選入《無岸之河》時，又以短詩的形式出現，根據創作時的情感、經驗、事件，發表日期的不同，冠以不同的標題，總稱爲〈太陽手札〉。直到《洛夫自選集》(黎明版)印行，又恢復編號爲題的原貌。有題則有特定的方向可以依循，無題卻顯現了詩路的多種可能，其間優劣，難分軒輊。

《石室之死亡》，在內容上言，是「血的冷凝」，詩人面對炮火、戰爭、死亡、孤寂，企圖從中掙脫人類悲慘命運的迫臨，尋求突然的提昇與淨化而不可得，噬嚙的跡痕，歷歷可見。在形式上則以固定的十行詩句，幻化出彷彿「光之爆裂」的意象，給予讀者心靈上極大的惴慄感，這種情景就好像桎梏似的黑色箱子裏一群不安分的豆子在六面壁中蹦躍不停。唯有闔上詩集以後，才更能感覺詩中的餘溫猶在體內迴盪不已：

從火爐中摸出千種冷千種白的那隻手
舉起便成爲一炸裂的太陽
當散髮的投影仍在地上化爲一股煙
遂有軟軟的蠕動，由脊骨向

下溜至脚底再向上頂撞——
一條蒼龍隨之飛昇

煙（53年6月～56年5月）

洛夫自己認爲五十六年出版的《外外集》：「在精神上仍是《石室之死亡》的餘緒，但在風格上已較前開朗而洒脫。」（見《無岸之河》詩集自序）強調《外外集》與《石室之死亡》是「一胎雙胞」（見《外外集》後記）。

《外外集》其實包含三個部份，其一是十五首的〈外外集〉，其二是十首的〈投影集〉，其三是三首的〈雪崩集〉。〈投影集〉與〈雪崩集〉可能是推展〈石室之死亡〉的一股動力，特別是〈投影〉〈雪崩〉二詩與〈石室之死亡〉的風格與動貌，更是如合符契。但是，如果說，十五首的《外外集》爲《石》詩的餘緒，恐怕未盡恰當。

應該說是：經過〈投影〉的濾除激情，《石室之死亡》的洛夫已形成一層極厚的繭，〈煙之外〉等十五首詩則是試圖突破這層層厚繭的第一步，《石》詩如果堅冷，〈煙之外〉等十五首詩則已有春意，溫暖而潮濕。《外外集》在洛夫詩的生命史上，具有賦詩以生機的重要性外，正面而嚴謹的講說，已爲詩人的機智所取代，石室之外的一朵小花，洛夫已知道見之而微笑了！

在濤聲中喚你的名字而你的名字已在千帆之外

河（55年8月～58年1月）

《無岸之河》是洛夫詩的第二次斷代選集，但其中〈無岸之河〉卻是一輯新作，這輯詩是反映越戰的作品，加上《外外集》中的〈西貢之歌〉〈夜市〉，剛好有十二首，不一定完成於炮聲隆隆之中，卻具有兩點重要的意義，爲洛夫詩藝再精進的一次啓帆：

第一點是大量採用「生活語言」，生活語言的採用使詩植根於生活，消除許多不必要的意象，晦澀之風廓然已清，詩的語言揮灑自如，無處不可成詩，「無岸」猶能成「河」。

第二點是結構的重視，可以說在此以前的現代詩通病是意象稠密而結構鬆懈，洛夫雖然比別人注意結構的架設，猶不免有此病，「無岸之河」等詩卻能在淺白的語言中維繫聲息之相通，雖「無岸」也能成「河」。

看看洛夫「政變之後」的詩吧！

機動車是那個塔克薩斯佬的
灰塵是我的
木棒是那群呼嘯而來的孩子的

血是我的
太陽是那群挨坐街沿絕食僧尼的
饑餓是我的
西貢河的流水是天空的
那抓不到咬不著非痛非癢非福非禍非佛非禪的茫然是我的

魔(59年1月~63年10月)

洛夫的詩終於又出現了另一個高峰期——《魔歌》的自序中，洛夫強調：「詩人首先必須把自身割成碎片，而後揉入一切事物之中，使個人的生命與天地的生命融爲一體。」「詩貴創造，而創造當以自然爲佳，所謂『自然』，大概就是像一株樹似地任其從土壤中長出，因而宇宙的秩序，自然的韻致，生命的情采也就都在其中了。」

這一時期的洛夫，期望生命與自然的融合，生命是自然的一部份，自然是有生命力的存在實體，這一層體悟使洛夫成爲現代的中國詩人。

中國詩人恆以單純的一件事物爲抒發對象，洛夫能就一件事物的特質而衍生詩的生命，不再外騖其他，盡去雜質，玉一般的潔瑩，是中國詩人入繁複爲純一的心靈澈悟——「隨雨聲入山而不見雨」。

魔歌時期的洛夫也有他不變的「魔」性存在，那就是他對於生命的發現並不全賴靜觀——如靜觀一株樹的生長，洛夫可能從解剖刀下，焚屍爐中，瞿然提示生命的本質也不過是紛飛的石屑而已。

結合這兩種思維的詩，應像〈裸奔〉一樣，把帽子還給父親，把床鋪留給白蟻，手脚還給森林，歡欣還給雀鳥，成爲完全的赤裸，而後狂奔：

向一片洶湧而來的鐘聲……

裸奔者奔向一片鐘聲，這是中國詩人理想中的境界，洛夫之爲詩之魔者，不變動其爲詩壇中巨石的地位，其原因在此。

在〈巨石之變〉中，洛夫有相當自信的期許，以下面他的四行詩做爲此一時期的註脚，允稱恰當。

千年的冷與熱
凝固成決不容許任何鷹類棲息的
前額。莽莽荒原上
我已吃掉一大片天空

傷（63年9月～70年5月）

民國六十四、五年，洛夫分別出版了《洛夫自選集》與《衆荷喧嘩》兩本選集，七十年六月才又出版了另一冊重要詩集《時間之傷》，這一年洛夫五十三歲，在詩法的運轉上，自然是《魔歌》時期的靈活與成熟的再進之境，但在內涵上，則呈現了中年詩人對時間的敏感，事物的觀察有了更深與肯定的認知，時事的批判也具有歷史意識與文化水平，讀過《時間之傷》的思考與感動，不止於語言，而是透過語言所獲取的詩的思考與感動，是面對事物的思考與感動。

相對於五十八年前後的〈西貢詩抄〉，《時間之傷》的〈漢城詩鈔〉，洛夫的感懷更能與歷史相疊合，是景物宮苑與文化認知在抽象層次上的交感，往往在各具時空特色之時又能泯除時空界線而相合。韓國冰冷的北地風光與唐朝遺跡，易於引起中國人轉進海島之後的鄉愁，韓國民族性剛烈與洛夫個性相似，三十八度線的隔絕與臺海兩岸的對峙相類，這種冷與熱的往來激盪，使這輯詩有著開闊、縱放而又令人一凜的天地！

〈時間之傷〉輯中，有皇皇偉構所顯現的氣魄，也有興來獨往的清新悟趣，均有絕妙之處，特別是〈吃蠶〉這一首詩，以一則新聞——沈從文吃蠶降血壓，以蠶之平凡而做的傑異聯想，關係著一個文學家與中國近代史的批判，著力表達了文學工作者「吐盡淤血」的熱切使命。

只等某日破繭而出
便可揚首向天
吐盡
胸中的淤血

釀（70年6月～72年10月）

洛夫最近的一本詩集是《釀酒的石頭》，憤激的聲音已然消匿，多的是生活中偶發的小小理趣。石頭也可以釀酒了，可以看見詩裏的吵雜之聲逐漸爲智慧所取代，一時的穎悟如水花、如火花，擦亮了詩的探索者眼底的光、心中的領會。

不再以傷口呼吸了，即使是傷口也可以縫出另一種花來！

《釀酒的石頭》壓卷之作是洛夫悼念母親的五百行長詩〈血的再版〉，從樹欲靜而風不止的人子之傷，隱隱映照了家國黍離之悲，意象、音樂、內涵，使全詩透露著「涙已結成冰柱」的凄寒之境，是所有中國人忍住不哭的那一聲共同的哽咽，我相信是這一首詩讓他在衆聲中拔高而出，獲得臺灣文學界中最高的榮譽。

你是歷史中的一滴血

我是你血中的再版

——一九八七年三月

吐盡《時間之傷》的淤血

甜與鹹，香與苦，春與秋，神與魔，無疑是兩種不相屬的趣味，一般的詩情畫意所指陳與供給的，大約都是各類中的前者，香甜春神之屬。但是，洛夫的詩卻是鹹味的詩，苦澀的詩，秋瑟的詩，魔法的詩，是陽剛中「用傷口唱歌的詩人」（余光中語）。

《時間之傷》是洛夫的第八本詩集，回顧前面的七本詩集，我們可能發現《時間之傷》的出版具有著比較特殊的意義。洛夫的第一本詩集《靈河》（四十六年）是抒情的生活詩，尚未呈現獨特的現代意識，《石室之死亡》（五十四年）則帶來巨大的震撼，毀譽交加，以兩段五行共十行的固定形式，承載爆裂駭人的意象，有些意象至今仍不可解，這本詩集是洛夫受到評議最多的一部。《外外集》（五十六年）承襲著《石室之死亡》的抽象情思，語言的運用稍趨和緩，但仍可看出計畫寫作的斧鑿之痕。《無岸之河》（五十九年）則因事抒懷，面目可辨，生活化的語言，代替文學語言，其讀者群日漸增多。至乎《魔歌》（六十三年）出版，洛夫詩技巧的實驗與發揮已達純熟的地步，揮灑自如，很顯然地脫穎於其他同輩詩人之上。《洛夫自選集》（六十四年）與《衆荷喧嘩》（六十五年），均爲選集性質，後者選錄情詩，間有新作，多少也有點香甜之處。至此，洛夫的各種風格大類齊備了，因此，《時間之傷》的出版，詩法的運轉自是《魔歌》時期的靈活與成熟的再進之境，但在內涵上，則呈現了中年詩人對時間的敏感，事物的觀察有了更深與肯定的認知，時事的批判也具有歷史意識與文化水平，讀過《時間之傷》的思考與感動，不止於語言，而是透過語言所獲取的詩的思考與感動，是面對事物的思考與感動。

書分三卷，卷一爲旅韓所寫的〈漢城詩鈔〉，卷二含各類詩作，即稱之爲〈時間之傷〉，卷三〈借問酒家何處有〉爲實驗詩劇，既乏戲劇衝突，又少詩的醞釀含蓄，自非佳作。

一般遊記詩作，均以述景寫物爲多，〈漢城詩鈔〉則以感懷爲重，洛夫的感懷又能與歷史相疊合，雖然不是史實的印證，卻是景物宮苑與文化認知在抽象層次上的交感，因此，往往在各具時空特色之時又能泯除時空界線而相合，特別是韓國這個國家，地處北地，往往保留了自唐以後中國的文物與習俗，愁鄉的感情自然溢滿洛夫的詩中，這種鄉愁又是屬於文化鄉愁者爲多，〈漢城詩鈔〉十七首，幾乎皆能圓滿達成各首不同的任務，實爲一輯好詩。探討這輯詩成功的原因，除了韓國冰冷的北地風光與唐朝遺蹟的觸感之外，韓國民族性的剛烈與洛夫個性相似，韓國三十八度線的隔絕又與台灣海峽兩岸的對峙相類，因而，大地的冷與心頭的熱激盪，不能無詩，今日現實的冷與古代文化的熱激盪，不能無詩，甚至於，在旅韓一週中，現實生活裡，梨的冷與酒的熱激盪，不能無詩。

將近三十年的寫詩生涯，洛夫有兩次機會出國，民國五十六年至五十八年間，他在越南，戰火傯之間，之後，寫出〈西貢詩抄〉，其次就是六十五年十一月訪韓的〈漢城詩鈔〉，這兩輯詩抄均有特殊的見聞，深刻的觀察，不能等閒視之。換句話說，洛夫不同於余光中、楊牧、葉維廉等人之處，在於他能自眞實的生活中，受苦的生命裡，提煉出他體驗之所得，西貢、漢城兩詩抄之「眞」成爲洛夫詩中重要的質素。如果能以這樣的觀點來評定洛夫的其他詩作，更會發現此語不虛。因此，我們還可以設想，如果洛夫眞能深入台灣鄉下小住數天，眞能暫時脫離目前所居的階層，生活胸懷的開廣自能使他的詩邊開新局，或許會有相對於《時間之傷》的作品出現！

在〈漢城詩鈔〉中，〈雪祭韓龍雲〉是一首相當傑出的詩，是大地之冷與心頭之熱相激盪的詩，對於韓龍雲詩人生命的崇敬與認同，對於詩人生命與天地萬物合一的體念，有著開闊而縱放的抒寫，他說：

今日無酒，我在等山澗水漲
無香燭，我在等霧升起
等青山在明夏回來
時間，縱不還給你一縷黑髮
也得還給你一匹在風中揚起的
瀑布

又說：

我們覓你於樹椏、鳥翼、深谷，以及夕陽
探望你於歷史的峰頂
葉子該落時就落
而你那懸在高處的淚水卻永不結冰
來而復往，熱而復冷

這樣的詩句呈展生命的熱切，涵容了天地丘壑，洛夫的詩已由高亢之聲走向深廣之境了！卷二〈時間之傷〉收入輕重不等的各型詩作共六十六首，大體而言，呈現洛夫各體詩作的各種可能，皇皇偉構所表現的氣魄，興來獨往的清新悟趣，均有絕妙之處，特別是〈吃蠶〉這一首詩，以一則新聞、以「蠶」之平凡而做的傑異聯想，關係著一個文學家與中國近代史的批判，有力且有系統地縷縷敍出，可能成爲洛夫詩生命中的一首重要作品。詩前引錄沈從文的話：「我每天要吃四十隻蠶，醫生說蠶可以幫助降血壓，效果確實很好。」做爲引子，一開始就說：

然而，你的悲哀，就在吃下一大堆蠶之後，不再吐絲

而血的壓力仍在

第一段結束時更強調：你更大的悲哀是由脊椎動物退化爲爬蟲類的悲哀，退化爲一隻困於無門無窗無燈光的繭中，無桑葉可食時則反芻滿腹酸水的蠶的悲哀，這樣的引喩可以感受到大陸文學工作者的眞正困境，詩的最後：

只等某日破繭而出
便可揚首向天
吐盡
胸中的淤血

仍然迴繞在「蠶」與「血」的關連上，著力表達了文學工作者「吐盡淤血」的熱切使命。洛夫是期待中可能成爲這個時代裡的重要詩人之一，〈吃蠶〉這樣的詩比諸〈長恨歌〉、〈李白傳奇〉、〈與李賀共飮〉等詩，實不可同年而語，〈吃蠶〉的生命力正是時代之眞所給予的，洛夫如能多加掌握生命中最熱與最冷的血的激盪，久而久之，洛夫未必不可能成爲一種震撼。

——一九八一年十月

粗獷與柔婉——談鄭愁予

一

民國四〇至五七年的鄭愁予作品，編為《鄭愁予詩集Ｉ》出版，這是一部流傳極廣的詩集，對於文學作品稍微有一點閱讀興趣的青年人，不可能沒有讀過集中的作品。

根據《陽光小集》第十號「誰是大詩人」的評析，鄭愁予之所以獲選為十大詩人，是以他四〇至五七年這十八年間的唯美抒情而為年輕詩人所肯定。

《陽光小集》說：

鄭愁予，這位曾經風靡一時，至今仍深深迷惑許多初學者的詩人，雖然近年來風格大變，但由於未開出新的路徑，大家心目中的鄭愁予似乎仍是個唯美抒情的詩人，而隨著現代詩的逐漸成熟，除了語言駕馭與影響力兩項（同為第三）之外，他並未得到很高的評價，尤其在使命感、現代感、思想性方面，他的得分偏低，現實性更是得分奇低。可見一個詩人若不能求新求變，或是求新求變而不成功，也可能逐漸在不斷前進的文學潮流中消失的。

他所得的評語是：「抒情浪漫，貼切可親，自然樸實與技巧成熟的作品都很動人，聲韻最美，流傳也最廣，開創了現代詩的情詩境界，是台灣最佳抒情詩人，其作品以情感人，適合青少年做夢，但不夠冷靜審視，後期作品尤其浮泛、空洞，可見其近年來功力銳減。」

如是云云，如河之流暢而下的鄭愁予，似乎流入沙漠裡，一下子窒礙難行了！

然則，眞正《燕人行》裡的鄭愁予是以什麼樣的腔調歌其北國燕人浪迹異鄉的風塵？

二

《燕人行》的文字不再暢順可誦。

這是有緣由的，從〈草生原〉開始，鄭愁予已不再「可愛」。

青　春　數落快板的春　青　猶是歌的更鳥
走著草的靚女　白杜鵑跳過足趾
　　　紅杜鵑跳過足趾　那靚女
便裸臥於獸懷中　便優遊素手於胸毛
　　　　風一樣的胸毛　變奏一樣的風
把如笙的指節吹響

你相信這是鄭愁予的詩嗎？所謂「愁予風」，所謂「中國的中國詩人」，會是這種面貌嗎？然而，千眞萬確，這是〈草生原〉的第一節，「現代詩的抽象畫時代」所使用的語言就是這種樣子，鄭愁予在結束前期十八年創作生涯的最後一個小階段，他是以這樣的語言結束的。

因此，我們相信，鄭愁予是自願放棄他如水一樣的語言，做爲一個燕人，做爲一個流行風尙之首，同時代的友人都以一種「現代詩的語言」在寫現代詩時，他之力求改變，也是必然的壓力。

然而，在嘗試改變之後，在出國之後，環境與心境全面調整之後，使用他所不一定熟悉的語言，受挫之感也必隨之而生，停筆十年，是因爲創作衝力與創作環境都無法再激起如水一樣綿長的情懷吧！

三

而且，人過中年，事已不是年少的事，情已非紅顏的情，事過、境遷、情變，再捕捉的已不是台灣的讀者所熟悉的，隔閡、空疏之感，因之而起。

眞快

一條河

已奔過中游了
兩岸的蘆花正白
正好

試想：一個中國的「中國詩人」投身異地，見異鄉、睹夷人，一切都非熟悉的景物，主觀上又已放棄原先流暢的詩語言，則其面貌與神情，本來就不可以台灣的十八年來評析。一條奔過中游的河，不是黃河、長江，不是濁水溪，而是密西西比河時，台灣的讀者是要比較陌生而不知如何去逐流了！

特別是：一個文學工作者失去了「挑戰與反應」的試煉，往往又會失去勁健的力量，遠居他邦，無詩友之切磋，無讀者之回響，而編者又不斷刊登其新作時，他那有鏡子可資鑑戒！

鄭愁予，其人不在台灣，其詩又非以台灣的現實爲資材，維繫的只是一份舊情——他懷念他的友人，我們懷念他前期的作品，如是而已。

四

讀《燕人行》，了解鄭愁予，必須放棄我們以前認識的鄭愁予印象。

當然，我們也會遇到熟悉的他：

青，其實是距離的色彩
是草，在對岸的色彩
是山脈，在關外的色彩
一點點方言的距離，聽著，就因此而有些
鄉愁了

——〈青空〉詩之末段

左右的伴侶
忽然顫巍巍地笑
怎麼得手之後就成了
詭異的
寒梅了

——〈天涯踏雪記〉第三段

不經意流洩的，那是詩人的本色，仍然是感性的我們所喜歡的。
不過，也有一些缺水的刷子所刷過的乾澀痕跡：

鳥棲止
柳枝臨水
如是
婦人跪著
長髮垂垂
濯洗
抬頭
大河亘橫
奔騰
夕陽彤彤漫天

這是題爲〈七夕〉的前半節，寫婦人臨河濯洗的情景，如果是二十八歲的鄭愁予來寫這一段，不知道會有多少柔情在柳枝臨水的那一刻。

這些臆想，我們都該放棄了！

在眞正進入《燕人行》之前，我們眞該有這種心理準備，我們要認識的是一個「新」詩人。

五

燕人遠行，會有什麼樣的心情？恐怕不是一首〈燕人行〉就能道盡鄭愁予近年來寫詩的緣由與深蘊。

首先，從題目開始，鄭愁予的面貌即已展露淸晰，〈燕人行〉，鄭愁予以燕人自居，自以荊軻入秦的心理自擬，悲壯的情景值得新認識愁予的人率先體會。

去國十五年，鄭愁予不忘自己是個北地男兒，很濃很濃的中國味道——〈燕人行〉就是一個最好的明證。〈燕人行〉這首詩、這冊詩集，寫的是「北國燕人浪迹異鄉的風塵」，有幾個現象值得我們注意，那就是：附註、附記事、附解、附自序、後記的地方特別多，這說明了一件事實，鄭愁予與我們之間有了一段距離，他不自附說解，我們無法初步了解他詩中的字面意義，這段距離其實也是鄭愁予與異地之間的「精神距離」，人在異地，鄭愁予時時以一個北地中國人的姿態醒著——我們爲他和中國而慶幸呢？還是爲他和中國而悲哀？

這種現象，全面表現在他翻譯英語爲中文時的字義上，以〈燕人行〉的兩個注釋來看，即已十分顯明：

一、愛坡雷神（Appalachians）山脈，于北美洲東部縱橫千餘里。

這個註釋的山脈名，鄭愁予以「音譯兼義」的方式處理。「愛坡」與「雷神」，「望文生義」，正可做爲鄭愁予詩作兩種面貌的解說，早期鄭愁予的清柔香甜中，實已隱含雷神不屈的毅力，〈衣鉢〉詩中則全然以雷神的凌厲姿態出現，至〈五嶽記〉、〈草生原〉中，愛之坡的兒女情懷已少，雷之神的英雄氣短卻已逐漸加增。至於〈燕人行〉中，雷神的堅毅神髓猶具，愛坡的形貌則已隨中年的身軀而約略爲懷友的情愫了。——這是叉出的話，但我旨在提醒讀者鄭愁予剛陽的一面，不識這一面，不會喜歡〈燕人行〉。

然後，我們再將「愛坡雷神」送回原詩中來看，他說：

未酬一歌　豈是
慷慨重諾的
燕人？從這岸張望，易水多寬？
竟是愛坡雷神十萬畝卿雲

一個現代燕人的形象自然呈現了，他不在風蕭蕭兮的易水，易水是「愛坡雷神十萬畝卿雲」，他更不是爲刺秦而一去不返的壯士，因此，也就未聞他的羽聲慷慨，更沒有變徵之聲！然而，反過來看，異地十萬畝卿雲竟是易水的聯想，未嘗不是中國意識強壓其上的結果，這樣的扞格不入，正是鄭愁予處居異國的「精神距離」。

二、窳土（Badlands），地區名，在落磯山東麓，黃石公借音黃石公園。

此一註釋，「窳土」竟是直截的意譯地名，「黃石公」云云竟與張良無關，詩人的升天入地，似乎除了想像力之外，還要有放手一搏的膽力。

在另一首〈爬梯與雜物〉的註文中，也有兩個意譯的字：「爬梯（Party），自然是向上的運動。於是，常碰到衣麗（elite）人物，科學家、醫生、工程師……。」像這樣強以中文字義去轉化英文原義的作法，我們只能視爲鄉愁情緒的表徵。

如果再從〈燕人行紀事〉來看，還更能強化上兩段所揭示的意義，紀事中說：

「一九七三年春，於芝加哥與禎和、德偉、翱翱、潤華諸君子匯。夜馳威斯康辛州，泊一酒肆，舞樂正酣，吾等亦流連以迄夜闌。翱翱等興餘談及『星座』復刊，因余早歲〈歸航曲〉中涉用星座一詞，竟邀助筆，自此思念未已。是年秋遷東岸，冬盡，因赴布萊德雷國際機場送客，適一巨型機引火待發，終站竟赫然亮爲西雅圖。稍頃轟聲大作，神隨機起，歷覽北美大陸，諸君子早已依稀在望矣！」

由這段紀事，我們才知道，所謂〈燕人行〉云云，只不過是「神隨機起」而已，哪有所謂的入秦之舉呢?詩,仍然是想望的產物!

何以能「神隨機起」?也不過是懷舊念友的一線情意相牽而已!《燕人行》裡的大部份篇章都可以做如是觀。對於台灣,鄭愁予所繫念的是人,他的友人,而不是這裡的土地,較諸葉維廉的詩文,鄭愁予似乎無情了一點。

六

不過,文字的搧惑力、媚力,鄭愁予仍然是令人不能不爲之心動的,即使是想像的燕人西行,意氣之風發,也令人激昂不已:

濛濛的西雅圖　木舍臨湖
舍内群朋圍坐　向火默然
莫是舉事的時刻已妥定
莫是
血已歃　杯已盡

氣氛的釀造,「向火默然」已夠深沉、凝肅,歃血、盡杯的設計,更有「白衣冠以送」的決志,彷彿眞會「就車而去，終已不顧」！

最後一段對自己的造型設計，頗爲貼合燕人之行的英挺、豪邁，令人心嚮往之：

而星座有席空著　一樽酒卻
炙著　莫是等我？
恕我　駁氣涉水來得魯莽
倥偬間未及挽梳
我這顆
欲歌
欲飲
欲擲的
頭顱

這樣的詩當然要獲得男性的掌聲。

不過，這樣的詩仍然只是「詩的豪興」而已——不是爲了「刺秦」。

「紀事」中說：「星座」與「幽藍的空席」二詞在我舊作〈歸航曲〉中原爲一恒寂歸宿之所，

與詩中汨羅之於屈原，斯培西阿海灣之於雪萊，實出同一意象。此番果予眞入「星座」，豈不亦有「壯士」永歸恒寂一去不返之意氣耶？

鄭愁予當然不是一個頗具現實感的詩人，因事而起興的能力卻足於令人激奮。如果再將〈歸航曲〉與此詩比較的話，眞會發現相距二十二年，〈歸航曲〉寫於一九五一，〈燕人行〉寫於一九七三），同樣具有歸去念頭的兩首詩，卻有不同的意氣，是不是較多的人喜歡〈歸航曲〉？是不是大家欣賞的品味仍然停留在柔婉抒情的作品上？

飄泊得很久，我想歸去了
彷彿，我不再屬於這裡的一切
我要摘下久懸的桅燈
摘下航程裡最後的信號
我要歸去了……

每一片帆都會駛向
斯培西阿海灣
像疲倦的太陽

在那兒降落，我知道
每一朵雲都會俯吻
汩羅江渚，像清淺的水渦一樣
在那兒旋沒……

我要歸去了
天隅有幽藍的空席
有星座們洗塵的酒宴
在隱去雲朵和帆的地方
我的燈將在那兒昇起……

（註）斯培西阿海灣，雪萊失蹤處。

如果以單純的詩藝而言，〈歸航曲〉只有一個註，〈燕人行〉卻有兩個註，一大段紀事，這就是一種隔離，是不是能將紀事化入詩中，減少隔絕呢？酬唱、記私事的詩，往往會存在這種問題，鄭愁予長年身居國外，這種困擾特別多，如果不加改善，詩人與讀者的距離只會加大，不會縮小。

七

全本詩集，第一輯〈燕人行〉是因人而有的懷舊詩，第二輯〈散詩紀旅〉是因地而有的記遊詩，都因爲有註解、有序跋，可以依循而入詩境，不過，那種隔的感覺仍然存在，因爲我們無法全然掌握其人其地之特性，那種溝通後的激盪情緒，當然不如直接來自詩文的激盪。泯除這種註解的障礙，或許是鄭愁予及其他喜歡以〈後記〉補詩之不足的人，所須努力以赴的。

所謂雪
即是鳥的前生
所謂天涯
即是踏雪而無
足印的地方

這是中年詩人的詩句，鄭愁予在綿長的句子：「凝睇一面窗紗猶之凝眺一片沙漠那麼神馳嗎？」與〈踏青即事〉一輯中的短句「月照的碑／若是／亙古的鑰匙」，如何調適得當，恐怕也是以語言魅力見長的他，所須戮力以赴的另一件事。

沈潛後出發的鄭愁予，因爲前期的魅力太強，一般人微感失望，我想，癥結在此，不在於他的努力，第五輯的〈雨說〉，可以說是比較純熟而又自主的語言，可以看出眞正能夠喘息的生活形貌，就這五輯而言，〈雨說〉已經在題材與語言上達於至善地步，無可挑剔了！

雨說：我來了，我來的地方很遙遠
那兒山峰聳立，白雲滿天
我也曾是孩子和你們一樣地愛玩
可是，我是幸運的
我是在白雲的襁褓中笑著長大的

……

……

雨說，我來了，我來了就不再回去
當你們自由地笑了，我就快樂地安息
有一天，你們吃著蘋果擦著嘴
要記著，你們嘴裡的那份甜呀，就是我祝福的心意如果有〈燕人行〉那樣的氣氛營造，又有〈雨說〉的關照萬物，開闊的另一個鄭愁予世界必然是可期的。

——一九八三年十一月

曠野的沈思

——寫給羅門及中年一代的詩友

詩人羅門最近出版了他的最新詩集《曠野》，在中年一代作品銳減的今天，必然具有相當重要的出版意義。拿到這本由青年詩人羅智成所設計的詩集封面，我開始沈思：

這裏眞的是一片曠野，稻黃色的枯草佔滿整個畫面的十分之八，偶而可見兩叢翠綠的青草，隨風披靡，一朶黃色的小花乃成爲畫的主題，然而看不到它的根、莖、葉，畫的最盡處是一抹夕陽紅。——這是《曠野》的封面，我悚然一驚，「人」的位置在哪裏？

我曾經思考過：現代詩人是怎麼產生的？一個「人」是在什麼情況下又成爲一個「詩人」？胡適的那一代是在舊文學薰陶下刻意擺脫格律束縛的詩人，因此，二、三十年代的詩人必須走入形式的破壞與探尋，他們是淸醒的。四十年代的詩人基於種族、家國之愛，走向街頭，他們大聲疾呼，不免疏忽了音律與辭色之美，仍然是淸醒的。五、六十年代出現的詩人，他們的少年與青年時代，在戎馬倥偬裏度過，他們的中學敎育是在戰亂中匆促完成，但是他們具有豐富的生活經驗，更深刻的說，那是豐富的生命的體驗，因此，他們更應該是淸醒的，對於生命的本質的體認，應該較諸任何時代的詩人要具有更深切的「能見度」，同時，也因爲他們經過戰火的洗禮，生命的韌度要比任何人堅強，從被破壞的秩序裏建造出自己的秩序，從被壓擠的隙縫裏發出自己的聲音，許多比胡適時代更具「嘗試」性的詩技巧也在這個時候完成，這個時代的詩人是這樣蹦出來的。

臺灣光復後出生的青年詩人，則在七十年代完成大學教育，發出聲音，很多人長成於中等家庭，國際的局勢雖有其一定的衝擊力，國內的社會則是安定的，西方文化的浪潮不時以具體的物質力量顯示出來，在安定的生活裏，青年人的十八歲有「情的激盪」，他們開始寫詩，寫生澀的情詩，他們以前輩詩人的作品為範本，生吞活剝。然而，他們也有清醒的時刻，在這特定的時空裏，在歷史的長流裏，他們必須辨清自己的位置，他們努力去辨清，在詩的技巧、詩的內容上，他們尋求歷史與我的交叉點，中國與臺灣的交叉點。

縱觀這七十年來，詩人的養成就是靠著這樣的「師徒」式的「私淑」方式，你接觸到什麼樣的詩，你喜歡什麼樣的詩，你就可能受到這種詩風的影響，往往執一而為，少有兩可的現象，更不知權變。七十年來，中國現代詩缺乏有系統的詩教，甚至於最基本的《千家詩》、《唐詩三百首》也逐日荒廢，詩人的養成是在個人閱讀詩作的努力上自我塑造。在這種情況下，現代詩出現兩大危機：一是現代詩裏顯現什麼樣的中國文化？二是中年一代的詩人拿什麼做為青年詩人的模範？

這兩個問題，其實是二而為一的，亦即：中年一代的詩人在八十年代的今天繼續創作詩，應該顯現什麼樣的台灣面貌、中國文化？

中年一代的詩人曾經有過六十年代的輝煌成果——在詩技巧的實驗上，在詩語言的獨創上，都有輝煌的成果。中年一代的詩人也曾經與青年一代的詩人在七十年代思考傳達的問題，語言如何生活化等問題，也曾經受到鄉土詩與現實詩的沖撞。沈寂的沈寂了，他不再屬於新的時代。奮戰的奮戰，是不是有新的出發呢？也有人潛隱了十年、十五年又重臨詩壇，鄭愁予、季紅、白萩，何等響亮的名字，是不是也給青年示範一種新的過竿姿式呢？

羅門是屬於二三十年來創作不輟的詩人，詩壇上多少的浪潮來了又去，他能處變不驚嗎？約略而言，中國文化即是「人」的文化，羅門是不是曾經思考「人」的問題呢？「曠野」裏，「人」的位置在那裏？這是我翻開詩集後所要思考的唯一問題。

凡是一個眞正的「人」必定具有他的「生命」與「使命」，生命是一種權利，使命就是一種義務，一個眞正的詩人當然更要有這種生命感與使命感，尊重生命、履行使命，中年詩人早該過了追求美與情的年齡，如果不能從生命中開發人的價値，體現人的尊嚴，仍然追求美、追求情、追求心靈，則他仍然是一個年輕的狩獵者而已。

羅門在這部詩集的代序中有過這樣的思考：

「一個具有思想大幅面的現代中國詩人，他創作生命的結構，在正常情形下，應是如此——第一：他必須是中國人，同時他必須是現代的中國人，此外，他也必須是關心到現代世界中去的一個人，最後他更必須是不斷地超越他自己的一個人，唯有如此，他方能擁有思想與情感活動的更廣大且錯綜的交流面。第二：他在作爲一個詩人之前，應是一個站在人類生存前衛地帶的人，勇於接受時空與一切的挑戰，並從挑戰中，體認出思想與精神，究竟是具有如何深度與廣度的東西，而將之提昇成爲詩的更爲卓越的境界；同時他是能站在『現在』的時刻中，把握『過去』推力與抓住『未來』引力的英雄人物，唯有如此，他方能找到且貫穿生命整個永恆存在的方程式，而確實使作品在思想上深遠、偉大與不朽。」

「所謂深度，便是心靈深入的內視力與能見度，像詩人里爾克所表現的；至於廣度，便是詩人能勇於擁抱廣大的生活面與人生境界——並接受時空、大自然、現代都市文明、戰爭、死亡、性等各種生存情境的挑戰，而獲得廣大的體認，而把握多向性的創作幅面與題材。」

這樣的思考是羅門對詩藝術思考的十幾個要點之一，多少已顯露了「人」也是羅門近年來關心的對象，雖然最後羅門仍然將這種實際的「人」推入玄想的永恆或偉大中。實際上，中國的「人」是趨向於神的一種努力過程，他不可能成爲神，成爲神的就屬於迷信了，即使是迷信中的神仍然也具有「人」的性格。

然而，眞正能通過這種「平凡的人性檢驗」的作品，爲數不多，像〈觀海〉、〈曠野〉這種藝術價值偏重的作品，仍然留存太多無意義的句子：

風裡有各種旗的投影
雨裡有各種流彈的投影

河裡有各種血的投影
湖裡有各種傷口的投影
山峰有各種墳的投影
樹林有各種鐵絲網的投影
峭壁有各種圍牆的投影

這樣豐美的意象語，應該屬於六十年代，「旗、流彈、血、傷口、墳、鐵絲網、圍牆」，確實告知我們戰爭與死亡的陰影無所不在，「風、雨、河、湖、山、林、壁」雖然未盡是都市文明常能接觸之物，也是大自然中易於見到的。旗在風中飄揚，雨如流彈而下，血流成河，湖如傷口，山有墳形，樹林密植如鐵絲網，峭壁難於攀爬如圍牆，兩者的連結相當密切，無疑的，這是傑出的詩句，但是，當我們把這些詩句放回〈曠野〉這首詩中，他又承擔了什麼樣的意義？

近期羅門詩中常常出現這種句法同型的羅列句子，就羅門而言，他試圖以單簡的句型達到震撼的效果，使他曾經濃縮太強的意象得到舒散的目的，泛而濫之的使用，徒使人覺得技巧太過，詩人太懶，總讓人有掩飾貧乏的內容的感覺。

中年一代的詩人能夠只在文字上滿足讀者嗎？我認爲不應該只在文字上滿足讀者。詩的文字技巧運用，經過二、三十年的鍛鍊，應該已經十分純熟，中年詩人如何駕馭文字，如何表達，包括羅門的詩在內，都已具有相當的能耐，更重要的是：他給讀者什麼？前面曾提及，中年一代的詩人都具備相當深刻的生命體驗，與多難的家國一起成長，如果說五十年代、六十年代有過什麼樣的無形禁忌，如今應該也已消除，詩人沈甸——散文家張拓蕪能以《代馬輸卒》五書贏得歷史的見證者之美譽，其他的中年詩人難道不能以詩再現這段歷史？

因此，如果審視《曠野》集中作品，能夠與鄉愁、事義結合的詩，往往是羅門的好詩。

茶意

「茶！你靠鄉愁最近」
下午太陽無力地
　斜靠著天
疲累的頭一個個
　垂倒在椅背上
夕照與目光一同沈向
　微暗的水平線
整個視野靜入那杯茶中
　歲月睡在裡邊

血淚睡在裡邊
心也睡在裡邊
煙從嘴裡抽出一把劍
無意中刺傷了遠方
一聲驚叫
沈在杯底的茶葉全部醒成彈片
如果那是片片花開　春該回
家園也該在
而沈不下去的那一葉
竟是滴血的秋海棠
在夢裡也要帶著河回去

這一首〈茶意〉與辛鬱的〈順興茶館所見〉，同具生命感，生命的滄桑，人的位置，都能從這首詩中標示出來，詩語言的犀銳又遠非青年詩人所可企及，如以下午太陽的無力引出疲累的頭，以「整個視野靜入那杯茶中」象徵一生的奔逐已進入晚年的平靜與苦澀，事實上又無法眞正平靜，沈思中、睡夢裡，往往被驚醒，彈片、家園，總會在最平靜的時候突然激醒他。

〈板門店‧三十八度線〉、〈遙望故鄉〉、〈火車牌手錶的幻影〉、〈自焚者的告白〉、〈車禍〉等詩，都能有鄉心、有事義，從其中透露生命感、使命感。正如羅門在〈火車牌手錶的幻影〉附註中所說：

「草鞋，是抗戰期間大後方常見到的鞋，踏在被彈片割傷『流血』的土地上，似乎較那經過櫥窗地毯與柏油路方能同泥土接觸的皮鞋，更具親切感。從草鞋看亮晶晶的皮鞋，我們看見了幸福的生活；從亮晶晶的皮鞋想起草鞋，我們憶及過去苦難的歲月。」

苦難的歲月需要見證，請詩人來見證。

生命有其多樣性，使命也有不同的類別，我們不能畫一生命的面貌，也無須要求大家爲某種特定的使命而效力，但我們確信，詩不能沒有生命感，詩人不能沒有使命感，即使寫的是沒有生命的器物，也必然與人的生命相關連。當然，我們更須辨明，生命裡有許多不同的現象，如果只是個人生命中偶然的浪花，也要能與人類（或者國人、鄉人）的生命相激盪，如商禽的〈咳嗽〉不是個人的傷痛，余光中的〈杏燈書〉卻是個人的隱密，其間的差異，實在值得詩人們深思。

兩代詩人都在詩壇上活躍，中年一代的詩人仍然爲大家所注目，如果現代詩要有良好的傳承，中年詩人更要去關心生命的存在與意義，「生命的存在」是事實，需要闡述，「生命的意義」是方向，需要辨明。一切抒情之作的題材，留給青年詩人去鍛鍊詩法，每一位中年詩人下筆之時，成詩之後，都要想到：我這首詩可能給青年朋友帶來什麼樣的示範、影響？我這首詩只是即興遣懷之作嗎?有時不妨打開窗門,看看年輕的詩人都在做什麼樣的努力,如果他們不能影響你,誰才能影響你?封筆了五年、十年的詩心是不是沈思過詩的過去與未來?是不是找到新的方向、新的使命感?或者仍繼續十年前的吟唱方式?

讀曠野,我沈思。

中年詩人有其豐碩的生活歷練,通過苦難,渡過海峽,長久地在不同的時空中變動不居,強韌的生命力不就是最好的詩篇嗎?生活是文化的一部份,除卻文化,不會有詩,不能深入了解中國文化,也難於產生偉大的傑作,當年輕的一代努力從各個不同的角度,多方面去認識台灣、認識中國,從古物、從史蹟、從民俗、從書籍、從實際的生活與反應、從諸子百家、科學文明,深入其中,沈潛其中,中年詩人難道要棄富厚的生活資材於不顧嗎?

童詩要保持天眞、稚趣,青年人不妨狂氣十足、衝動、好強、耍點花招。中年詩人卻該認知生命的深沈,隱然要有傳承詩運的使命感,刻畫出這一時代的「人」在歷史上正確的面貌與位置。

——一九八一年五月

感覺之必要——談瘂弦

完整的瘂弦

能以一本詩集八十七首詩，風行臺灣詩壇，歷三十年而不衰者，其惟瘂弦乎！

要了解瘂弦，最主要的依據是他於民國七十年出版的《瘂弦詩集》（洪範版）及《中國新詩研究》（洪範版）兩書，前者是他先後出版的《苦苓林的一夜》（香港國際圖書公司，民國四十八年）、《瘂弦詩抄》（即《苦苓林的一夜》臺灣版）、《深淵》（五十七年）、《鹽》（英文版，五十七年）、《瘂弦自選集》（六十六年）等書的所有詩作之完整定本，有此一集，可以有系統地了解瘂弦全部寫詩歷程而無遺珠之憾。

因爲瘂弦自民國四十年開始寫詩，第一首詩〈我是一勺靜美的小花朵〉寫於民國四十二年，發表於四十三年二月出版的《現代詩》，截至目前爲止，最後一首詩是五十四年五月的〈復活節〉（即〈德惠街〉），其間十二年的詩作都在此集中，五十四年之後未聞有新作刊佈，因此，我們一窺詩人創作之全貌，並無困難，較諸余光中、鄭愁予、楊牧等人之詩集卷帙繁多，商禽等人之作未有系統出版，瘂弦自是幸運的。

至於《中國新詩研究》一書，包括了瘂弦早期的詩觀，當時以〈詩人手札〉零星發表，如今集爲〈現代詩短札〉，可以拿來印證瘂弦寫詩的心路歷程，頗值讀者參考。卷二的〈早期詩人論〉及卷三的〈中國新詩年表〉，則是瘂弦研究三、四十年代詩人的重要結晶，如果再配合他所編寫的《朱湘文選》、《戴望舒卷》、《劉半農卷》、《劉半農文選》等書（均爲洪範版），那就更能看出瘂弦對於早期新詩作品所下的研究功夫，而這些研究應該也是早年瘂弦詩作養分之所來自。對於一個傑出詩人的成長，我們一方面相信詩才之天生，一方面更相信後天的深入探研與歷練。

溫潤的瘂弦

瘂弦，本名王慶麟，民國二十一年（一九三二年）農曆八月二十九日生於河南省南陽縣東庄，十七歲還在讀中學的他，就因時代動亂而在湖南零陵從軍，而後隨軍輾轉來臺。

四十二年，瘂弦入政工幹校（今「政治作戰學校」）影劇系，畢業後服務於海軍陸戰隊，結識張默、洛夫，創辦《創世紀》詩刊，成爲「創世紀」之鐵三角，影響臺灣詩壇甚大且鉅。民國五十五年九月他應邀參加愛荷華大學國際創作中心，嗣後入威斯康辛大學獲碩士學位。

瘂弦曾先後主編《創世紀》詩刊、《詩學》雜誌、《幼獅文藝》等刊物，目前是聯合報副總編輯兼副刊主編，對於詩的推廣、後進的提攜，不遺餘力，非惟獨善其身而已，更能兼善天下。他溫柔敦厚的詩風與人格，確實春風化雨了好多晚生後輩，言教與身教的影響，遠超過其他同輩詩人及學院中之執教者。

對於他詩作的特色，辛鬱曾提出四點看法，頗爲中肯：

第一點，辛鬱認爲通常一首詩的語言有兩種型態，一種是敍述性的，客觀的，描寫的語言；另一種是表現性的，一般也稱主觀陳述的語言。瘂弦善於掌握這兩種語言，交互應用，產生非常強悍的、媚惑人的力量，這種力量自然包括了瘂弦詩中音樂性的講求，他透過語言表達了詩的內涵，烘托了詩的氣勢。

第二點，瘂弦擅長以現代人的生活語彙，靈活的編織意象，有強烈的趣味性，更有一種新鮮感，非常甜美的節奏感，極爲自然流暢。

第三點，應用了西方超現實主義的語言技巧。

第四點，瘂弦的詩有戲劇性的效果，這是由許多單一的動作所構成的，這些動作有些產自人身上，有些則來自事物、事件上，而構成戲劇效果。(以上辛鬱談話紀錄，見之於聯亞出版社《現代名詩品賞集》)

我個人則以爲瘂弦詩中的情感世界具有下述的五種不同面貌（見拙著《燈下燈》，東大版）：

一是情韻綿邈而流盪

二是情調屬北方風光
三是情節充滿戲劇感
四是情趣帶有反諷味
五是情結不免超現實

不過，最能言簡意賅描摹出瘂弦詩中世界的贊辭，要屬張默所說的這一段話：「瘂弦的詩有其戲劇性，也有其思想性，有其鄉土性，也有其世界性，有其生之爲生的詮釋，也有其死之爲死的哲學。甜是他的語言，苦是他的精神，他是既矛盾又和諧的統一體。」（見《中國十大詩人選集》，源成版）。

如歌的瘂弦

舉一首詩做爲例證，可以了解到瘂弦的詩爲什麼傳唱久遠，歷三十年而猶迷人。

如歌的行板

溫柔之必要
肯定之必要

一點點酒和木樨花之必要
正正經經看一名女子走過之必要
君非海明威此一起碼認識之必要
歐戰、雨、加農砲、天氣與紅十字會之必要
散步之必要
溜狗之必要
薄荷茶之必要
每晚七點鐘自證券交易所彼端
草一般飄起來的謠言之必要
旋轉玻璃門之必要
盤尼西林之必要
暗殺之必要
晚報之必要
穿法蘭絨長褲之必要
馬票之必要

姑母遺產繼承之必要
陽臺、海、微笑之必要
懶洋洋之必要

而既被目爲一條河總得繼續流下去的
世界老這樣總這樣：——
觀音在遠遠的山上
罌粟在罌粟的田裏

——民國五十三年四月

〈如歌的行板〉，可以視爲馬致遠的一首小令〈天淨沙〉（秋思）的一種變奏，前面兩段，十九種必要，彷彿就是「枯藤老樹昏鴉」以至於「夕陽西下」的十個名物，最後一段的「觀音在遠遠的山上，罌粟在罌粟的田裏」則相當於「斷腸人在天涯」。但形式可歸結於此，內容則不相類，要更繁複多了，不僅物類增加，句式的變化也盡其所能靈活轉換。

分析這十九種必要，從物的質材上來分，大約可以分爲三大類：

一是名物：如酒、木樨花、歐戰、雨、加農炮、天氣、紅十字會、薄荷茶、謠言、盤尼西林、晚報、馬票、陽臺、海、微笑。

二是行爲：如散步、溜狗、旋轉玻璃門、暗殺、穿法蘭絨長褲、繼承姑母遺產。

三是態度：如溫柔、肯定、正正經經看一名女子走過、君非海明威此一起碼認識、懶洋洋等。

如果從物的屬性上來分析這十九種必要，也可以有三種類型：

一種是戰爭的意象：如歐戰、雨、加農砲，天氣與紅十字會之必要，暗殺之必要。

一種是無奈的意象：如溜狗、懶洋洋等。

一種是享受的意象：如溫柔、酒和木樨花、陽臺、海、微笑等均是。

這三種意象交互而分置於各句，使人在「戰爭」與「享受」之間不知如何自處，不得不出之以「萬般無奈」的一種方式去反映生活，因此，十九種「必要」是一種「反諷」，其實它所指涉的應該是「非必要」，河「總得」流下去，世界「總」這樣，不論什麼樣的戰爭、享受也無非如此而已，那有「必要」之可言？

其次，我想指出這十九種必要的相互關係，只是一種「物理變化」而已，戰爭使人逃避於生活的縱放與享受，因爲享受之不能全然適意，所以有無奈、虛無、不安的感覺，三者之間相互爲因爲果，有順有逆，時反時合，其間關係是量變而已，到了最後三行始有「化學變化」產生，使得前二段十九種「必要」有其存在之必要，不致落空，否則，只不過是一堆遊戲文字而已，不能有引人的力量。如果十九種必要是主觀的，則後兩行是客觀的；如果十九種必要是西洋的，則後兩行是中國的；如果十九種必要是具體的，則後兩行是象徵的。這也是前後兩段明顯的一種對比。最重要的對比卻是最後兩行：

觀音在遠遠的山上
罌粟在罌粟的田裏

觀音高高在山上，是神聖的徵象，罌粟卑微在下，是罪惡的代表，這兩者本來不相干，一聖一罪，竟能同生同存而不相悖，這是中國人一貫的生活態度，因此，現代詩的語言或許有西洋的影響，思想倒是純中國的傳統思想，瘂弦詩的可貴處或許就在這裏。既然被目爲一條河，總得繼續流下去，這是中國人順天從命，與天地同生的哲理，「流下去」是生命力堅韌的表現，也是一種隨遇而安的處世態度，生命之歌，或可不同，但總得唱下去呀！

——一九八七年七月

深情不掩，陋室可賦

張默是一位深情的詩人，特別是他的第五本詩集《陋室賦》裡，赤裸而毫無顧忌地呈現著詩人的深情。

《陋室賦》出版於六十九年三月間，長久以來前行代詩人已少有詩集出版，詩運消沉之際，張默的《陋室賦》確係難得的一記高亢的鑼聲。張默曾出版過五本詩集，依次是：

《紫的邊陲》—民國五十三年

《上升的風景》—民國五十九年

《無調之歌》—民國六十四年

《張默自選集》—民國六十七年

《陋室賦》—民國六十九年

其中《張默自選集》是前三冊詩集的選本，新作不多，所以，很明顯地可以看出，寫詩二十五年，張默在近十五年裡，大約每隔五年出版一冊詩集，雖說各集有各集不同的抒發對象，但在《陋室賦》之前的作品，顯然都有著故意壓抑的抒情傾向，特別是《紫的邊陲》與《上昇的風景》

二集，主知的謠言使張默不敢放膽直抒胸臆，張默是一個性情中人，也要試著探討詩人類內在各種不同的精神層面，這是令人難以蹩住的事，所以在這兩冊詩集中，隨處可以見到張默的嘶喊，「關於海喲」！「管他什麼遠古的西施，嗳嗳」！「乖乖，我的優力息斯」這是壓抑下的嘶喊，不敢直抒其情而又情不自禁地呼喚著。這兩本詩集都出版於民國五十九年以前，那時，所有的謠言都說：詩人要放逐情緒，要寫出主知的詩，詩人一下子都絕了情，都以有情爲羞恥。在這種風尚下，張默必須壓抑自己的情緒，就像一隻飽漲的氣球，硬要把它收藏在方形盒子裡，因此，有時不免「噗」的一聲從隙縫中鼓出一角氣球，詩人又急將它壓抑回去。

但是，情如果像水一樣，阻擋得了嗎？

民國五十九年以後的作品，張默把它收集在《無調之歌》裡，注意，這是「歌」，是聲，不再是《紫的邊陲》與《上昇的風景》中的「色」，詩人已敢於低吟自己的心聲，雖然不一定找到和諧的調子，但是信口而吹，無調之歌自有另一種野趣！

《無調之歌》在現代詩史上最大的特點之一，是詩集中收入了八首給女兒（或自己）的詩，九首給詩人朋友的詩（《上昇的風景》中有十三首），這正是有情的表徵。酬贈之作是中國詩人的傳統習慣，基本上爲了情誼的溝通，實質上是感時抒懷之作，遠非歌功頌德之流所可比擬。當大家迷信主知，崇高心靈的探索，張默卻不避猜嫌，勇於割腹來相見，這是一個歌者的膽識。《無調之歌》在張默詩的成長過程中，據有著關鍵的地位，可以說是他依循自己的情性，找回自己聲音的開始,換句話說,《無調之歌》是張默「知情合一」的作品。這一時期的作品才眞是「詩如其人」,具有充沛的生命力與衍展性,從一個意象推演到另一個意象,迅急而有力,好像一個呼吸迫促的跑者,當讀者目不暇接之時,他又跑過了一站。更像是水,遇坎而盈,遇懸崖而成瀑布,遇谷而成溪,也有可能自天揮灑而爲雨,更有可能擇地激噴而爲泉。當讀者讀到這些詩,因爲他詩中的意象具有強大的繁殖作用,因爲他的節奏激昂而持續,因爲他的情感熱烈而澎湃,總會感覺那種蔓生類的葛藤似的生長力,彷彿延伸到你身上,繼續蔓延著。

無調而歌,歌的對象極廣,陋至有賦,賦的對象則趨匯集。如果沒有無調之歌的情的突破,也許不會有《陋室賦》的眞摯與深情。我曾仔細讀過《無調之歌》這本詩集,也曾仔細思考過:張默該走什麼樣的路?已經步入中年的張默是不是向理性、向知性沈潛好些呢?還是仍舊率性而吟好些?結果我發現,還是張默自己走的這條路順當,那就是爲陋室而吟而賦,親親,愛物,使詩人的感情更深沈、更凝鍊,既非無調的哼唱,也非邊陲的偏航,而是更深更眞的情的把握與闡揚。

《陋室賦》收詩三十五首,我們特別選出其中最好的三首小詩,以其晶瑩涵容張默深情的三種不同風貌:

首先是敍事性的,對於生存環境毫無怨尤的喜悅之情:

內湖之晨

一片青翠蜿蜒在我的呼吸裡
今早的山路顯得特別短
伴著拾來的松枝
指點著眷舍盡處偶爾傳來的
幾聲雞啼
噢！天是眞正的亮了

在這首小詩裡，自然含有敍事詩依事抒情的味道，是一首盈滿生活情趣的小品之作，早起，迎著清新的山嵐，滿目的青翠，整個心情因此舒暢無比，彷彿「一片青翠蜿蜒在我的呼吸裡」，寫出吐盡昏濁夜氣的那種清爽，令人耳目爲之一新。

生活際遇必定有他的不快，但張默卻願意捕捉一點小小的喜悅，小小的滿足，這就是他對生活的深情關注。

夜與眉睫

夜，跌落在兩道小小的眉睫
裏，眉睫在均勻的呼吸，我
以習慣的手勢挑撥著橫臥在
我左右兩側酣睡著的甜甜的
小女，輕輕地把拂在她的額
上的散髮緩緩地移開，啊！
那移開的豈僅是一撮黑髮，
而是一縷縷
　　剪不斷理還亂的鄉愁

這是生活中的另一面，顯現了詩人對於兒女與故鄉的深情覆育與永恆懷思，特別是在夜深人靜時，特別是面對睡得香甜的小女，不自覺流露出來的親情，也深深繫住另一份思母懷鄉的親情。這眞是一首好詩，將親情與鄉愁那樣自然地系聯在一起，這樣的感動是綿遠的，恒久的，好像鐘聲一樣，雖然細微，卻是不停地迴蕩著。

不必諱言，人間有至情，就在夜與眉睫間，在均勻的呼吸裡，在輕輕緩緩移開女兒散髮的手勢上。我們相信：張默曾經激動，曾經在風雲中叱咤，曾經面紅耳赤，但是，當至情轉深，這一切都不需要了，情到深處無怨尤，更有一份心與心相繫的默契。

觀碧果的某幅畫

一隻小小的青蛙，匍伏在一棵巨松的脚下
何時才能抵達頂點呢
牠皇皇然地探詢著
那些奔走相告的水草
　　無言。

這首詩也算得上富於禪趣，以對比的方式寫成，小小的青蛙匍伏在巨松下，什麼時候才能到達頂點呢？巨松往往是高度精神修煉的象徵，小小的青蛙如何企及呢？牠的皇皇然探詢是一定的，青蛙的皇皇然與巨松的篤定冷靜，是另一層對比，懸殊的精神層面的不同修養，更顯示其中禪味十足。最後，原來奔走相告的水草，在青蛙皇皇然的探詢下，「無言」。「無言」二字特殊安置，達到極大的效果，尤其是在皇皇然與奔走相告的襯映下，「無言」的這幅畫，彷彿要告訴你什麼禪理，仔細思索，恍然之間若有所得。

但是，如果將這首小詩視爲張默面對微小生命時，不自覺興起的深情關懷，更適合張默這個人的情性。這不是一首童話詩，更不是寓言詩，他並不想告訴你青蛙會不會抵達頂點，青蛙也不象徵什麼，牠眞是鮮活生跳的青蛙，一個小小的生命，牠也有攀爬登高的欲望，詩人關懷這樣的生命就像關懷人的生命一樣，這是一種對物的深情。

詩人必須依循自己的情性與才具寫詩，必須發揮自己的特長，張默深情不掩，陋室之中必定還有更多可賦的事，可賦的物，必定有更深沈、凝鍊的至情世界等待我們！

——一九八〇年四月

在清涼的綠葉底下沈思

如果抒情是詩的主流，女詩人理應是詩人中的詩人，但在中國古代社會，女權未必高張，女人之所知、所見，均極有限，閨閣之中，粉黛絲羅而已，二門之內，不外乎油米柴鹽，女性文學並不發達，偶而有女性文學如「閨怨詩」之類，往往是男性詩人代筆發言，而男性詩人的「閨怨」之作又往往另寓深義，並不是眞正爲女人說話，「妝罷低聲問夫婿，畫眉深淺入時無？」是爲自己的詩文、行事、升遷而煩心。因此，朱淑眞、李淸照等人也就成了女性詩人的瑰寶，然而，她們的地位仍然不高，所抒寫的內容仍然極爲有限。

這種情況，要等西風東漸才開始有所改善，特別是五四運動以後，男女受教育的機會逐漸平等，投入文學藝術創作的女作家自然逐漸增多，以張默最近出版的《剪成碧玉葉層層》（現代女詩人選集）所選入的二十六家女詩人來分析，出生於民國八年至二十年的女詩人僅得張秀亞、彭捷、胡品淸、陳秀喜、蓉子等五位，出生於民國二十一年至三十年的則有李政乃、林泠、朶思、張香華、羅英、敻虹等六位，在比例上已有顯著增加。民國三十一年至四十年則有劉延湘等九位，幾乎是一年一位女詩人出世；民國四十一年至四十六年，六年間有六位這個時期出生的女詩人入選，而且，這個數目還會增加，「後生可畏」，四十一年以後出生的女詩人還會有人在詩藝上有更大的精進，因爲他們仍在成長中。

這些統計數字顯示，女詩人隨著時代的進步，逐年增多中。就整本《現代女詩人選集》入選者的名單來看，大約早年成名的女詩人未有遺漏，都能列名榜上，稍爲年輕一輩的詩人則不免掛一漏萬，而有滄海遺珠之憾，如洪素麗、洛冰、涂靜怡等人。這一點，再一步證明年輕女詩人之數目並不止於這本選集所網羅的，前面統計的數字還應再提高。同時，這本女詩人選集不出版於民國六十年或更早以前，而在民國七十年始予推出，也證明這個時候才是一個成熟的時機，時間提早恐怕內容不豐，質與量都無法兼顧。

在編選這本女詩人選集以前，張默曾負責主編了大約將近十種有關詩的選集，較爲著名的如《六十年代詩選》、《七十年代詩選》、《八十年代詩選》、《中國現代詩論選》、《新銳的聲音》、《中國當代十大詩人選集》等，都有相當傑出的成就，至少在編選的體例上，有時提供詩人小傳、年表、藝術評述，有時提供詩人相片或畫像，有時刊登詩人詩觀，都有特殊的設計、負責任的策畫。張默選詩有其原則，錯別字減至最低程度，這些都是其他詩社或年輕詩人所編選的集子所不能及的地方。以這種經驗來揀擇女詩人的碧綠珠玉，自是駕輕就熟。

《剪成碧玉葉層層》共收二十六家作品，是自由中國第一部現代女詩人選集，根據編者張默在〈導言〉中所說：「綜觀她們作品的內含與特色，大概不外以下幾種樣相：即一、展現個人純美的抒情與戀情。二、抒發樸實濃郁的鄉情與親情。三、擁抱五湖四海國族的豪情。四、充滿理趣、知性以及對未知世界的探索。」然而，眞正展現張默編纂才華的是每位女詩人均附有小傳、小評，約請席慕蓉爲每位詩人畫像，詩行的排列十分大方，全書給人一種高雅、素淨的感覺，眞是層層碧玉葉。「小評」部份更見出張默對於詩的鑑賞力，三言兩語，字斟句酌，企圖勾勒出作者眞正心靈的側影，不同的二十六位詩人，有二十六種不同的贊語，抒情、敍明、說理、贊歎，兼而有之，必是深潛其中才能寫出這種用語允當而形象華美的詞句，錄其中最長與最少的兩位女詩人之贊語，以例其餘。

「張秀亞有四十年以上的詩齡，堪稱詩壇最傲骨的蒼松。她一生酷愛大自然，每每喜歡從花木鳥獸的身上，汲取創作的經驗，而不時展示一個詩人對生命最深澈的感悟。她的詩親切，樸實，淡雅，令人讀之猶如迴旋在時間的琴鍵上。」——張秀亞小評。

「她的詩齡很短很淺，從她的字裏行間閃現出來的遐思，敏銳而又悸動。梁翠梅有她自己的語彙，和裎露意象的方式，當我們欲以全心靈去捕捉，她又不聲不響地走向另一片繁華甚至孤絕的風景。」——梁翠梅小評。

現代女詩人的作品彙集一冊，會有什麼共通的特色呢？從《剪成碧玉葉層層》中，也許可以發現到這幾種特質，值得注視：

一、傳統的、母性的、婉約的關懷

或許是因爲年長的關係，張秀亞、彭捷、陳秀喜、李政乃、蓉子等人的詩作，自有一股婉約的詩情，傳統的母性關懷。即使在年輕的女性詩人中，如張香華、葉翠蘋，也時時透露著關懷人世、關懷萬物的深情詩心。

繫棲在細枝上
沒有武裝的一葉
沒有防備的
全曝於昆蟲饑餓的侵食
任狂風摧殘
也無視於自己的萎弱
緊抓住細枝的一點
成爲翠簾遮住炎陽
成爲屋頂抵擋風雨
倘若生命是一株樹

不是爲著伸向天庭
只爲了脆弱的嫩葉快快茁長

這是陳秀喜的〈覆葉〉，正可代表女性詩人對萬物、對初萌的生命，奉獻、犧牲的精神。

二、現代感的抒張

張默曾將入選的二十六位女詩人，區分爲三代：從張秀亞到彭捷等七人爲第一代，她們的詩齡通常都在二十五到四十年之間；從敻虹到席慕蓉等十人爲第二代，她們的詩齡也在十年到二十五年之間；從翔翎到梁翠梅等九人爲第三代，她們的詩齡約在四年到十年之間。依張默這種分法，第二代女詩人的成長時代正是五十年代後期，以迄六十年代間，這個時候乃中國詩壇現代主義及其他各種新興藝術觀點盛行之時，女詩人亦不免於流風之所及，抒張現代感，蓉子、羅英、藍菱、劉延湘、朵思、古月，以及後起的朱陵、萬志爲、夏宇等人，常有此類作品，試以朵思的〈盆栽石榴〉爲例：

萬丈豪情皆局限於這方
土地

在淺淺的泥土中
它卻是樹般的成長了
肢體探不到天空
想讓榴花燦開似錦
榴實纍纍
就任其自乾瘦的枝葉間
吐出花蕊的火焰來
五月的雨幕紛繁
靄霉濕重
我細看，竟分不出
那是太陽還是血

張默曾說早年的朵思有三個小小的特色：「一種犀利、一種悒鬱、一種溫柔」，這樣的一首詩有犀利之筆，也有悒鬱之情，卻不一定有溫柔之心，讀這樣一首詩不一定能判定作者的性別如何。

女詩人走出廚房、閨閣，視境加廣，心境增深，大約自此時開始。

三、女性的、愛情的敏感

前面說過，抒情是詩的主流，女性的敏感特別能生動地點化情感最脆弱之處，令人泫然。敻虹、淡瑩、張香華、翔翎、沈花末、夏宇、馮青，最是此中能手。

敻虹、翔翎、沈花末、馮青的感情一直脆弱而美，令人感到一份凄清美，這樣的詩最似碧玉，彷彿在清涼的綠葉底下沉思，發出一兩聲幽幽的歎息：

來信問我
冰雪的心情
我搖搖頭
把寂寞和淚水
都還給了你

——翔翎〈歲暮一則〉首段

淡瑩、張香華、夏宇則有另一種面貌，寫情的筆轉向「花」以外的「枝葉」，以枝葉的存在證明花的存在，夏宇的〈疲於抒情的抒情方式〉或可代表這種寫詩方法：

4月4日天氣晴一顆痘痘在鼻子上
吻過後長的
我照顧它

第二天院子裏的曇花也開了
開了
迅即凋落
在鼻子上
比曇花　短
比愛情長

第一段的「4月4日天氣晴」，季紅說有「天眞開朗」（的我），或者「稚嫩的心境」兩感受，痘痘是吻過後長的，所以「我照顧它」。這是一份深情。第二段一行，只說「曇花開了」，再無餘言，「曇花」的短暫與美卻能進入讀者心中。第三段即據此以明「愛情」的短暫。「開了，迅即凋落」，在句意上承「曇花也開了」而來，第三句卻點明「在鼻子上」，實指「痘痘」而言，「痘痘比曇花短，卻比愛情長，曇花、痘痘、愛情，順序如此，曇花如果一現而逝，愛情的生命卻要更短，曇花是借來比喻生命中的美好而短暫之事物，痘痘則是「青春」的產物，借喻我的一段愛情本事。此詩文字看似鬆散，卻在短長的比較中理出結構來。讀到「比曇花 短」是有些惋惜之意，讀到「比愛情長」好像紓解了一下心情，其實這才是眞正陷入對愛情即開即謝的悲悼心境！

《剪成碧玉葉層層》，當然也在短短的篇幅中展現了各個詩人的不同面貌，面對著層層的碧玉葉，更可以審視「一葉一世界」都是在什麼樣細膩的詩心裏裁剪而成！

——一九八一年九月

輯三

承傳詩的血脈

岩上的位置

岩上，本名嚴振興，又名堂紘。臺灣嘉義人，民國廿七年生。省立臺中師範及私立逢甲學院畢業，現任教於草屯國中，並擔任中國青年寫作協會南投縣分會理事長，南投青年月刊總編輯，《詩脈》詩刊發起創辦人及主編。曾獲第一屆吳濁流文學獎新詩獎，第二屆中興文藝獎章新詩獎。結集出版詩集：《激流》、《冬盡》。

近百年來的中國人，在文化、思想、藝術、文學各方面，甚至於政治、經濟上的努力，無疑地，是在找尋屬於中國人自己的「位置」。中國人的位置在那裏？台灣的位置在那裏？「我」的位置又在那裏？大而至於國家，小而至於個人，個人的榮辱與愛恨，國家的興衰與禍福，近百年來的中國人、台灣人都正在尋求自己的位置。這是台灣的位置嗎？這是中國的位置嗎？台灣迷茫，中國也迷茫。

六十年的新詩，就在這種迷茫之中試圖尋求自己的位置：胡適衝破文言的藩籬，嘗試白話詩；劉大白跳脫格律的枷鎖，猶不免吟唱小調；徐志摩呼來歐風美雨，頗得年輕心靈的贊歎；戴望舒的隱喻象徵，倒也令人愛恨交加。而後，戰亂流離，何處是詩神的殿堂？

紀弦曾經提倡主知與現代主義，自己卻寫起自傳體的序志詩；余光中從古典到現在，跨過島嶼與大陸，隨時攻佔隨時撤退，獵獵有風；瘂弦掌握了人性的戲劇面，鋪展人生旅途中歌詠的辛酸與喜樂；洛夫更以霹靂之姿，激迸電、光、石、火；好在，也有楊牧的情柔如水，心細如髮，化解人間多少幽怨！更重要的，日據下具有民族意識的臺灣詩人，逐漸通過語言的障礙，以春泥之姿護生更多堅韌的小草，出版不輟的《笠詩刊》正扮演著這樣的角色。

以這樣的一條細流涓涓而下，岩上的位置在那裏呢？這是一個有趣的問題，我們不妨以他的詩尋求界定的可能。

岩上寫詩極早，成詩亦多，我一直以爲他與林煥彰有著極多的類同點，譬如說，兩人的個性相似，誠懇、樸實，言語不多，作風穩健，均曾出入「笠」詩社爲重要成員，有大量作品發表於《創世紀》詩刊，後來又分別另組「龍族詩社」與「詩脈季刊社」，尋求眞正的詩的位置，我的位置。同時兩人都有不少實驗性的作品，力求題材的多樣性，林煥彰在形式上與詩想上有尖銳的嘗試，岩上則在語言上有重大的突破，兩人所表現的共同特色是一種過渡時期的綜合色彩，他們是所謂「前行代」與「新生代」青黃不接時的關鍵人物，共同具有轉變期的多種特徵。

其中最主要的特徵是他們都喜歡「由日常事物中發現特殊事義」，日常事物的摹寫是笠詩社同仁所專擅的，特殊事義的挖掘則爲創世紀諸君子所津津樂道，因而，岩上與林煥彰等人「由日常事物中發現特殊事義」的詩作，不免時時游移於晦澀的詩意與淺白的語言之間，力求新路向的開拓。基本上，因爲它是日常事物，所以不至於晦澀而無路可尋，也因爲它具有特殊事義，更不會淺白而俗不可耐，況且，這種寫法可以感物吟志，可以即物窮理，可以轉生無數情趣，可以提昇心靈，因此，在岩上等人的開拓下，發展出極爲可觀的一條新路向，這是承先啓後的一個重要特徵。

除了這個特徵，我們還可以找到岩上詩中的幾個值得一談的特色：

一、浪漫的心懷

如果說詩以抒情爲主流，岩上確是主流裏的一渦巨浪，至少，詩是廣義的抒情文學，所有的詩人必定從自我情感的抒發中走出他的第一步。換言之，感性是詩之所以被發掘的最大動力，泯除感性，詩將成爲枯澀的概念而已，一個不泯除感性，勇於抒情的詩人，才可能有恆並有力地走上這條千里詩路。岩上並不隱諱自己的情意，在他的詩中很容易發現到這樣的句子：

雨後的寧靜裏
一支清脆的歌聲唱遍原野
那是我孤獨的心聲

——錄自〈荷花〉

在這裏，詩人以荷花自喻，說自己是「一枝喉嚨受傷的荷花」，在衆聲喧擾的時候，他不歌唱，直到雨後寧靜，才唱出自己孤獨的心聲。詩人轉化爲荷花，藏身於荷花之內，這原是現代詩人對宇宙萬物人格化、情感化，最常應用的方法之一，但岩上卻說這種心聲是「一支淸脆的歌聲」，而且還「唱遍原野」，在這句詩中顯靈了他浪漫的想像力。類似的句子留存在他〈陋屋詩抄〉中的〈跌倒〉這首詩，跌倒流血是每個小孩都可能有的遭遇，岩上卻要以「你看血裏有什麼？／爸爸的影子／還有／爺爺的影子——還有……」來表示每個成長的人都會流血，而孩子竟然也能因爲血裏的影子而「笑了」，表示他領悟了。這當然是一種寓言式的象徵作法，血裏如何會有影子呢？自是想像的結果，這種超乎邏輯的想像，仍然有其可以依循的脈絡，不同於超現實的絕然跳脫或截斷，這兩者的區別從句中各字詞的關係可以察覺出來，關係愈近，愈非超現實之作。從此我們可以理解到，岩上的詩想往往也是漫天飛舞，不拘西東。〈戀情〉、〈啊！海〉就是這樣一廂情願的篇章。

當然，詩句與詩意的創作上，岩上偶而也有「超現實」的出軌的火花，超現實原非壞事，也不單是某些詩人所擅長，古來詩人早有這種突發的奇想，只是今人尤烈而已。因而，超現實的奇想應可列爲岩上的一個特色。

二、超現實的奇想

超現實所影響於岩上的不是語言的自動化、機動性，也不是表現上的懸崖縱落，或衆流截斷，或孤鶩突起，岩上以超現實的奇想開拓他的詩路：

突然我發現
自己的手掌也在肉堆裏
早已切成了肉醬

在〈陋屋詩抄〉中，〈切肉〉原是一件興奮的事，居於陋屋而有肉可切食，如何能不喜悅呢？因此，「刀子急切急切而下」時，「爆出悅耳的聲音」，「敏捷的動作成爲自悅的法則」，也因爲這種自悅而無覺於自己的手掌被切成肉醬，「手掌被切成肉醬」表達了切肉時興奮而急切的心情，「手掌被切成肉醬」也反諷出「陋屋」的淒苦，這樣的句子是超現實的奇想，較諸「血裏有爸爸的影子」自然不同。

意象處理上，岩上就是以超現實的奇想去轉化人與物，物與物的原有系聯，譬如〈伐木〉這首詩，以下面這四句詩指陳太陽的炙烤：

太陽在乾涸的澗底
翻找自己的面孔
裂開的嘴盆
呑吐著乾紅的火舌

不僅讓人感受到由上而下的烈陽的曝曬，同時也因為「太陽在乾涸的澗底」，猛覺一股熱氣由下而上急撲。再加上第二句所說：太陽是在「翻找自己的臉孔」，「翻找」兩字使人覺得無所逃於太陽，是由外而內，由內而外的悶熱與乾澀，其後兩句的「嘴盆」與「火舌」，更是四方八面的火熱包圍著，炙烤著。這樣的意象是由動詞的轉化（如「翻找自己的臉孔」），名詞的轉化（如「嘴盆」、「火舌」），獲得強悍的懾人力量，就整首詩而言，卻是一種超現實的多樣組合，以達到「鋸齒」俯身而臨之時那種死亡的感覺。

其實，以上兩種特性是詩的基本屬性，也可以說是岩上不自覺的承襲。眞正有意識的創造，則有待以下兩種特性的呈現，那就是內容上的悲苦人生，語言上的單簡句式——岩上眞正踏出引領者的脚步。

三、悲苦的人生

文學之爲苦悶的象徵，在生理、心理、物理、事理、人理各方面都可以找到共通的基礎，舉例而言，物必屈折、不平，才會發聲，一個人的身心、人際關係，也在遭受到挫折屈辱，才有不平之鳴，描述人生悲苦的一面，宣洩個人心中的幽怨，人群裏的憤懣，引導人性走向潔淨、光明，這是文學基本的使命，詩，亦然。

五十年代的文學，因爲創傷未癒，基於事實需要與文學思潮的正反起伏，形成以反共爲主流的文學情勢，即如民國四十五年二月紀弦領導的現代派，其信條的第六條即標示「愛國，反共，擁護自由與民主」。直至六十年代，偏重藝術表現手法，接納西洋理論，緊隨於世界潮流的現代藝術興起，文學藝術工作者競相在形式上實習各種不同流派，尋求各種可能，除政治禁忌外，力圖排除各類禁忌，現代藝術的追求曾達及顚峰狀態，藝術工作者的狂熱近乎極點。就在這種六十年代末期的狂飆烈焰下，一種沈思的工作態度，一種注視現實、人生的藝術眼光，逐漸從自我內在的追索轉向群體生命與環境安危的關懷。六十年代末期正是岩上習染文學，飽嘗藝術，但不免懷疑人生的意義爲何，文學的使命爲何的時候，因此，在衆多習尙之中，岩上踏出怯怯的一步，他說：

「詩的可恨在於無法完全掙脫現實的枷鎖。」

「詩存在現實中，但現實中的諸現象並非就是詩，詩與現實的差距，必須依賴詩人的心靈透視力藉語言去聯接與調配。」

因此，岩上以「人」的眼睛，「詩人」的眼睛，正視現實，正視人生。特別是《冬盡》這冊詩集的第一輯〈陋屋詩抄〉與最後一輯〈竹竿叉〉，共有二十九首詩，已經是《冬盡》詩集六十首的一半，正是悲苦人生的寫照。而〈冬盡〉這一輯詩，更爲赤裸地以現實事件爲剖視的對象，〈陋屋詩抄〉與〈竹竿叉〉講的是「物理」，〈冬盡〉指控的卻是「事理」。

最可貴的一點是岩上知道人生雖然悲苦，但是人卻必須繼續生存下去，要生存、要刻苦，但絕不出賣靈魂，岩上對「命運」就抱持這種軟弱而強硬的態度：

命運

命運吐給我唾沫
我讓風吹乾
命運淋給我雨水
我讓它隨意滑落
命運擲給我一塊石頭

我流出一滴血
命運擲給我兩塊石頭
我流出兩滴血

命運要我的眼睛
我給它眼睛
命運要我的肝腸
我給它肝腸
命運要我的心臟
我給它心臟

命運要我的靈魂
我給它刺刀

一九七二・五・卅一

這首詩呈露了台灣人「認命」「順天」的民族性格，最後兩句則具現台灣人不屈的堅忍與正義感，就因爲這點詩心，家園不亡。

不過，最後兩句如果加上一個破折號，也許會多一點驚疑效果，使「刺刀」多一點力量，試看：

命運要我的靈魂
我給它——刺刀！

「是可忍，孰不可忍？」到了忍無可忍時，我們的匕首必定出現，但大部份的時間，我們卻更像岩上詩中的「那些手臂」：

手臂永不縮回
手臂繼續伸出
伸向田野
伸向山坡
伸向海洋
伸向天空

手臂
伸展成爲樹
手臂
枯槁在
空中

——錄自〈那些手臂〉後半

因此，讓我們與岩上共同期待「冬盡」，期待生命的復甦，家園的復甦！

四、單簡的句式

從上節引錄的詩句，我們可以發現單簡句式的使用，是「岩上的位置」之所以穩固的第四隻腳。

意象的繁瑣曾經在現代詩史上形成浪費、淤積的現象，因此，岩上、林煥彰、喬林、辛牧等人，都曾試圖將自己的詩意約略爲最簡易的句式，一以御萬，簡以御繁，這種嘗試符合「詩」在文學藝術整個範疇中應有的「位置」。

句式單簡，因而語意自然淺顯；

句式單簡，因而重複成爲必須；
句式單簡，因而詩思容易集中；
句式單簡，因而結構必能呼應。
因而成爲這一時期最重要的特徵，其影響延及後來新生的一代。舉岩上的〈陋屋〉爲例：

雨落在山巔
雨落在田野
雨落在溪底
雨落在道路
雨落在樹上
雨落在屋頂
雨落在棉被
雨落在
孩子
（爸！這裏有水）

的嘴巴

雨落在黑夜

整首詩的句式單簡爲一式：「雨落在××」，首段，雨落在室外，從無限遙遠的地方來到屋頂，以引起第二段：雨，落在室內，如此始切合題爲「陋屋」，結尾時則以「雨落在黑夜」的時間感，暗示黑夜漫漫，此句雖然單獨成段，卻使整首詩更蒙上一層陰鬱，屋漏偏逢連夜雨，單簡的句式卻有令人酸鼻的詩情，清茶淡飯卻有更引人的滋味，令人低迴。

單簡句式是六十年代末期的產物，岩上的悲情是以習見的物、事，透過單簡的句式而醞釀，「岩上的位置」也經由這樣的醞釀而界定。

●

當然，這是詩史上的位置，是外來的價值評定。岩上自己則在詩中尋求另一種生命的位置，很值得我們加以探討，因爲岩上十分重視詩中的生命，以及生命的位置，這種生命的位置是內在價值的判斷，而非外在世俗的褒貶，認識岩上，這是最重要的一點。

岩上稱妓女爲「無屬性的人」，因爲任人蹧蹋、挖掘是她的生活，她的命運，她沒有被人肯定的位置，她沒有屬性，眞的沒有屬性嗎？在悲慘的日子背後，岩上卻給她們一個特殊的位置，說她們每天洗滌傷口，每天打扮笑容，「爲了使這個汚穢的世界，看來仍然如此的美麗」，這是悲慘的位置。對於「陌生的人」，岩上也曾試圖爲他們定位，當然，這樣的位置也是迷茫的，因爲我們或者偶然碰頭，或者互望一眼，或者視而不見，或者不屑一顧，或者從未謀面，如何能有定位呢？

沒有名字
在你茫然的眼中
我是一個影子
從身旁擦肩而過
沒有半點聲響
不會發光
孤單地沒入街道的盡頭

人與人之間，必定有其適當的位置，「我」的位置何在呢？早期，岩上的《激流》詩集中有一首詩〈星的位置〉就已在找尋自己熟悉的臉龐了：

星的位置

我總想知道
自己的宿命星在什麼位置
有否閃爍燦然的光輝

因此每晚仰望天空
希冀找尋熟悉的臉龐
但是回答我的
都是陌生的眼光

直到有一天
我從流浪的路途回來
把一切的願望都丟棄
只剩一顆乾癟的頭顱
沒入深邃的古井

突然發現在那靜謐且清冷的水底
一顆孤獨的明星
輕輕地呼喚我的名字

古老的傳說裏，每個人都有他自己的宿命星，偉大的人物一定是有名的星宿下凡，年輕的時候總想知道自己所處的位置，在衆星之中是一個什麼樣的地位？仰望天空，卻找不到「熟悉的臉龐」，見到的都是一樣陌生的眼光（星光）。

如何才能找到自己呢？第三段的發現令人心顫，其過程好似武陵人無意間發現桃花源一樣，他是捕魚爲業的，卻必須「忘路之遠近」，林盡水源時，便得一山，山有小口，必須通這個小口，滌盡俗塵，才能豁然開朗。岩上以爲要「把一切的願望都丟棄，只剩一顆乾癟的頭顱」，才能沒入深邃的古井中而發現自己。這樣的宿命與孤獨是年輕的岩上夢幻中的「我的位置」。

此後，〈同樣的路〉〈走路〉〈昨夜〉……等詩，都是岩上尋求生命位置的詩，其中最明確刻畫的自是〈我的位置〉這首詩，隱然可以看到現實的折磨已使岩上失去「星」的自信。

我的位置

爬起來

鎗聲又響

下午三時十五分
我的位置
脚朝東
頭向西
左手指南
右手指北
沒有影子
我就是影子
緊仆於大地的胸脯
靜聽
太陽火烈而來的聲響
這是七月

我冰冷

此詩第二段標明「我的位置」，其實就是一個人仆倒的姿式，爲什麼仆倒呢？第一段說是「鎗聲又響」，暗示我已仆倒多次，「鎗聲」是迅急有力的迫害者的象徵，打擊單一而快。仆倒以後，「沒有影子」，是因爲與大地緊密貼合；太陽的火烈，岩上以聲響來模擬，可以呼應前面的鎗聲。最後以七月的火熱與我的冰冷對比，這才是眞正生活煎熬下的我的位置。岩上詩中的太陽一直以暴烈之姿肆虐大地，太陽的赫赫聲響，無法逃避，焦渴的命運就是生活中的我的位置，現在人悲苦形象的縮影。

在文化上，「我的位置」又如何？岩上曾以〈清明〉一詩試著去追索，「在青苔深鎖的／斑剝處／一個發響的名字／向我凝視的眸撞擊而來／我觸到血緣的系流」，就在即將撥拾而得時，那張「熟悉的自己」的臉，卻又寂滅地「沒人萋萋的荒草中」，岩上終不能在「清明」的蔓草叢中，揆撥得血緣的系流。然而，他卻在〈失題〉這首詩中找到自己思想上的依歸。

眺望西方遙遠的視線
在朦朧的水霧中迷失
回折的視覺

我看到自身的體內氾濫著一股亙古的血河
剪斷了臍帶令人飢渴
童稚的我
在哭嗥裏
我的火就觸到烽火的溶岩
且灼傷了我的軀體
啊母親
您的面目也是四分五裂的模糊
落日使我感悟變色的楚痛
晚風捲起了我
像一場惡夢
在空中飄浮
我切盼歷歷的跫聲
從古道走來

就是寒山的芒鞋也是令我矜惜

定向於中國的文化位置，如磐石一樣穩固。每次西眺，故國的河山，古中國的文明，總讓體內的血河不停地湧動。盼望中，即使是寒山的芒鞋也足於令人珍惜。如此穩實的文化認識，或許正是岩上在詩中極力尋求生命位置的原因，唯有眞正認識自我，肯定自我，進而認識民族，肯定民族的我們，才眞能爲當代台灣人、中國人在歷史長流裏界定位置，如磐石一樣穩固的位置。

而岩上應該不會停佇在目前的位置，他更要去探討人與物間各種可能的新關係，去界定生命的位置，他不能止於承啓別人，更該開創自己，大刀闊斧劈下去，去肯定更多的生命，而後，讓我們來肯定他，肯定詩人的生命，詩人的位置。

——一九八〇年五月於國泰醫院

簡單的詩

林煥彰是「龍族」詩人，龍族詩人在一九七一年以後曾經有過重要的影響，他們的影響不是來自他們的作品，而是來自他們不肯依傍、不願盲從的那一點獨立自主的骨氣。

龍族詩人不寫大而無當的國際性的詩，也不像駝鳥一樣埋頭在自己的小園子裏，自怨自艾。他們承認自己是中國的族人，但他們關心從臺灣到中國的一條崎嶇的路，他們踏實而具體地感知臺灣的現實，正視當前的國計民生。

如果以龍族主要詩人的作品而言，在形式上，可以分成兩種不同的面貌；在內容上，也有兩種不同的聲音：

形式上
- 簡單的詩作：喬林、辛牧、林煥彰
- 綿長的詩作：景翔、施善繼、陳芳明

內容上
- 現實的詩作：喬林、施善繼、林煥彰
- 藝術的詩作：景翔、蘇紹連

所謂簡單的詩作是指以簡單的句子，短截的篇章，完成一首詩。這種作法，在當時是一種創新、突破，所謂意象云云，他們要求的是一首詩只是一個面貌而已，他們不製造一句一個意象，他們不認爲一首詩是一束花，而應該是一株草、一棵樹。其中，特別是喬林與林煥彰，語言的粗糙已經降到最粗的層次，以最原始、最逼眞、最粗糙的語言來表達詩。

最近出版的《公路邊的樹》，即係龍族詩刊第六、七期的作品，林煥彰又配上自己的畫——那些畫，以林煥彰自己的話來形容，那眞是「高興就好」的畫！

《公路邊的樹》是十年前的作品，只有二十首，最長的一首，二十四行，最短的七行，通常保持在十行至十二行間；每一行的字數往往是二至五個字，超過五字的句子不多，最長的那一首二十四行的〈朋友〉，也受到當時一字一行的風氣影響，有幾行是一字一行的「疏」「遠」「消」「瘦」。

——這是一本簡單的詩集。

林煥彰與喬林的相異處，在於：林煥彰重在「感情的牽引」，喬林則是「實事的點畫」；前者是熱的，後者是冷的；前者有我，後者無我。相同的則是：簡單的字句裏包藏著的一顆心是苦的。

林煥彰這本詩集的〈自序〉只有三句話：「告訴他們死嗎？爲什麼不告訴他們痛苦的事，人人可以體驗的。」

簡單的詩，簡單到什麼程度呢？林煥彰以爲：「作爲一個『人』，在某種情境上，是與公路邊的樹的生存條件，有著無可奈何的極爲相似之處。」因此，這本詩集的樹與人，應是疊合爲一的，寫樹即是寫人，最能統合二者情意，而又有批判精神的，是這一首詩——〈自由的鳥呢？〉

我們被分開
在路的兩邊
不等距離的，分開來
分開來
在路的兩邊
我們無所事事的
呆立著
成爲塵埃棲息的所在

然而，
鳥呢？自由的
鳥呢？

這首詩的背後，可以有許多不同的引伸，對於人與人的隔絕、冷漠，對於文明灰塵的控訴，對於自然與自由的嚮往，都可以從這首詩中得到啓發。越是一首簡單的詩，越應該有可以無限延展的能力；簡單的是語言，無限擴展的則是詩意義的各種可能。

林煥彰「簡單的詩」是這種方式的簡單。

因此，一首詩如果只從字面的意義去了解，他寫的是道樹，深入去探討，那就可以承荷許多深遠而含蓄的意義。

譬如他說：「土地是我們的」，「我們」不僅是樹而已，更該是活在這塊土地上的人群。這樣的詩可以列入政治詩之林，而且，不要忽略：這是十年前的詩。

前面提到，林煥彰的這些詩都有受苦的、悲憫的心，默默承受一切苦難，以〈天天被埋葬〉爲例，可以看出外來的埋葬力量大於內在的個性上的悲劇：

我們緊緊
擁抱，這塊
貧瘠的
土地
夏天，如受
蒸煎的魚
在龜裂的泥中，我們

張開嘴但無
哀叫的
聲息

而人，走過
車，走過
塵土飛揚，我們
天天被埋葬
但無哀叫的聲息

從第一本詩集《牧雲初集》開始，林煥彰的詩一直以受苦的生命去對抗命運，這樣的主題早已顯示在他選取「公路邊的樹」爲抒寫對象時。隨著生活型態的轉變，從一個「牧雲」的宜蘭少年，經歷「斑鳩與陷阱」的「歷程」，進入工商繁榮的公路邊，林煥彰的生命之樹暴露在暴風雨中，大量的灰塵裏，他以什麼力量去對抗命運？

我特別喜歡〈這世界很冷〉這首詩，越是受苦的人，越不該有悲觀的權利，如果他能振作、奮發，這世界就少了一個受苦的人，如果他能去幫助與他一樣受苦的人，受苦的人就更少更少了！

他說：

躺下吧！親愛的
讓黯黑的天地
看不清楚，我們
疲倦的容顏
睡吧！讓一條
單薄的床單
遮蓋我們
痛苦的顏面
讓枯萎的，在灰燼中
互相取暖

最後的一句，「讓枯萎的，在灰燼中互相取暖」，是面對死亡，踏進死亡，仍然以無奈的心情、互助的心情，去對抗命運。此詩苦，卻是卓絕的苦，宜蘭人林煥彰的地方性格透過「公路邊的樹」成爲共通的人性。

因此，以簡單語言，卓絕的苦心，從「龍族」的一員成爲「布穀鳥」主將，林煥彰以簡單的詩推展童詩，自有其必然的脈絡可循啊！

——一九八四年六月

詩人的心

認識林煥彰是民國五十九年的事，那年我剛服完預官役，從金門回到臺灣，林煥彰早已是創世紀和笠詩刊上經常發表作品的名詩人。也許因爲都是來自鄉野，我覺得他與我好像都有一股強韌的生命力，我也喜歡他與我一樣不甚標準的那口台灣腔國語，最重要的是他常以兄長的寬厚對待像我這樣比他小幾歲的寫詩的朋友。

林煥彰說話徐緩，好像艱難出口的樣子，每個字似乎都經過一番痛苦的選擇才說出來，但說出來的話語卻令人覺得溫熱有情。這樣的說話方式，其實也正是他的詩作之主要特色，出語好像笨拙，卻親切而有力。

民國五十九年，也就是西元一九七〇年，現代詩的晦澀作風因爲青年詩人逐漸成長、介入、覺醒，而有所轉變，口語化的詩語言，普遍充溢在七十年代以後的臺灣詩壇，這一年也正是煥彰、施善繼、辛牧、林佛兒與我，積極創辦「龍族詩社」之時，一個新的時代逐漸成形。

這一年，他寫了一首簡單的詩〈無心論〉：

兩個人
一顆心
不是你帶走，就是
我

所以，兩個人經常
有一個
無心

這樣的一首詩，詩義簡單，卻也負載眞理。簡單的詩義可以是抒情的，說的只是「我的心被你帶走了」，「因爲思念而心神恍忽」之類的深情的話。但，更重要的蘊含之義，應該是：因爲無心，才能結成一顆心。「無心」，可以說是「無心機」，可以說是「非故意」的，我相信，詩人的心就應該這樣，隨心之所遇而安，「雲無心而出岫」之類的天機獨到就是此義。

詩人的心，可遇而不可求。所以，林煥彰在《無心論》詩集的自序上說：「我寫詩是心裡有了感觸才寫下來的。」

《無心論》大部份的作品寫於民國六十年至七十年之間的十年，這十年間正是詩的口語化最爲白熱化的時代。林煥彰另有一本詩集《公路邊的樹》，企圖透過公路邊的樹傳達現代都市人的空虛、冷漠、隔絕、孤獨……，所用的語言也同樣是口語。口語化的語言使用在詩中，其優點爲淺白之中顯露詩意，其缺點則是欠缺含蓄美，無法發展更深遠更廣大的詩境。《無心論》的缺點顯然就在這裡。好在，林煥彰志不在此。

林煥彰自述自己成長的痕跡時，說：「我在『葡萄園』萌芽，在『笠詩刊』成長，然後與同輩詩友組織『龍族詩社』；這是我寫詩十五年的歷程。今天，我的風格之形成與詩觀的確定，也可以『葡萄園』提倡明朗『笠』注重鄉土感情底眞摯的流露，以及『龍族』追求表現民族意識，關心現實等多種看似不同，而實相貫通的精神來加以概括。」

如果以這三種不同的面貌來看《無心論》，《無心論》可以確定爲林煥彰詩作的總體表現，比起以往他的任何一本詩集《牧雲初集》、《斑鳩與陷阱》、《歷程》、《公路邊的樹》，《無心論》所涵括的時間最長，題材最寬，茲以「語言笨拙」、「抒情粗糙」、「感懷坦露」三個小目來說明。

笨拙、粗糙、坦露，這樣的三個詞語，好像在指陳詩句缺陷，其實這正是林煥彰之所以爲林煥彰的道理，台灣現代詩裡一股拙樸的詩風，彷彿素人畫家未經雕琢粉飾的原貌呈現在讀者眼前。重要的是——詩人那一顆心。

先看「**語言笨拙**」。林煥彰的詩不會有炫奇的詩句，華美的辭語，他所再三斟酌的是如何適切傳達自己心中那股蓬勃的朝氣，那股無以排解的憂怨。
以卷一〈無心論〉中的詩來看，林煥彰以「重複」顯現笨拙。
詞的重覆：

有一條河，它流過
流過我們生長的土地
有一條河，它歌唱著
歌唱高山和浩瀚不息的海洋

句的重覆：

在遠方想著
夜晚的家屋
夜晚的家屋
在遠方亮著

甚至於還有「段」的重覆，出現在〈卷四 無語問蒼天〉中，寄索忍尼辛的詩，全詩詩意只有兩句「雨水沿著電線憂憂地往我心底流著在我左眼凝成一滴淚／在我左眼凝視我內裡的那滴雨水是老天無言無語的眼淚」，在首節中，以右眼左眼的對比寫成了四句直行長句的詩，又在其次的兩節中分別再分行爲三段，末節又重覆首節的直行長句形式。這首詩如果以緩慢而低沉的音調朗誦，或許可以緩緩流出心中的感傷。

隨手舉一首笨拙的詩爲例吧！卷五裏有一首詩〈信〉——給遠方的朋友。字句重覆，段落中也有局部的重覆，全詩如下：

郵資漲了
信，我們
還要是寫
我們，不在一起
我們，不能相見
我們，有很多話要説
我們，不在一起

我們，不在一起
我們，有很多話要說
郵資漲價了
信，還是要寫

我們，要寫
長長的信
用加倍的郵資
用加倍的愛，郵寄

詩人的心表現在「用加倍的郵資」引出的「用加倍的愛」上，我們覺察了詩人的眞摯。

其次再看「**抒情粗糙**」。因爲語言的笨拙，林煥彰所抒之情也就對映地顯得有些粗糙了，卷三〈父母心〉的親情正是這樣，孩子在鐵工廠當學徒受傷，做爲父親的他當然心裏絞痛，反覆思索「成長是這樣的多災多難嗎？」全首詩幾乎都以問句寫成，從在醫院急診室裏「呻吟哀叫的一個少年，是我的小孩嗎？」開始，反覆申問，是疑是惑，更是關切：「孩子，還不用你工作的時候你爲什麼偏要去工作？」「孩子，成長是要這樣撕碎父母的心嗎？」這是不經修飾的直接問句，是焦灼的父母心。

當然粗糙之中也會有精緻的詩人的心：

「媽媽的眼淚是流進了心裏的河床又流出來了！

爸爸的眼淚是流進了心裏的河床就不再流出來了！」

不論流不流眼淚，父母都是一樣難過的。

對於友情，林煥彰仍然是眞摯而深切，不過，表現出來的也一樣是粗糙的，寫給芳明和瑞穗的〈寄友人書〉，他所懷憶的也不過是「您們的家，您們家飯後的水果／水果之後的點心，瑞穗的拿手」，就是這樣平凡的日常事物時時縈繞在心。

那麼，詩人的心又表現在那裏？

車過南京東路四段的時候
我又想起了，要在那兒下車
以爲您們還住在那裏
好像您們不曾離開過

實者，陳芳明早已負笈美國多年了，煥彰在經過南京東路四段的時候仍然會有下車的念頭，他就這樣粗糙無所雕飾地說出來了。對韓國朋友，他也如此誠心，他說：「喝眞露酒、吃韓國泡菜，我有一份特別的感情；每次想起韓國的朋友，我就會想到要吃吃這兩樣東西，好像這兩樣東西可以療慰我思念朋友的心情。」（見〈眞露〉詩後附註）。

質朴如此，粗糙如此，眞像林煥彰自己說的「只因爲我，什麼都不懂，所以我說：無所謂快樂，也無所謂不快樂。」以一株小草、一朵小花自喻，自足，這就是林煥彰詩中純眞的面貌。

最後談他的「**感懷坦露**」。譬如：對於他「不曾看過的人和不曾見過的土地」，他會忍不住的呼喚：「中國　中國」，如此直陳心中的感懷，如此坦然呼喚，是因爲心中有太多的糾結吧！詩人的心原來是易感的，「設想杯子被捏碎了以後／我該怎樣在掌中找血，在血中尋你」，捏碎杯子，寫出了詩人滿懷的悲憤了，血中尋你，則寫出了詩人不忍的情意。對於文化中國，無法理清的愛與悲，或許只有忍不住的呼喚「中國　中國」最爲適切吧！

對於鄉土的感懷他坦白洩露：

「我確確實實感覺到
生我育我的土地，最最可靠」

讀林煥彰的詩，我們知道他說了一些什麼，坦露、粗糙、重覆，都在我們眼前一一呈現，然而，最重要的，我們也讀到一顆生意勃勃的詩人的心。因爲有這樣的一顆詩人細膩的心，我們反而喜歡林煥彰的率眞，不假虛飾、不假思索。

就以歲月的感懷而言吧！在黑髮覆蓋下的白髮，往往令人忍不住去拔除，但是，年老以後，滿頭白髮是不是又成爲智慧的象徵？這樣的理念，一般人都能認同的，林煥彰寫成《無心論》詩集中最完善的一首詩〈隱藏的歲月〉，讀者當然很容易地就和他一起找到了歲月的秘密。

隱藏的歲月

四十歲就會有
銀色的
白髮，一根一根的
隱藏在黑色的森林中
閃閃發光
而我的眼睛，因不習慣於它們
那樣輝煌的
顏色，我的手竟致

一絲一絲的，撥開它們
歲月，這算不算是一種隱藏？
如果，六十歲的時候
黑髮只是白雪覆蓋著的
一些雜草，
而我的手
也像現在的我
一根一根的，撥開來
也一根一根的把它們拔掉
歲月，那算不算是一種智慧？

寫詩二十多年，林煥彰的詩集一直是薄薄的本子，隔一段時間出一冊，這就是他的另一種「無心」吧！讀他的詩，說不定我們也會喜歡他的人生哲學，有些事眞是高興就好，快樂就好。詩中不一定有黃金屋，讀林煥彰的詩，要以「無心」之心去遇，喜歡就好。

——一九八五年十二月

綻開愛與生命的花樹

——談席慕蓉

據說她是一棵來自天上的樹，在人間開滿了繁花。據說她是「一條適意而流的江河」，「在自己的血脈中聽見河水的淙淙，在自己的黑髮中隱見河川的流瀉。」（張曉風語）。據說她的詩更是清朗陰柔，讀來如讀一地的月光……。

現代詩發展六十多年來，眞有這樣的詩與詩人嗎？我翻開《七里香》尋求現代詩的另一種可能。

全本詩集共收入六十三首詩，最早的一首寫於民國四十八年八月，最近的兩首則寫於七十年三月，其中相距二十二年，二十二年的時光是不是在詩藝上有著相當大的殊異呢？試看她的〈成熟〉與〈悲歌〉：

童年的夢幻褪色了
不再是 祇願做一隻
長了翅膀的小精靈

有月亮的晚上
倚在窗前的
是漸呈修長的雙手
將火熱的頰貼在石欄上
在古長春藤的蔭裏
有螢火在游

不再寫流水帳似的日記了
換成了密密的
模糊的字跡
在一頁頁深藍淺藍的淚痕裏
有著誰都不知道的語句

——〈成熟〉，48年8月作品

今生將不再見你

只爲　再見的
已不是你
心中的你已永不再現
再現的只是些滄桑的
日月和流年

——〈悲歌〉，70年3月作品

這兩首詩，顯然呈露了詩人對時間與青春的敏感，〈成熟〉這首詩迎迓著不識愁滋味的青春，〈悲歌〉則送走了青春華年，在詩的表現態度與方法上，有著相似的軌跡，我們不會感覺前者的稚嫩，也不以爲後者技巧就比前首老練！那麼，相距二十二年的詩作卻有著相似的風貌，這點事實說明了什麼呢？我以爲，這件事實說明了席慕蓉心中成熟的歌詩定義，二十二年來（或許更久）她一直認爲：詩，就應該是這個樣子。根據這兩首詩，我們相信席慕蓉根深蒂固的觀念是「詩必須叶韻」，「語言必須美而親近」。如果以此驗證《七里香》詩集，大約就是這兩種特色的衍化與擴充。

席慕蓉初中就開始寫詩（十三歲起），但她並不刻意去捕捉詩意，醞釀詩情，「我只是安靜地等待著，在燈下，在芳香的夜晚，等待它來到我的心中。」可以說，是詩找上她，而不是她去覓尋詩句，因此，雖然她的詩都有押韻效果，卻能免除斧鑿之痕，水到而渠成，也因此，詩的產量並不多，二十二年來第一本詩集的《七里香》就只有這六十三首，而且，大部份作品都是六十七年以後所寫，四十八年至六十六年間只提供了八首，六十七年的作品則有七首，六十八年與六十九年產量最豐，分別是二十七首與十六首，佔整本詩集的三分之二，是不是從這時候開始，她在石門鄉居安定了生活，也安定了心緒呢？

《七里香》透露出的卻是一種永遠的滿足與頌贊，透過詩，席慕蓉說她因此才看到自己，「知道自己正處在生命中最美麗的時刻，所有繁複的花瓣正一層一層地舒開，所有甘如醇蜜、澀如黃蓮的感覺正交織地在我心中存在。」讀這樣的詩，我們相信詩人「一直在被寵愛與被保護的環境裏成長」，戰亂與流離被擋在門外，生活的苦難與情愛的折磨，也一樣從未進入她的詩中。席慕蓉期冀「絕對的愛情」：「絕對的寬容、絕對的眞摯、絕對的無怨、和絕對的美麗」。她在詩中描摹這樣的詩境，這樣的詩境是一般人所怯於相信的。（以上所引，見詩集後記〈一條河流的夢〉）。

張曉風在詩集序文〈江河〉中也有這樣的怯疑表示：

「記得初見她的詩和畫，本能的有點趦趄猶疑，因爲一時決定不了要不要去喜歡。因爲她提供的東西太美，美得太純潔了一點，使身爲現代人的我們有點不敢置信。通常，在我們不幸的經驗裏，太美的東西如果不是虛假就是浮濫，但僅僅經過一小段的掙扎，我開始喜歡她詩文中獨特的那種清麗。」

在題材上，席慕蓉的詩有「獨特的」「清麗」，我們無法予以恰當的歸屬。如果是「情詩」，應該有詩人自知的對象，如《七里香》中〈美麗的時刻〉這輯詩（共五首），寫給特定的人。除此之外，《七里香》集中的情境都是詩人擬設的美，這種美幾乎是不食人間煙火的美，令人不敢相信卻不能不喜歡，以〈一棵開花的樹〉爲例來說，她將痴情女子比喻爲一棵花樹，長在情人必經的路旁，期能結一段塵緣：

當你走近　請你細聽
那顫抖的葉是我等待的熱情
而當你終於無視地走過
在你身後落了一地的
朋友啊　那不是花瓣
是我凋零的心

這樣的美是讓人不敢觸及的，席慕蓉擬設這種脫俗的美，就像一支出塵不染的荷，引人想望接近又不敢相親，如果不是晶瑩剔透的心思，何能至此！席慕蓉的詩是她自己擬設的世界，不會有炎夏酷冬，不會有狂風驟雨，就像她揷畫裏飄揚的髮絲，和柔的女體，還有那不盡的細點彷彿不盡的心意。時代、社會、生活，從未俯視她的天空，如果有，也是和諧輕柔的君臨。〈隱痛〉輯中的八首鄉愁詩，應該與生活有著較爲密緊的觸接，表現在詩中時，卻也是輕輕地互切而過，留下一點淡淡的疼痛。「故鄉的面貌卻是一種模糊的悵惘／彷彿霧裏的揮手別離」。鄉愁，就是一種愛，蒙古是席慕蓉從沒見過的故鄉，但她的詩中仍然回應著蒙古的呼喚，「他們說這高氣壓是從蒙古來的」，迎向這獵獵的風沙，也使她淚滿衣裳。爲什麼會這樣呢？時代、社會、生活的影子不曾出現在她的詩中，爲什麼鄉愁卻成爲她詩中的隱痛，隱隱作痛！是不是也因爲鄉愁是一種不能碰觸的「美」？

席慕蓉有她自己的詩的世界，單純的世界，如果詩是從生活中來，席慕蓉却將世俗的物塵全面濾除，她在舖設詩的另一種可能。席慕蓉眞正寫詩的年代，應該是民國六十七年以後，詩齡很短，也很少接觸現代詩壇其他詩家的作品，她不受誰影響，看不出任何古今詩人的影子，他的詩是一個獨立的世界，自生自長，自圖自詩，不知有漢，無論魏晉，是詩國一處獨立自存的桃花源。

因此，如果仔細審察《七里香》，或可體悟到眞正的詩心是什麼。大學時代，席慕蓉已會作詩塡詞，古典詩歌的含蓄精神、婉約性格、溫柔氣質，自然從她的詩中透露出來，不過，她運用的是現代白話，語言的舒散感覺又比古典詩詞更讓人易於親近。同時，她不曾浸染於現代詩掙扎蛻化的歷程，她的語言不似一般現代詩那樣高亢、奇絕，蒙古塞外的豪邁之風很適合現代詩，卻未曾重現在她的語字間，清流一般的語言則成爲她的一個主要面貌。〈千年的願望〉這首詩呈現了上述的語言特徵，也顯示了自古以來詩人所共同首肯的詩心所在：

總希望
二十歲的那個月夜
能再回來
再重新活那麼一次
然而
商時風
唐時雨
多少枝花
多少個閒情的少女
想她們在玉階上轉回以後
也只能枉然地剪下玫瑰
插入瓶中

我們可以感覺出來，千年的願望是什麼，願望未能如意時又如何呢？「剪下玫瑰，插入瓶中」，其中的哀怨與無奈，實不必多言，詩意要在這時才呈現出來。這不就是古詩的含蓄、新詩的意象嗎？

《七里香》所傳佈的芬芳，是一種才情的散發，更是現代詩衍展過程裏，岔生出來的另一種可能，我們或許也該珍惜這種可能，放緩我們的脚步。

——一九八一年十月

向孩子說些什麼？

——讀吳晟的《向孩子說》

一般認爲吳晟是奠定鄉土詩明確面貌的詩人，什麼是鄉土詩呢？鄉土詩有幾個共同的特色，那就是以鄉土的語言，寫作鄉土的人、事、物，表達濃厚的鄉土感情。這三項缺一不可。吳晟寫作鄉土詩已久，作品極多，顯然已經成爲他的特色了！

《向孩子說》這一系列作品，可以看做是「鄉土詩」的變貌，因爲他向孩子說的內容，大約是經濟結構變遷下的社會，我們要能守住田園，守住樸拙，不要爲都市的浮華、虛僞所迷惑。也就是說，《向孩子說》不是兒童詩，這裏沒有童心、沒有童趣，當然也沒有童年生活的記錄，要想從這本詩集中了解鄉下兒童的生活、鄉下兒童的想法，是不可能的。這是一本成年人以成年人的想法企圖灌注於兒童的「家訓詩」。

在〈序詩〉——〈阿爸偶爾寫的詩〉中，吳晟說這些詩「沒有英雄式的宣言」、「沒有輝煌的歌頌」、「沒有繽紛耀眼的光采」、「沒有華麗迷人的詞句」，這些都說對了，它很平實，平白，淺顯可懂，但也不是鄉土語言，整本詩集充滿了修飾後的對仗性的句子，如上引四句即是，還有像「而你們要堅持／非關自卑或自傲的自尊」這樣文雅的詩句，也充滿在詩冊中，所以說它是鄉土詩的變貌，它用平白的語言，但不具有強烈的鄉土性。

《向孩子說》不是兒童詩，是鄉土詩的變貌，主要的詩思永遠逗留在抗拒都市文明這點上，意識十分具體、明顯而強烈。這本詩集考慮的是：我要表達的是什麼意識，而不是孩子能接受什麼，嚴格說，應該是「限制級」的——兒童不宜。

以〈阿爸確信〉爲例：

因爲你們身上沾滿了泥巴
他們竟說，你們是骯髒的
因爲你們不會說bye bye
他們竟說，你們是愚笨的
因爲你們的粗布衣裳和赤足
他們竟說，你們是粗俗的
因爲你們不喜歡誇示自己

又不善於花巧的言語
他們竟說，你們是自卑的
孩子呀！無論他們怎麼說
阿爸確信，你們是最乾淨的孩子
阿爸確信，你們深深的凝視最動人
阿爸確信，你們樸素的衣著最漂亮
而你們要堅持
非關自卑或自傲的自尊

在這首詩，「他們」是誰呢？他們不可能是鄉下裏其他的孩子，因爲他們也一樣沾滿泥巴，不喜歡誇示。顯然，「他們」是指都市人，都市人不穿粗布衣裳、不赤足，他們說bye bye不說再見。然而，「他們竟說」，是都市人眞的面對孩子說的嗎？或者我們要問：他們眞的說了嗎？可見這種對立的說詞來自吳晟強烈的意識。

吳晟在這本詩集裏表現強烈的排他性，要以鄉土對抗外來的力量，要以純眞對抗浮華和權勢。譬如〈成長〉一詩說：「在沒有掌聲的環境中默默成長的孩子，長大後，才不會使盡手段搶鏡頭，不習慣遭受冷落。」「在沒有玩具的環境中辛勤地成長的孩子，長大後，才不會將別人也當做自己的玩具。」這樣的句子都只是吳晟個人的意識觀念，其中是否有必然的關連性，卻也未必然。沒有掌聲的環境中成長的孩子，會遭受冷落嗎？他就不會不習慣遭受冷落嗎？沒有玩具的孩子就不會把別人當做玩具嗎？鄉下孩子有鄉下孩子的玩具呀！

可以說，《向孩子說》是一個「面具」而已，吳晟所要傳達的是他心中十分明晰的意念，泥土、鄉村、孩子，就吳晟而言，是傳達他的觀念的工具，其實並無不同。

不過，異於《吾鄉印象》時期的吳晟，《向孩子說》裏，有著較爲寬廣的胸懷，從鄉土延伸到國土，從孩子延伸到親情。也延伸到生存的心態與意志。

國中課本曾經選錄他集中的第一首詩〈負荷〉：

下班之後，便是黃昏了
偶爾也望一望絢麗的晚霞
卻不再逗留
因爲你們仰向阿爸的小臉
透露更多的期待
加班之後，便是深夜了

偶爾也望一望燦爛的星空
卻不再沉迷
因爲你們熟睡的小臉
比星空更迷人

阿爸每日每日的上下班
有如自你們手中使勁拋出的陀螺
繞著你們轉呀轉
將阿爸激越的豪情
逐一轉爲綿長而細密的柔情
就像阿公和阿媽
爲阿爸織就了一生
綿長而細密的呵護
孩子呀！阿爸也沒有任何怨言
只因這是生命中

最沉重
也是最甜蜜的負荷

綜觀這首詩，主題意識明確，將父母爲子女所做的犧牲，毫無保留地表露出來。前面兩段句型結構相同，下班或加班以後，已是黃昏或深夜。這兩句隱約暗示了父母工作的辛苦。絢麗的晚霞、燦爛的星空，都不能讓他們逗留、沉迷，因爲他們急於回家享受天倫之樂，孩子期待父母，父母疼惜子女，這是緊緊維繫中國文化的孝慈之德，在這兩段詩中隱隱透露出來。

第三段以陀螺的旋轉來比喻父母爲子女而奔波，忙得團團轉的樣子，這就是生活的負荷，每一個男人在未有孩子以前都有雄心大志，氣呑三江五湖，豪情激越，但是，孩子出世以後，爲了家庭，爲了孩子，爲生活而忙得團團轉時，萬丈豪情衰竭了，黯淡了，轉成了柔情。爲照顧孩子，陽剛的豪情轉爲柔情，粗疏的心轉爲細膩，這是一種對比，一種犧牲。

但是這種爲子女所做的犧牲，並不是從我們這一代開始，我們的上一代也是綿長而細密地呵護著我們的一生，他們沒有怨言，我們也沒有怨言，這就是中國文化，倫理精神，一代一代承傳而來，下一代的孩子們也該承傳下去，綿延不絕。「爲阿爸織就了一生綿長而細密的呵護」，在這裏，吳晟用「織就」兩字，雖然嫌文了一點，但那種呵護的仔細與綿長，卻也唯有「織」字可以表達。

爲什麼說是「最沉重」也是「最甜蜜」的負荷呢?這在前面三段都已有了伏筆,如下班很晚,還要加班到深夜,生活忙得如陀螺一樣旋轉不停,呵護兒女是要用「一生」的時光去呵護,這都顯示了負荷的「沉重」,而小臉的期待、迷人,倫理文化的傳承,卻是最甜蜜的啊!

親情是人間最自然最直率的一份情,如果能基於這份親情,擴展爲人間愛,鄉土詩人吳晟就更能突破目前他自己所限定的藩籬了!

在〈阿媽不是詩人〉這首詩中,把三代親情繫連在一起,以「盡心盡力流汗,一滴一滴滋養家鄉的田地」寫盡農夫農婦爲台灣土地所奉獻的血汗,極具力量,雖然詩人不一定「安適飄逸幽雅閒愁」,但拿來襯托農婦的辛勤,仍然十分具有對映的震撼作用。

忙碌操勞的阿媽
不是詩人
不懂安適飄逸幽雅閒愁
艱苦的一生中
只知道盡心盡力流汗
一滴一滴滋養家鄉的田地

孩子呀！而你們要細心閱讀
阿媽寫在泥土上的每一步足跡
——不是詩人的阿媽
才是眞正的詩人

對於臺灣——一張蕃藷一樣的地圖，所有的悲苦與榮譽，一代一代默默接下堅韌的鋤頭、堅韌的扁擔，吳晟對於孩子也有所告誡，這樣的「家訓詩」在這時時代就更具意義了：

阿爸從阿公木訥的口中
就如阿公從阿祖
默默傳下安分的告誡
說呀說！千說萬說
記錄了這一張蕃藷地圖
多難的歷史
雖然，有些人不願提起
甚至急於切斷

和這張地圖的血緣關係
孩子呀！你們莫忘記
阿爸從阿公笨重的脚印
就如阿公從阿祖
一步一步踏過來的艱苦
——〈蕃諸地圖〉

對於國父與中國，那是更大的愛，更大的鄉土，吳晟眞的再一次突破「吾鄉」的「印象」，望向更廣遠的未來，更開闊的空間，爲了下一代，開展更寬大的胸襟。

《向孩子說》有生活上的體悟與訓示：

無論多麼不合理的事
困擾你，打擊你
孩子呀！即使忍不住流了淚
也要立刻擦乾淨
太多的眼淚

會使你認不清自己該走的道路

——〈若 是〉

《向孩子說》也有從生活上的細節延展到家國之愛：

有人爲了應應景
有人當做裝飾
四處張貼了好聽的標語
又匆匆爲各自的逸樂打算
唱過了國父紀念歌
呼過了口號
孩子呀！不要一哄而散

——〈十一月十二日〉

從鄉土到國土，從鄉人到國人，從農婦到國父，吳晟的路應該越走越寬，這樣的省思是吳晟個人的，也應該是所有文學工作者的。

——一九八五年十二月

從諧趣中劈出詩的天地

——談羅青

司馬遷是中國撰寫歷史的史官、學者之中，眞正可以稱爲歷史家的最傑出的人，他的眼光與見識往往凌越一般短視的「現實」的紀錄者或批判者。譬如說，一向認爲中國的民族性趨於嚴肅、呆板、不知幽默，司馬遷獨反衆議，爲「滑稽」立傳，解忿決難，往往是不合理的一兩句話，與原意背道而馳的結果是合乎原意，這樣的滑稽者向來爲專家學者所疏忽，司馬遷之後，似乎再也難以找到眞正具有了解滑稽的眞義，了解一言以解紛的史識的人。

詩人之中也不容易找到如司馬遷之了解滑稽深義的人。將中國詩的火種從大陸帶到台灣的詩人紀弦，偶而卻有這類諧趣作品，他的〈脫襪吟〉這樣寫：

何其臭的襪子，
何其臭的脚，
這是流浪人的襪子，
流浪人的脚

沒有家，
也沒有親人。
家呀，親人呀，
何其生疏的東西呀！

吟「脫襪」爲詩，必須具有超乎常情常理的機智，必須有一點幽默的心態來觀察事物，從諧趣入手而有足夠令人深思之處。紀弦的〈脫襪吟〉確實能掌握流浪者深沉的悲哀，讓人從諧趣的心境逐漸感知傷痛。

眞正以諧趣爲寫詩之主要手段者，當推年輕一輩寫詩頗具聲譽的羅青，如果說羅青的聲譽有部份的因素是建立於諧趣的詩意，容或有不恭之處，卻也有幾分事實。羅青出版過四本詩集：《吃西瓜的方法》、《神州豪俠傳》、《捉賊記》、《水稻之歌》，前三本詩集的書名就已具有相當別致的趣味性，據羅青表示：《吃西瓜的方法》還曾與食譜類書籍排放在一起出售，「吃西瓜」還有什麼「方法」呢？啓人一疑，逗人一笑，諧趣自在其中，說不定《神州豪俠傳》還眞與金庸小說平起平坐！第四本詩集《水稻之歌》，未取諧趣書名，是因爲這首詩曾被選入國中國文課本，風靡一時，如果瀏覽一下「水稻之歌」目錄，這些題目也足夠顯示其中的諧趣性相當深濃：〈戀愛報告書〉、

〈炒菜該放多少鹽〉、〈兩個孩子恰恰好〉、〈怎樣爲自己理髮〉、〈就是大專聯考沒有錯〉、〈抹布與稿紙〉、〈如何抵抗暮色〉……

以此書中比較中性的〈黑暗化驗表〉來看，羅青詩語言的特色：一是語言的相對性，一是語言的諧趣性，這兩點又往往相合爲一，也就是說，語言的相對性是爲了詩的諧趣性。這首詩共分六段，每段三行。前面兩段是這樣：「你我都不了解／最白最純的輕霧／是由最黑最濃的夜化成」，「而唯有最純最濃的霧夜／才能產生最明最亮的／霧水與星星」。純白與濃黑就是語言的相對，霧在夜間化生是主旨，黑白相對是爲了諧趣而已。霧夜相合不能視爲黑白相合，所以乃以「純」「濃」修飾，而其重點則在「夜」，夜是「濃黑」，才與「霧水與星星」明亮相對。這兩段的句式相同，霧之與夜，夜之與星，能以如此簡單而顯明的對比予以刻畫，這是羅青相對性語言運用妥切的結果。

諧趣的造成，需要誇張、幻想，以達成「無理而有趣」的效果，因此，在羅青的詩中，源於時事，批判現實的作品不多，如果是以現實爲基礎的作品，只好添加想像力，轉移正常結局，製造高潮，其中以「爲抗戰中死難的同胞而作」的〈四十年〉最具代表性，此詩五段，每段兩行：

遇見他，已是四十年前的事了
嫁給他，也是四十年前的事了

四處流浪了四十年
看了無數次煙火，搬了無數次家

若有兒女，也該四十歲了
若有孫子，也該四十個了

唉，只可嘆四十年前，我就
隨他離開了那兵荒馬亂的老家

四十年前呵，他就隨我
離開了這兵荒馬亂的世界

讀此詩，心情自應沉痛，羅青仍以諧趣的筆法來寫，仍以相對的文字來推衍，一、二、三段都是明顯的對句，四、五段則以「段」相對，「我就隨他」——「他就隨我」，「兵荒馬亂的老家」——「兵荒馬亂的世界」，更是一個諧趣句式的高潮。第三段「兒女四十歲」、「孫子四十個」，則以數字的巧合製造諧趣。諧趣不一定好笑，有時也讓人心爲之疼痛的！

羅青以相對句法、諧趣筆調寫這樣的悼亡詩，顯見他的藝術技巧極爲高邁，不愧其聲譽之隆。但是，名詩人終究不是大詩人，司馬遷的磅礴不僅在爲滑稽立傳而已，「究天人之際，通古今之變，成一家之言」，羅青如能深潛於中國文化的探索，或許將是我們可以期待的大詩人！

——一九八九年八月

十行天地兩行淚

——論向陽的「十行詩」

一

在〈悲與喜交集的新律詩〉（收入《燈下燈》書中，東大圖書公司印行）論文裏，我曾指出「向陽是一個詩的形式的堅持者」，向陽的詩作中，詩的節數以偶數爲主，佔百分之八十以上，每節的行數以五行爲多，佔百分之七十，他最激賞、且最常用的，則是十行詩，每首兩節，每節五行，「十行詩」成爲向陽的招牌詩，與他的「方言詩」，同享盛名。

向陽的第一首十行詩是〈聽雨〉，寫於民國六十三年十一月，最近的一首是〈觀念〉，寫於七十三年四月，前後十年間，一共創作了七十二首十行詩，大部分的作品集中於六十五年、六十六年、六十七年、六十八年，是他創作十行詩的鼎盛時期。六十五年的作品，大約二十首，輯爲一卷，稱之爲〈小站〉，曾收進向陽的第一本集《銀杏的仰望》中。六十六至六十九年的十行詩，約三十首，也輯爲一卷，稱之爲〈草根〉，是向陽第二本詩集《種籽》的重要內容，憑以榮獲國家文藝獎的主力所在。七十一年以後的十行詩，在內容上又有新的突破，向陽將這三年的十行詩命名爲〈立場〉，他說：「如果忘掉不同路向，我會答覆你，人類雙脚所踏，都是故鄉。」

如今，七十二首十行詩，完整地呈現在我們面前時，我們發現向陽自己說的「前期立意寫十行，多少總爲了要自鑄格律，是拿著形式的籠子來抓合適的鳥；後期雖有十行的形式，但已偏向於精神層面的發掘。」而且，這種「固定行數成節，固定節數成篇」的方式，「其實也正是對於詩想的自我冶鍊與棄取，詩想可能有十分，經過形式的裁定，大約只能用其五分。如果詩想單純，五分可以使之精粹；如果詩想繁複，五分適足以除其蕪雜。」（以上引文，取自向陽的〈試以十行寫天地——我爲何及如何從事十行詩創作〉，詳見拙著《現代詩入門》）

二

十行詩分爲兩節，就是一個單純的對比，寫作的方法可以先起承，而後有轉合，在呼應與結構上，都能容易掌握，向陽甚至於有全首都以對比方式寫成的，足證他對律詩的格律有相當深的執著。〈水歌〉寫的是似「水」年華，寫的是君子之交淡如「水」，喝著水酒，向前看二十年，向後看二十年，會有什麼樣的感觸、向陽以全然的對比來寫：

乾杯。二十年後
想必都已老去，一如葉落

遍地。園中此時小徑暗幽
且讓我聯袂
夜遊，掌起燈火

隨意。二十年前
猶是十分年輕，一如花開
繁枝。樹下明晨落紅勾雨
請聽我們西窗
吟哦，慢唱秋色

「乾杯」與「隨意」正是年少豪情與中年心境的絕佳寫照，簡單的兩個字，分別勾勒了不同的情景，年輕時正該「秉燭夜遊」，古詩說的「晝短苦夜長，何不秉燭遊？」不要等二十年後，「葉落遍地」，再來追懷、感傷！反觀喝酒只能「隨意」的年紀，剪燭西窗，慢唱秋色，面對的是落紅勾雨，想起二十年前，「花開繁枝」又能如何呢？如水一樣不停的年華裏，如水一樣不停的友誼中，向陽將之截流攬取，兩相對比，顯現了向陽的「早熟」，早熟的詩想——這時的向陽才二十二歲。

類似這種對比性的詩篇，譬如〈雨落〉裏老少的對比，該去「闖蕩」，還是「回家」呢？向陽並不提示答案。〈霧落〉裏父與子的交替，父親像是爲鏗鏘的斧斤所斫倒的巨木，逐漸隱退，而他自己則是「開始發芽的小樹」，終究會成長。對比的用法一直在他的詩中反覆出現，〈雨落〉、〈霧落〉也都是兩節全然的對比，即使是最近的一首〈觀念〉，兩節裏的中間一行，分別是「相同景觀，在不同的管道中」與「不同景觀，出自相異的心境」，仍然以對比句型出現，可以說，自始至終，向陽隱隱約約所要維護的是對詩對偶的一份精髓。

不僅如此，〈霧落〉的最後兩行以這樣的對比出現：

緩慢地，我展讀父親遺下的信
迅速地，霧來窗裏讀我的眼睛

淚眼矇矓，霧中看信，外在的景與內在的情就這樣不著痕跡，交融在一起，所謂「哀而不怨」、「溫柔敦厚」，就是這樣表現。

在第一階段的十行詩裏，向陽還寫有〈閨怨〉三首，閨怨的詩，原應是疆土拓闊的唐朝，戍人出征的時代，伴隨鄉愁、邊塞詩而出現的，竟然在七十年代青年詩人向陽的詩冊中存留，這其中所暗喻的仍然是向陽不甘放棄屬於中國文化的那一分牽繫之情。

閨怨詩的第一首是〈未歸〉：

餘暉已緩緩將布坊的流漿染成
一片驚心，閣樓上許多機杼
碌碌織著窗頭暗啞的斜陽

水聲潺潺，前年夏天
雀鳥在簷下走失且忘記窗的招喚

自從去冬下廚總記得用雪花
當做調味的鹽巴，每道菜
都標出鞋的里程與風的級數
枯葉打今秋便簌簌地落下
或者花仍要到明春方才綻放

這首詩，張漢良曾指出「最成功之處便是作者捨『情』不寫，而描繪景物。這些景物全部都是妻子心境的客觀影射。作者執意把第一人稱的『我』去掉，使其感情外延到景物之上。此等暗示手法是寫情最高境界，也正是艾略特所樂道的客觀影射。」

以第二節而言，「雪花當做調味的鹽巴」，表現了丈夫不在連做飯也無興致，寫出生活的淒冷。「每道菜都標出鞋的里程與風的級數」，則是妻子進餐時的繫掛，漂泊在外的遊子如何櫛風沐雨，如何走踏萬里，都含蘊在其中了。「枯葉」在今秋飄零，不止是妻子的寫照嗎？花到明春才綻放，是否意味著期待丈夫返鄉的一線希望？

張漢良還指出：「本詩極重要的意象之一便是時間，除了開始蕭條的黃昏景象外，夏、冬、秋、春以及伴隨它們的自然意象先後出現，交代出時間的推移，也暗示時序遞嬗對人情緒的影響。」張漢良說：「向陽此詩已得傳統閨怨詩眞昧。」（引自《現代詩導讀》）

小小的十行天地，涵容了前年夏天、去冬、今秋、明春的許多事，十行詩的精鍊與豐富，於此可見。向陽寫詩的功力在〈小站〉出發時，便已具體發揮了！

三

如果說卷一的〈小站〉是「情的世界」，那麼，卷二的〈草根〉就是「景的天地」，情是小我的情，景是大地的景。向陽自己的析釋，這樣說：

就《銀杏的仰望》中所收二十首十行而言，如〈小站〉寫思鄉、〈懷人〉念故舊、〈窗盼〉寫情、〈未歸〉寫閨怨、〈山月〉寫愛……大抵皆偏向於小我之情，其語言亦較濃稠，琢磨也較甚，使用的技巧或比或興，頗近「小令」，以短短十行，寫小我一念、幻暫一景，的確是可以勝任，也好發揮的。

而在〈種籽〉中所收的三十首十行，便出現了〈飛鳥〉的高曠、〈森林〉的直拗、〈原野〉的剛健、〈草根〉的強韌、〈風燈〉的執著、〈種籽〉的追尋、〈傷痕〉的現實……等一類像大我之情的詩作，語言也隨之放淡，使用的技巧則以「賦」爲多，其幅射層面亦廣及天地。（以上均見向陽〈試以十行寫天地〉一文）

注意向陽所說的「高曠、直拗、剛健、強韌……」等等，都是他個人主觀的理念表示，他自我期許的目標，能否達成，則非作者所能控制。但是，如果我們注意他的題目，可以發現六十七、八年的向陽正在軍營中，逐水草而居，臺北、樹林、溪頭、小港，遊旅之處廣，所能見到的大自然景物也就多了，看看這些題目，就可以知道天地雖廣，也不外乎是：

山色、飛鳥、森林，孤煙、沼澤、原野、夜空、殘菊、草根、疏星、流雨、風燈、絕壁、對月、春雨、晚曇、野原、種籽、水月……

這些都是目之履歷所及，舉目可見之物，與它們所繫的，應是抽象的感情，譬如「高曠、直拗、剛健、強韌」等等。

以〈種籽〉而言：

除非毅然離開靠託的美麗花冠

我只能俯聞到枝枒枯萎的聲音
一切溫香、蜂蝶和昔日，都要
隨風飄散。除非拒絕綠葉掩護
我才可以等待泥土爆破的心驚

但擇居山陵便緣慳於野原空曠
棲止海濱，則失落溪澗的洗滌
天與地之間，如是廣闊而狹仄
我飄我飛我蕩，僅為尋求固定
適合自己，去紮根繁殖的土地

生命的第一個意義便是決志——拒絕保護，尋求突破。因此要毅然離開美麗的花冠，告別枝枒，甚至於拒絕綠葉的蔭護，才有「等待泥土爆破的心驚」！

生命的第二個意義則是抉擇——要山陵的挺拔，還是野原的空曠？棲止海濱，還是接受溪澗的洗滌、〈種籽〉追尋的是可以繁殖的土地，它必須抉擇！

這時候的向陽心中有著極大的企圖，他要以大地的萬事萬物來象徵生命的情、意、志。大自然雄渾而磅礴的力量，進駐在他的心中，表現在他的詩裏。

這樣的詩，最好也不過是情景交融，究其極也不過是詠物而已！還不是詩的終極目標。但是，我們不可忽略，沒有經過這個階段，就像種籽飄飛，找不到固定而合適的土地，詩人的詩想仍然沒有落地生根的時候。

第二階段的十行詩，是景、物的尋求，尋求適當的景、物，來承載詩人的詩想。——向陽選擇了山色、飛鳥、森林、孤煙……

四

回到人的世界上來！

十行詩的第三階段，向陽探詢人的「立場」。轉變顯明的一首詩是〈村景〉，寫於七十一年十二月，向陽的〈村景〉不同於〈草根〉時期的寫法，放棄了抽象理念的傳達，以「事」來推展詩意，不再是靜態的景與物的展示，而是立體的、動態的、「事」的貫串。〈村景〉中有了在晨曦中默默刷洗著青春的浣衣婦女，有了偎在母親背上睡著的嬰兒，不單單是村之景而已，其中已有了村之事！

有時候，不一定是事件在詩中演示，而是因事起興，詩句是因事而鑄就，〈歎息〉的後半節這樣寫：

從被蠹蟲蛀蝕過的書冊中
從被廢水浸蝕過的稻禾內
從被砲彈噬蝕過的殘堡裏
以最深沉的分貝，世界
把歎息傳給已經聾聵的人類

每一句詩的背後都是一件沉痛的、難以解決的問題，都是一件苦事。

因此，這個時期的向陽，他說「寒流」，就不是指著天候裏的寒流，而是一種冷酷的意見——關於民謠史的演變，有些歌謠是不是殘花的問題！

回過頭去看第二階段的詩，哀西單民主牆的〈痕傷〉十行，因爲是寫於六十八年十二月，所以他這樣表現：

所謂痕，是已戳遍的刀口
譬如岸與溪爭執，雛菊
向暴雨爭永遠的怒放

那種的，一條決定
箝制我們原不受箝制的，傷

激昂、壯烈的史事，「詠物期」的向陽將它冷凝了！
顯然，向陽在處理西單民主牆時，省略了「人」！
連這樣壯烈的大事件都如此處理，可以明顯看出兩個階段的向陽截然不同的表達方式。
那麼，向陽的「立場」如何呢？

你問我立場，沉默地
我望著天空的飛鳥而拒絕
答腔，在人群中我們一樣
呼吸空氣、喜樂或哀傷
站著，且在同一塊土地上
不一樣的是眼光，我們
同時目睹馬路兩旁，衆多

腳步來來往往。如果忘掉
不同路向，我會答覆你
人類雙腳所踏，都是故鄉

當很多人為「結」所困而爭辯不已的時候，我們是否也能「望著天空的飛鳥」，說：「人類雙腳所踏，都是故鄉！」

編輯「七十二年詩選」時，我特別喜愛莊垂明的一首小詩〈瞭望臺上〉：

指向前面
嚮導說：
「那就是邊界
不可擅越」
站在落馬洲的瞭望臺上
我偷問蒼鷹
凜風、鳴蟲

什麼叫做邊界
他們都說：
「不懂」

我在「編者按語」中指出：

鄭愁予的〈邊界酒店〉說：「不能跨出一步，一步即成鄉愁」。莊垂明在〈瞭望臺上〉說：「那就是邊界，不可擅越。」——爲什麼現代人的邊塞詩不在西北荒原，卻在東南水域？

莊垂明此詩又顯示著另一個意義：人爲的政治力量才會有邊界，對於大自然的蒼鷹、凜風、鳴蟲，牠們是無所謂邊界的。——這點，值得所有人類深思。

以向陽的〈立場〉與莊垂明的詩合觀，詩人、文學藝術工作者，是否都能抱持這樣寬廣的胸襟？天地是無限的寬廣，路是無限的寬廣，文學也該是無限的寬廣。

以〈立場〉爲題，似乎嚴肅了些，向陽的十行詩一開始就是嚴肅的，不僅詩篇整十行，連詩題永遠都是兩個字，因此，以〈立場〉爲題，不足爲奇。不過，如果能「談笑間，檣櫓灰飛煙滅」，是否更爲傑出、動人？向陽的「方言詩」往往帶有一點令人忍俊不禁的趣味，爲什麼在「十行詩」中反而欠缺了！若能適量添加，是否更爲引人？眼淚，有時應該是笑出來的，所以〈制服〉這首詩應是一首完善的好詩，我們欣賞批判，也欣賞滑稽，更欣賞笑出來的眼淚。

引錄這首詩做結，相信向陽和讀者都能從其中領悟〈制服〉和「制服」的道理：

他們穿著一致的服裝，擺盪
一致的手臂，邁出一致的步伐
走在春草茸茸的路上，滿意地
把眉、嘴唇、肩膀靠攏成
水平線——仔細丈量沉靜的野原
甚至連風也不敢咳嗽。他們
砍伐了自高自大的樹木，修剪
枝葉分歧的花草，最後一致
仰首搖頭——身爲地上的園丁
當然制服不了空中幻化的雲朵

——一九八四年

加工區的汗水與血淚

七十年代初期，小說家楊青矗毅然走進工廠，以了解台灣勞工生活爲職志，裎露《工廠人》《廠煙下》的辛酸與悲苦，積極以文學的筆映現勞工的眞正面貌。楊青矗全面介入工廠生活的結果，發現勞資雙方未曾以合理的制度相對待，工會組織徒具其名，不能完全發揮功能，因此，厲聲疾呼，企圖以自己微薄的力量爲工廠人請命，人微言輕，未見實效，轉而獻身社會改革工作，其志未酬，徒留負負。其後未見有後繼者，直到七十年代末期，李昌憲、陌上塵等年輕詩人，也以加工區女工或黑手仔的生活爲寫詩對象，直接的參與，眞心的關懷，繼吳晟以台灣農村生活爲寫作專題之後，也以系列作品呈現勞工生活，其寫作態度與表現方法又較前人爲高了！

李昌憲的《加工區詩抄》，全集二十九首詩，每首詩都爲台灣女工而寫，每首詩都圍繞著女工的生活、感情、心事，爲她們設想，爲她們哀傷，所以他說這本詩集是「獻給在加工區默默貢獻青春和勞力的朋友」。他認爲「詩，是我的心靈與現實社會撞擊的火花——存在而眞實。」唯其如此，李昌憲的詩雖有長短之別，總是敍事兼抒情，詩不是心靈的囈語，必有本事可依存。《加工區詩抄》勉強分成四輯，第一輯〈期待曲〉寫女工生活的各種面貌，第二輯〈牆裡牆外〉寫女工的愛情，第三輯〈女工心聲〉則爲比較激烈的控訴，第四輯〈嫁給輸送帶的阿霜〉是一首一百八十行的敍事長詩，全面而言，圍繞著女工而寫，各輯之間原無明顯的界線，不須如此細分。如果是依寫作時間排列，卻可以看出李昌憲日趨焦灼的心情，爲民請命的使命感日益加重，描述的事件也有尖銳化的傾向。可喜的是李昌憲頗能堅持詩的藝術效果，不使詩句流於淺薄的、概念式的吶喊；也不致淪入潑婦罵街那樣，又呼天又搶地；更不曾刻意挑起仇怨，譬如面對裁員的風暴，李昌憲只說：「我們始終是小小的女工／只知道青春被用來燃燒／愈燒／愈短」，面對隨時被解雇的危機，詩人也只能隨時拍賣自尊：「我們這些臨時工／臉，掉在路上／被生活踢來踢去」。

但是，眞正的酸楚，眞正的針刺，卻也從李昌憲這些平實的語言中傳達給我們。裁員的風暴中，被資遣的人「眼睜睜的看著自己／廢物一樣被棄出門外」，「打開薄薄的工資袋／驚見裝著的竟是自己／啊！青春和鮮血」，以青春和鮮血換來薄薄的工資，即使是這樣卑微的姿式，也不能保障自己什麼時候不被裁員，「廢物一樣被棄出門外」。多少無辜，無奈！

勞工的生活實況如何呢？一直被物價追殺！「煙酒大幅調整，也說要以價制量，物價迅速跟著暴漲，房地產越抬越高，房東也通知要漲房租」，不僅如此，「裁員的風聲又開始威脅，失業的恐懼也開始亂撞，公教人員調薪百分之二十，我們只能空想。」

再不調薪三餐恐怕只得吃

陽春麵——一碗也漲了一倍多

有誰訴說勞工的心聲呢？有誰爲改善勞工生活而奔波呢？選舉季節一到，好像一切美夢都有實現的可能，實際情況又如何呢？〈心情〉的末段這樣說：

顫抖的雙手，竟被塞滿宣傳單
候選人的政見
從宣傳車上一路重申保證
要爲我們爭取勞工福利
多年前，一樣的宣傳一樣的保證
多年後，我們仍然站在蕭瑟的風中

在加工區裡，月退休的老士官、懷著身孕的婦人、國中畢業即離鄉背井的小女孩、老處女、被退婚的作業員、上夜校的工讀生，誰來照顧他們的生活？誰來關心他們的愛情、他們的婚姻，誰來注意他們安全、他們的未來？

可憐的女性尊嚴
被貪婪的夜色捏死
路上仍有我們昨晚的淚珠
解剖刀般劃開的一道痛楚

這樣的痛楚豈僅一道而已！李昌憲以一首長詩〈嫁給輸送帶的阿霜〉，綜合述說了一個女工的過去、現在與未來——仍然是一無保障的未來。來自貧瘠的山村，抱著滿懷的希望和美麗的憧憬，茫茫然地進入加工區，每天做著單調而重複的工作，慢慢地磨損了青春。也曾寄望夜校生的那張文憑，提昇自己的工作崗位與性質，結果仍然是女工。青春，一生，就這樣嫁給了輸送帶，埋葬在加工區裡！《加工區詩抄》無情地裎露了這些血淚，無情地控訴著人間的不平！但是，李昌憲確實是一個眞正有情的詩人，沾濡著汗水與血淚，咬緊牙關，寫他應該寫的詩。

——一九八一年九月

懷古的情思

現代詩壇中曾經出現「方派」的說法，指著方思、方莘、方旗三位詩人，彷彿有著可以相互承襲的理性的靈光閃現，不幸的是，這三位詩人也都是方興方隱，出版了一兩冊詩集就消隱無跡，未曾引起更大的波瀾。相對於「方派」，稍晚於「方派」，詩壇上也出現了以抒情爲專擅，著意釀製古典效果，渲染古典氣氛的「楊派」詩人。楊派詩人自以楊牧爲首，楊牧的詩從葉珊時期的純情浪漫，走入古典經書的淘洗，有了莊嚴典雅的法相，又不失其靈活蓬勃的生機，兼收二者之美，成就了楊牧的特殊風景。其後的兩位年輕詩人則是楊澤與楊子澗，楊澤以現代的抒情能手，去關懷現實中國的動盪，激引出大幅度的「知」與「情」相衝突、相和諧的詩潮，楊子澗則以純樸的「笨港人」身份，浸淫於古典詩詞的薰陶，推展出他心中不盡的思古情懷。楊派三位詩人的創作力極爲旺盛，他們不約而同的抒情專長，還可繼續拓殖，未來的成就不能在今日限量。

洛夫以〈從古典與浪漫躍升〉爲題，爲楊子澗的詩集《秋興》撰序，他說：

「年輕一輩的詩人中，楊子澗的風格既傾向於古典的深致與溫婉，且蘊含著浪漫的綺麗與驚喜，有時偶爾也表現出對現代世界的敏感。」

與楊子潤同爲高雄師院校友、風燈詩社同仁的吳承明，在〈島外書〉這封〈致子潤〉的信簡裡，更率直指陳楊子潤的懷古情思，他這樣寫：

「你的作品讀多了，才體會出你原始詩情的出發處，原來是根源於對過去時空一種恬淡卻又執著的眷戀。在時間方面，你寫了不少追念往昔的作品，你寫廖添丁、你寫王得祿以及老一輩的惆悵，想來你對過去那種行俠仗義的俠客之風，以及先民篳路藍縷的拓殖精神，仍然充滿了嚮往也充滿了感歎；在空間方面，你追求的顯然不是忙亂喧囂的現代城市，而是寧靜祥和的昔日北港。如果深一層看，你一意尋覓的其實也不是昔日的北港，而只是一種『根』的落實感，或者是一方心靈的淨土罷了，這才是你心靈上眞正的故鄉。而北港更成了這『根』，這心靈淨土的具體象徵了。所以你雖然身在北港，但仍然有思鄉懷物之作，原因是可以理解的。你寫南山居，你寫桃源行記以及一系列寄情山水之作，正是從這種精神演化出來的，想來你對古人閒適的山居生活也滿懷著孺慕之情。」

事實上，從楊子潤外在的詩形式，處處透露著這種懷古的情思。楊子潤的第一本詩集題名爲《劍塵詩抄一卷》，「劍塵」是他的號（楊孟煌，字子潤，號劍塵），「詩抄」「一卷」都是古典詩人所襲用的，第二本詩集《秋興》則借用杜甫的「秋興八首」爲題，楊子潤的秋興八首也一樣寫了八首，每首八句，像這樣仿古的題目，如〈殘軒夜讀詩邀承明〉、〈過王得祿墓園不入〉、〈晨訪水月庵主不遇〉、〈桃源行記〉等，正是懷古的徵象。

《秋興》這本詩集共收詩四十首，其中有十七首詩以每節四行的形式寫成，有四首以每節八行的形式完成，其他各詩也大多有其自定的外在結構，這種外在形式的堅持，已經頗爲青年詩人所接納，顯示現代詩人已開始覺悟詩的特質往往是在固定的格律中獲得眞正的發揮，青年詩人這種詩形式的堅持也已逐漸威脅到中年詩人的創作形態，漫無節制的形式，寫來已有心怯的感覺。楊子澗的詩形式大部份是「偶數的節數」裡有「偶數的行數」，其中尤以每首四節，每節四行的詩爲多，這種詩型彷彿就是絕句、律詩的排比，對於絕律的依戀，當然也是懷古情思的另一種表徵。

引一首〈窗外的野斑鳩〉，可以更進一步從語言與情境上去了解楊子澗的思古之意：

（安靜的上午
聒噪的雛菊花
在晴朗的天空中誦讀
一些無端的秋色……）

哎，秋天可是到來了……
學子們在教室內溫習功課
車，自牆外交錯馳去

我在窗沿凝望遠方金色的稻浪
再遠處是木麻黃、田舍
雲和山的影子；風
從窗外清爽地走來
穿越我寬鬆的襟帶
牆外，有車聲走過
朗朗的讀書聲不斷
我在窗內仔細閱讀
一隻野斑鳩踱入菊叢的閒適身姿……

詩中的寧靜與閒適，是生活在緊張的工商社會中的人所容易遺忘的，卻是古詩中常有的情景。在楊子澗這首詩中，我們也聽到了現代文明的車聲，但似乎並未干擾整首詩的安寧氣氛，這種氣氛不是外在環境所鋪設，而是內在心靈的清閒恬靜，「風定花猶落，鳥鳴山更幽」，我們眞正可以讀到一份安祥。身處於匆促忙亂的人群與車群中，楊子澗並未逃避，反而在人聲與車聲中尋求一份典雅的閒適，這種高貴的心靈，也是懷古的情思所牽引。

懷古的情思也可能將詩人牽引到山水自然中，模山範水的作品無不滿溢著和諧、溫馨，楊子澗從《劍塵詩抄一卷》起就有〈獨孤行——南橫記〉的遊山之作，《秋興》中更有〈天池〉〈登集集大山〉〈雪山行〉〈山谿待渡〉〈玉山九章〉等數首山詩。山水的追尋，無疑就是閒靜幽雅的追尋，是曠達的心懷，是包容的胸襟，更能貼近古雅的一條捷徑。

在《秋興》詩集中，楊子澗也寫了不少中篇、長篇的敍事性詩作，〈寫我故鄉〉、〈孩子，我帶你來〉、〈眼前一片故國的形象〉、〈莫春〉、〈在衆多指標門口〉，面對這些詩作，我們仍然感覺到鄉土的眷戀，血的承傳，究其根源，也是懷古的情思——從故鄉、故國以至於新的世代如何傳遞香火，一路夾敍夾抒而來。

懷古的情思，在三位楊派詩人共同具有的特質裡，楊子澗特別發揮了這一份才性，《秋興》中所瀰漫的一些心意都可以循此而獲得。讀這本詩集彷佛在讀一片「滿身傷痕的綠葉」：

「看，孩子！
這就是我們的一生：
預測風霜、和雨雪
搏鬥，並且流血至死

回到母體、回到
最初的土地……」

——一九八二年二月

不再緊偎著淋淋的雨意

我總以爲詩人的寫作歷程應該是「緊偎著淋淋的雨意」而後「不再緊偎著淋淋的雨意」。十七八歲開始寫詩，正是感情最易激動之時，感情的發洩，慢慢轉爲時事的了解逐漸注入現實的關懷與理性的判斷，這時的詩人總該有二十七八歲了。這樣的歷程是正常的歷程，如果強要二十歲的詩人對時代負責，就像四十歲的詩人仍然「緊偎著淋淋的雨意」一樣，可笑而不切實際。

如果我們注意詩人的成長過程，依循前述兩階段而成長的，終有可能成爲名家，吳晟、施善繼、廖莫白，都曾有過一段現在他們認爲是尷尬期的少年愁時代，可是如果沒有這段尷尬期，又如何憑空而有今日的文學表現呢？人不能忘本，今日的智慧是昨日以前舊經驗（句括失敗的經驗）的累積，人也不能守舊，隨著歲月的推進，總要追求明日新的局勢，提供新的觀點，所以，沙穗告別「燕姬」寫父親，苦苓也從「雨意」之中尋求晴朗天空的可能，是的，他們都有「更大的，向歷史交待的願望」。

依據苦苓的自白，從六十三年底到六十九年底的六年間，他一共寫了兩百七十首詩，選了六十六首在《緊偎著淋淋的雨意》裡。這本詩集共分六卷，前三卷是抒情之作，後三卷則有寫實與諷喩的成份。苦苓說：「這本集子裡大部份的作品寫於六十四、六十五兩年，而經過三四年的掙扎求變，七十年以後我的詩風已有明顯的不同。」

我們要探討的是，民國六十年以後的台灣詩壇已有明顯的風格上的轉變，語言生活化，題材現實化，從鄉愁而鄉土，從個人而社會。剛剛闖入詩壇的苦苓，寫詩最多的時間是六十四、六十五年，也正是詩壇風格劇變之時，苦苓仍然「頗沈迷於古典題材的轉化」，仍然寫作「純粹的情詩」，形成一般詩友所熟悉的「苦苓」的風格。爲什麼呢？我以爲這是個人成長的內在需求，大於社會風氣的刺激，也就是說，這時候苦苓正是情感豐沛之時，初生之犢面對新奇的世界，不能不有驚訝，不能不有贊歎，順著這樣的情性發展，不揠苗助長，感情的幼苗才得以正常的姿勢成長。否則，對個人、社會、職責都未能有所了解，貿然疾呼，也不過是另一種「強說愁」吧！

因此，就苦苓而言，詩人的成長不必避諱這種情濃於血，血濃於水的風格。愛，原是有層次的，不能與相近的人相關懷，又如何去關懷其他的同胞、人類、萬物？這一階段的苦苓，或許可以拿〈美神之死〉作爲一種象徵：

1你有滿臉的淒迷。你從翡冷翠來。

2他們，那群倉皇的人，在祭壇上驚見你的走失。沈默的早晨陽光越過林立的殿柱射進來，白霧在靜止的水池上泛起。

3市政廳的廣場前，馴良的白鴿默默啄食大理石雕像晶冷的雙眼；一株老樹無聲頹倒於滿地落葉。

4你含淚走向我。

一道沒有門的長廊。

5長窗的背面是成簇的花朵，潔淨的桌几與明亮的牆，背面是一幅蝕落的壁畫。有些人走進來，他們擒住你時教堂的鐘聲正在風中洒落。

純美的語句，唯美的感情，不論帶不帶典故，總有異國女神的高貴與華美，所舖飾的氣氛、環境，又能貼合此詩之所需，設想的〈美神之死〉應是如此，美神死了嗎？如果以這樣暢利的文字來說，苦苓的美神不會死。

〈美神之死〉的層次嚴明，一節一節而來，結構鮮明處語字長些，否則短些，務使錯落有致，雖是成語也不忽略在整個句子的價值、地位。

當然，時代風潮的力量也不可忽視。苦苓在安定的求學環境裡，可以幻思各種不同的情境，寫愛情，寫人情，寫物情，但是一入社會，現實這個巨大而無所不在的陰影，自然就會涵蓋我們。因此，苦苓的詩齡不長，廣義的情詩也多，但在短短三、四年之間，轉變了風格，應該也是拜時代之所賜。就因爲苦苓有極好的抒情訓練，因此他的詩沒有枯澀之病。〈只能帶你到海邊〉是一首含寓深義的詩，寫的是愛情，涵寓的是家國的苦難，文字的達通已是餘事了！

恐怕不能帶你到
我也未曾謀面的家鄉
故國只是夢裡
荒草離離的廢墟
輝煌的廢墟不能忍耐
風雪的侵蝕
在風雪中我們倉惶渡江
（渡江以後
就是不敢回首的
過河卒子了！）

不曉得回首會化身鹽柱抑或
失去永遠的愛侶
但我恐怕失去你而不能帶你到
寧靜哀傷的海面
不能面對波濤洶湧下的誓言
不允許你撿拾海貝
恐怕那萬一是
彼岸逃亡來到的族類
破碎的軀殼徒然
見證破碎的土地
不能再帶你
到海邊

我們前面提過苦苓寫詩的層次感，此詩亦然，題目是〈只能帶你到海邊〉，結語卻是「不能再帶你到海邊」。開頭的第一句是「恐怕不能帶你到，我也未曾謀面的家鄉」也與結語相呼應。整首詩語言不苦，心情卻是黯然而苦，如果沒有充沛的情意，不能寫出鹽柱、愛侶、海貝等意象，如果不是時代的衝激，意識的覺醒，當然也不會有渡江、族類、土地的感應，這首詩融洽無間，可以證明苦苓是民國六十年代中期的人物，其時的特色顯映在他的詩中。

「要像一條河，向沙漠流去……」

這句話可以隱示苦苓的「遠景」，「緊偎著淋淋的雨意」之後，不再依恃個人豐沛的情意與意象，一條河的情勢卻已逐漸形成，「向沙漠流去……」這是一種偉大的決志，民主鬥士如此，詩人也當如是。

——一九八二年四月

智慧與死亡之間

——讀羅智成敘事詩〈問聃〉

詩與文化，與樹一樣，必須具有各種不同的生態，因此，我們在晦澀的六十年代珍惜清醒的語言。但在近十年裡，詩的語言一瀉而下，詩的蘊藉漸次喪亡的詩壇上，我們又不能不珍惜「珍惜語言」的詩人。

羅智成就是一個成長於暴殄語言的時代裡而能珍惜語言的詩人。當大多數的青年詩人以冲淡語言濃稠度爲職志的時候，羅智成、楊澤、高大鵬、陳黎、陳家帶、黃維君等人，卻依然堅持詩的稀有質素，維持詩的語言應該有的意象、音韻與精鍊。事實上，語言的平淡化並未促成詩的大衆化，這種情況就好像面對一杯冲淡的咖啡與一杯白淡的開水一樣，飲者寧願選擇白淡無味的開水，也不願取飲既名爲咖啡卻淡而不香濃的摻水作品，咖啡有咖啡的香味，水也有水的滋味，喝咖啡不一定比喝水高貴，就像詩不一定比散文更優越一樣，但是，如果把咖啡沖淡得跟水相同，那倒不如乾脆去喝杯純淨的水好些。這種情況，一向寫作平淡語言的詩人已經有人驚覺，他們也開始注意詩的結構、詩的意涵、詩的音韻……

詩的浪潮一直是這樣，後浪修正了前浪再繼續向前，新的後浪又撲向前來。

羅智成在衆多浪花中，卻是一個玄黑的球體，雖然也浮也沈，卻固執於自己的玄黑，不化爲千堆雪。

構成羅智成詩作的特色的，是深邃的哲思與象徵作用，這兩點，恐怕是所有青年一輩的詩人中所普遍忽略的（不管是故意忽略，或是無力顧及），即使在前行代詩人中也不多見這種面目明晰的象徵作用。

我們以〈問聃〉這首詩來證驗。〈問聃〉獲七十年度時報文學獎敍事詩佳作獎，也是同類作品中，敍事而兼哲思的唯一作品，楊牧的決審意見說：「〈問聃〉是我評定最高的一篇。我覺得〈問聃〉處理的是中國文化史上最重要的問題，講的是孔子見老子的事，並討論文化、禮，以及天人之間的大問題，作者魄力極大而不落入俗套。」

這首詩有相當好的結構，分爲五章二十三節，這五章是：Ⅰ沙礫、Ⅱ洛陽、Ⅲ子曰、Ⅳ龍、Ⅴ古代。從這個大綱裡，我們了解寫作此詩的主要脈絡，〈沙礫〉象徵李耳孔丘的生存背景，〈洛陽〉則從自然的實況推進人文的荒涼環境裡，〈子曰〉與〈龍〉則本詩主幹所在，各佔九節，從孔子的疑懼到心智的激盪，在這兩章中澎湃完成。〈古代〉，有意將空間背景的〈沙礫〉推入時間背景的永遠流淌裡，整首詩的結構因此而顯得更有生機，其中也隱示者：任何的文化大事，在時間之流裡永遠只是一個「開始」而已。

在正式進入本詩之前，還有兩段小小的對語，值得我們思考：

「來，」他說：「……仔細看我……」
「仔細地……」他緩緩移動。
落葉飛向星空，菌類競相萌芽
「你看見什麼？」
「智慧。」
「智慧？」他楞了一下：「我不是指這個……
——還有什麼？」
「死亡。」
清澄，沒有悲情的陰影的死亡
就只是自然現象般的死亡
「你要不要也看看我？」
「但我太老，目光眊鈍……」
「試試看？」
「一些笙樂……

相對於巨大的溪澗而太顯侷促的山水……」
蛾撞在窗上
「是不是也有死亡？」
但是百花沿著乾涸的河床盛綻。

在這兩段前言似的詩句裡，有很多哲思、觀念，輕巧地從此中蛻化而出。第一段可以視為道家對死亡與自然的看法，一切的秩序彷彿都在既定的軌道上，即使面對死亡，也只是清澄而沒有「悲情的陰影」的死亡，死亡只是一種自然現象。對於「智慧」，道家是要求絕聖去智的，因此，在這裡，老子不提智慧。

第二段裡，我們看到儒家的禮樂（一些笙樂……），也看到「蛾撞在窗上」「試試看」這種知其不可而為之的精神。同時，我們更體會出相對於巨人的溪澗而太顯侷促的山水，是儒家的仁的體悟要大於智的奔流，面對死亡，儒家往往也能欣見「沿著乾涸的河床」「百花盛綻」，儒家不一定諱言死，卻要在死寂中發見希望。比較這兩段，前段從「菌類萌芽」到「自然死亡」，後段則由「目光眊鈍」而「百花盛綻」，生死興亡，交替成文，其中應該也有值得深思的地方。

第一章〈沙礫〉只包含一節，絲毫不費力氣就交待出時代背景，沙礫起落間，呈現了不同的文物：「沙礫游行在泥版與窯洞的街市／車駕過隙便揚起／許久，又散落在陶器與耕具上」，泥版、窯洞、陶器、耕具，都在沙礫的飛揚間呈現出來，也因此呈現了當時的生活背景。「左側的柴店堆滿了荆棘／右側的舖子磨刀霍霍／而砂與岩石對峙……」最後的三句點明了採樵漁獵的生活，也暗示了其中的困阨，「砂與岩石對峙」，當然還可能是智與愚的對峙，不自量力，愚昧、誤解，就像一陣沙揚起……，岩石的穩固是智慧的象徵，誰去撥開滿天迷濛的沙礫呢？此乃孔子所以問聃的道理吧！

到了〈洛陽〉，具體的生活的影子，逐漸改換爲文化面貌的敍寫。

夫子，
再經過窮人的怨詈
富人的驕傲
我們就將進入洛陽，陳舊
木製的洛陽……

洛陽是一個希望，在進入洛陽之前，禮樂的崩壞，羅智成有這樣的意象語：「傾頽的樑木」、「苔侵的舞雩」、「年久失修的彩虹」、「衰敗的族旗淪爲蝙蝠的巢穴」，抽象的情景而以具象的物體來表現，我們可以很快很直接地感知禮與樂的殘破，這裡不再是守禮奏樂的地區，因而君子憂之。君子的形象在第八節表現，「一切原本井井有條／只要我們曉得去尊敬事物／把不落實的北辰懷藏在心／適當地爲優雅容忍功利上的損失／居家的時候／佩帶玉珮、種植蘭花／或樸實的植物／每走一步路／都因爲踏在厚實的土壤上／而滿懷欣喜」，論語中君子的形象，羅智成以眞正詩的語言來轉換，讓讀者感受到君子的抱負、溫潤和親切，這樣的功力實在已超出羅智成的年齡，我們相信，深思是詩人自我修養、自我鍛鍊中所不可缺少的，羅智成對於詩與文化的思考，更襯映了某些詩人的浮燥成性，不能掌握事物眞正的本質。

君子有終身之憂，第八節之後，第九節即以「我總是不能釋懷」表現了君子之憂，在這節裡有四件事不能釋懷，涵蓋了人性的迷失，鄉愿的無知，這四事一直是君子之所憂：

「那些在最表面的事物上賣弄聰慧的人
　在我們的船上鑿解渴的井」
「那些掙出牢籠的亡羊
　在蟲蛇出沒的沼地盼顧」
「那些尊榮的麟獸
　成爲沒有惡意的餐桌上的佳肴」
「那些躍出人性的欄柵

又得意且必然走進人性更差的牢籠的人」，

這些都是君子無法不掛懷的事，是君子之憂，也是仁者心懷的表現。

在〈子曰〉這章裡，羅智成對於即將會見老聃的孔子，有深刻的描繪，這種描繪以第一人稱（子曰）的方式來表達，不止於所見所聞，更表現聖人內心的焦灼，「爲何那堅固的基業只能口傳給後代？堯舜的國度怎會淪成歌謠和臆想？」孔子入世的精神，栖栖遑遑的奔波，都在這一章九小節裡逐層敍出。孔子疑懼不安，甚至於還對未曾謀面的老聃也心存疑慮，「傳言中的人／會不會又是個狡黠的智者／在痛苦擾嚷的亂世高蹈取寵／急智的對白愚弄了樸拙的眞理？」

孔子的這些焦慮，各節都有或多或少的點化，從沙礫的出現就開始了焦慮的心情，一直延續到第十二節，羅智成寫這節時只用兩行：「出喪的時辰遇見日蝕怎麼辦／這些我要問問他」，孔子的焦慮從人到天，至此已形成最大涵蓋面了。其後〈龍〉這一章是問聃的經過，一來一往，不一定探索出眞理之所在，但多少祛除了孔子心中的焦慮，因此，讀這首詩，我們自然不能不注意一至十二節的疑惑焦灼，不能不注意「龍」這一章的反覆問對，慢慢地消除先前的焦慮。

在〈龍〉這章裡，我想提舉三事：

其一，老子的形象問題，羅智成以十三、十四節，借龍的形象來狀擬老子，就像「智慧」或「死亡」一樣，老子介乎形與神之間，似在又不在。「他確實已不在屋內」「他像未曾離去在原先的位置」，迷離恍惚的感覺，正是羅智成所要給我們的老子形象，仲尼的焦灼遇上老聃的玄秘，或許正是最好的化解，這樣的設計應是深思的結果。

其二，老子「無爲」的理念，第十五節詩可以具現出來：

我戒備著的智者
像條長蛇
幻影成千，氣勢綿綿
他盤踞了整個屋宇
並指揮整個天空
起先整個宇宙都敵對著他
但他卻消失了蹤跡
我也消失了戒意

這節詩的全部歷程，何嘗不是詩人的睿智表現，有與無的對峙，由於「他消失了蹤跡」，所以「我消失了戒意」。「無」的涵容力，「形體」的不可憑恃，經由這八行詩，我們也能體會老子的玄想。「盤踞屋宇」「指揮天空」，詩人的企圖很大，是因爲老子「無」的功用大。能把玄妙的哲學理念，以詩傳達，羅智成可能是哲學系出身的現代詩人裡著有成效的第一位。

其三，「螢火蟲」的意象值得注意，老子從十三、十四節的龍，演變到十五節的蛇，十六節以後一直到二十一節結束，卻一直以「螢火蟲」的姿態出現，螢火蟲的飄忽好像是承繼了龍的詭秘。靈光一閃的智慧之語，時明時滅的生命，飄渺恍惚的法則、典範，都像螢火蟲一樣閃爍不停，至少，螢火蟲具有三種特性：有光、有生命，飄浮不定，俯映老子的生命與智慧，頗有若干符應響合之處。螢火蟲在此詩後半部所扮演的象徵作用，實在值得我們再深思。

〈問聃〉結束於〈古代〉這一章，〈古代〉只有兩節，二十二節五行，二十三節一行：

22

因此我毋庸多問
我走到微霧的室外
晨曦還沒照到最高的枝頭
「不要急！」
像一個緊緊靠在身邊的人，他說：

23　「中國的古代才開始……」

很淺短的兩節詩，很輕易的文字，卻不是草草的結束語。「無庸多問」是不用多問，眞正的哲思要從體會中得來，從見到聃以後的九節之中，詩中印證了孔子與老子的相同處，「我知道的部份，我們都相同」，兩種不同的心智之相互激盪，往往可以尋得一線眞正的亮光。這時的室外（孔李心智以外的世界）仍然「微霧」，但霧不會不散；「晨曦還沒照到最高的枝頭」，只是還沒照到而已：「不要急！中國的古代才開始……」，救世之心未變而驚惶之情已減，羅智成處理〈問聃〉的歷史懸案，是不是嘗試探討中國文化的根源？我們從這首詩理會了什麼？

這首詩結束於「中國的古代才開始……」，預示一個更繁複的時代或將來臨，是結束，也是開始，展望詩壇，以詩處理文化問題，是不是也要從〈問聃〉開始呢？

——一九八二年三月

唯靈魂醒在冷冷的空間

——讀楚放敍事詩〈未交代的遺言〉

楚放是一個剛從大學畢業的青年，對外發表的詩作不過是五首而已，其中四首刊登在他所屬的詩社刊物上《漢廣詩刊》，另外一首發表在《聯合副刊》，五首詩中有三首是小規模的敍事詩，相當傑出，預示了他個人以詩敍事的能力，也預示六十年代出生，七十年代長成，八十年代嶄露頭角的新銳詩人，開始綻放他們特殊的才華。

敍事詩，有事可敍，不致流於內容的空泛，語言的艱澀，但往往失之平坦，毫無蘊藉，時下一般所謂社會寫實詩的最大缺憾就在這裡。楚放的敍事語言相當流暢，而且能把握住詩語言的含蓄特色，最重要的是，他的取材相當妥切，如〈大甲媽祖回娘家〉、〈未交代的遺言〉(二首)，這三首敍事詩，有民俗題材、災難事件、國仇家恨，一方面具有時事價值，一方面又能蘊含批判意義。在態度上，楚放的表現是「哀而不傷」，仁者的心腸，又能有「當仁不讓」之勇，眞是敍事詩寫作者最須具備的胸襟與魄力！我們確信一首好的敍事詩要有三達德精神——智者的取材，仁者的關懷，勇者的批判，缺一則不可，楚放目前的表現已頗能符合這種要求，很可能成爲未來敍事詩的高手。

以〈未交代的遺言〉而論，第一首寫的是民國七十年一月二十三日下午，外雙溪水難事件，以最後被發現的死者口吻，描述水獸來時翻滾撕裂，以至於沈沈躺在泥沙土石裡的驚悸，最後一段則回到親子之間的愛，以愛來包容這一切的驚惶、苦痛：「水神和死神移交著我的靈魂／岸上的人們談論／引咎辭職道義責任以及／水上安全教育／而我沈沈埋在泥裡／用一隻掙扎的手／在冰冷的水中／一滴一滴搜集／母親暖暖的／眼淚」。

以一個甫自大學畢業的青年，能以這樣的心懷處理問題，溫柔敦厚的詩教是眞的有了承傳，這樣的遺言雖然未交代什麼，但已蘊含了批判的價值，其影響所及，遠超乎厲聲指責的聲音。我們知道其中所含蓄的母愛，以暖暖的眼淚滴在冰冷的小手上來擬喩，痛之深沈，不必多言，失去愛女的母親以無聲的眼淚表達最深沈的哀慟，也比沿岸哭號，更能顯示摯愛的眞貌。

最後被發現的死者是一個高三的女同學，詩中所敍述的事以及口吻，都能貼切她的身份，譬如父親爲她的身體蓋上一條薄被，她會想起深夜讀書，父母悄悄起床爲她蓋被禦寒的往事。沿外雙溪沖下東吳大學校門，詩中的她說：「藉著惡水嚴酷的試煉，我終於奔過一道夢中的窄門」，讀完高三上學期的聯考學生，即使沈埋沙底，也念念不忘那一道窄門。這首詩以第一人稱來寫，這樣的細節，詩人能設身處地爲她設想，其中的悲憫心意，讀者自能體會。

這裡所要鑑賞的是第二首〈未交代的遺言〉，詩前有「前言」，略謂：一九三九～四五年間，日本關東軍在大陸東北做生化作戰實驗，曾於一九四三年將一位中國少年做「生體解剖」，活活製成「新鮮的標本」。這裡的遺言就是代這位少年而擬，楚放說：「特爲此詩，向該少年和其他類似命運的同胞致哀，並祈求罔顧人道與正義的戰爭，永遠不再發生。」這首詩所處理的題材，比第一首更嚴肅，更繁複，民族的尊嚴問題也在這首詩中觸及。

讀完全詩，內心的難過要甚於第一首。水難的發生是自己的同胞無意的疏忽，國難的降臨是邪惡的敵人有心的宰割，這種疼痛如何相比！對自己同胞的責難可以溫柔敦厚，對敵人的控訴則應該傾盡心力，但楚放在這首詩中所做的控訴，力勁不夠，太溫弱，我以爲咬牙切齒和血吞都不爲過。水難中的死者爲巨流所吞噬，泥沙、巨石所掩埋，死亡的來臨猝然而不及防備，「生體解剖」的死者則是一刀一刀剖胸切腹，挖心取腦，慢慢凌遲而死，可以感知死神的脚步一步一步逼臨，還有比這更慘絕人寰的事嗎？楚放的抗暴精神顯然不夠積極，因此未向這種不人道的暴行予以嚴厲譴責，使得這首詩的氣勢弱了下來。

楚放，筆名「楚放」是不是也以屈原忠而被謗，謫放江南的遭遇自居，然而，屈原自負冤屈，自沈汨羅，終究是不得已之舉，楚放的「放」應該是曠達縱放，無所拘囿才對，我們期待楚放的仁心表現在同情的了解，楚放的義氣用來對抗邪惡的勢力，打擊魔鬼！

不過，「鳥之將亡，其鳴也哀，人之將死，其言也善。」做爲來不及交代的遺言，或許保留這一份哀矜，這一份善心，更能顯現中國人的寬厚、和平，不願以牙還牙的心意。因此，忍受了活生生的割裂撕扯之苦，剮刮挖掏之痛，楚放所寄望的只是同胞們挺挺而立，不再成爲任人魚肉的受難者，最後他留下這樣的遺言：

我彷彿聽到冰雪碎裂的聲音
隱約傳自松花江畔
拒絕再度臥於砧板
宛如剖腹的魚
我所有同姓或不同姓的手足
在中國的每一寸泥土
請你們
挺挺　站立

他仍然是一個少年，他所接觸的環境也不外乎父母師長，因此，他所呼籲的就是父母師長，童稚的心靈還未消除，面對生體解剖，還有這樣天眞的問話：

「爸爸！你不必要
簽署同意書嗎？」

「老師！羅斯福不是說
人類有免於恐懼的自由？」

臨刑前的童眞言辭，是不是更襯托出日本鬼子罪惡的嘴臉，對於一個無辜、無知的十六歲少年，忍心施予這樣的酷刑，禽獸都不如啊！

十六歲的少年一直以很沈靜的態度，冷冷注視自己，任手術刀肆虐他的身體。

貪婪的手指繼續挖尋
漸漸空洞的軀殼
我首次看見福馬林液中
自己血紅的心臟
強勁地收縮　擴張

他越是這樣冷肅，我們越是憤恨不平。爲什麼？爲什麼近百年來的中國人，要這樣輕易接受磨折！這樣冷靜看災厄來臨！難道我們一直沈浸在福馬林液中嗎？

這樣深刻的問題，值得楚放和讀者們共同沈思。

楚放有著相當優異的意象創造能力，當這位十六歲少年被裝入瓶中，猶念念不忘炮火中的伙伴與家園，楚放這樣寫：

我目睹一生的理想和記憶
被牢牢禁錮瓶底
所有同姓或不同姓的手足啊！
讓我在玻璃的監獄
思索你們炮火的身世
以及流離的命運

這種忘記自我、關懷別人的心思，也是楚放心中中國人的「仁」字表現吧！

楚放在這首詩中也表現了相當好的連結能力，如第二段末尾說軀體麻木，惟靈魂醒在冷冷的空間，第三段自然接上「醒在冷冷的空間凝視」，開啓一個新的局勢。第三段說胸腹被剖開，即聯想到中國地圖也被割裂成「淪陷區」「交戰區」「大後方」，筆法自然。「刺刀橫行我們的土地」「手術肆虐我的身體」也連結在一起。「心臟肝臟胰臟和胃袋，一件一件地奔流出來」的時候，楚放卻不得不憶起「十六年前在您的胎盤，它們正一件一件地成形」。類似這樣自然順水而下的繫連，顯示出楚放的功力，在衆多見樹不見林，有佳句無佳篇的現代詩壇，楚放的這份功力值得珍視。即將踏出校門，走進軍營，走進社會，我們相信成長中的楚放會有更成熟更穩健的揭發，寫過少年少女〈未交代的遺言〉，他應該也會探討類似李師科、王迎先這樣的老者，他們又有什麼樣的〈未交代的遺言〉?我們期待擅長敍事的楚放更尖銳的擊刺！

——一九八二年七月

追求者——楊平

一

「我想，我應該現在才出現——無論在當代詩壇，或僅僅指這部詩集。」這是楊平寫的〈一片丹心〉，是他的詩集《追求者》的〈後記〉的第一句。他以他的詩集出現了！

二

十二年裏（民國六十二年至七十四年），楊平揚言他專情寫了兩千首詩，從他的第一部詩集——《追求者》，我們相信這種可能，而且，因爲這種狂熱的鍛冶，我們相信另一種可能：一個江湖劍客在看過一千種山、一千種樹、一千種海以後，他應該懂得劍術！

三

《追求者》收入的詩作只有六十首，一共分爲四卷。卷一〈風格之外〉，楊平嘗試以各種不同的表現手法呈現自己的內心世界。卷二〈屬於詩的〉，則爲楊平二十年來對詩的理念如何充滿熱情探尋的忠實紀錄。這兩卷是屬於「詩」的追索。

卷三〈自我之歌〉是一個少年孤獨生命的裸呈，一些狂想。卷四〈追求者〉，楊平嘗試追求人與人之間究竟如何溝通，生命與生命究竟如何認識。這兩卷詩，楊平意圖了解「生命」。

然而，眞正瀰滿這本詩集的卻是兩個相關卻又相反的意象——「孤獨」與「擁抱」。

四

因爲「孤獨」，所以渴望「擁抱」。

孤獨，是「詩」與「生命」共同的本質。

擁抱，卻是「詩」與「生命」共同的目的！

五

先看楊平的詩藝。

卷二〈屬於詩的〉可以看出楊平與詩的熱戀，卷一的〈風格之外〉則爲十種風格的淺嘗紋路。

對於詩，楊平是誠懇的：「站在偉大詩人的作品前——我終於明白，並苦澀知道自身如何的渺小……」這是他的「泰戈爾全集觀後」詩，然而也因爲年輕和傲骨，他「一張瘦長堅毅的面孔卻興奮的發亮了」。

在〈屬於詩的〉這大卷裏，他把詩比喻成「匣中劍」，「磨、不斷的磨！日夜的磨！而且淬厲它——」，直到有一天，不靈的頑鐵成爲千古不朽的寶物，詩的鍛冶、陶鑄正是這樣。然而，劍成以後呢？

驚虹般
一片片旋舞的落葉
恍若華年紛紛的飛逝
劍我合一
回鞘輕撫後——
仍不免感慨的
一揚首、嘯

詩與詩人的感慨，自屈平而至楊平或許都有大小不一卻頗爲類似的無力感，然而，寫詩卻也一直是詩人不願放棄的、類似宗教虔誠的信仰！因此，楊平自述，「一百天一百九十四首長短詩」，「一千五百首詩／十年漫長時光」，他一直在摸索、學習、蛻變。終至於透徹明淨，一片澄瑩：

幾經曲折後，蜿蜒的小路已出了山谷
一首娓娓動人的抒情詩
也隨著心境轉換而變調了……
變了：先是離開了主題
變了：繼之超乎了意識
變了：像一隻水鳥化成了白天鵝
變了：一隻白天鵝浴成了火鳳凰
拍打鼓盪的突然間——
一切都已靜止——
像一個句點——
滴溜溜的打轉後

驚嘆！如一顆流星劃過了天角……

吉光片羽的，一閃
——許是另一個開始
——許是另一種詮釋
如揶揄

這道〈詩〉中，四句「變了」掌握了詩的詭譎和歧義，不可捉摸的情思和想像正是一而再、再而三地幻化、流轉，如何去欣賞她呢？——也許是另一個開始，也許是另一種詮釋，她又轉向另一個未知的水面、另一個不可解的明天。是詩神在揶揄我們嗎？

當然不。楊平在十二年的努力中，很清晰地呈露了十種性質不同的作品在第一卷裏，〈風格之外〉的十首詩的選取，可以看出楊平多年的磨鍊，有了銳敏的心思與鷹一般的眼。

打開詩集的第一首詩〈空山記〉，直追鄭愁予不捨，甚至於還有王維禪思的味道：

山人，此時靜默如曠古之靜默

山人，窗前冷簷終宵有無音的滴落
傾聽宿雨，積塵已洗
坐忘間，不覺昇起了一燭淡月

最後以門外，道旁的「一泓清淺的潺潺流水」來映照山人淡泊的意趣和不語的情懷，平易、親切而又能遠離塵囂，實在不同凡響。這是他六十四年的作品，十年來，當然更會有其他的可能和精進！

〈風格之外〉的十首詩隱然暗示著一種可能，楊平會如卷名所示，在這十首詩之外另成一個氣旋嗎？

①〈空山記〉——以空山清音象徵玄邃而淡薄的心懷。
②〈舞〉——內在心境的抽象湧動。
③〈短歌行〉——齊足形式的嘗試。
④〈尋覓〉——純情至美的詩。
⑤〈他們〉——有童詩的夢幻之美。
⑥〈有什麼〉——相同的句型，不同的變化，出色的詩。
⑦〈默默〉——重覆默默二字，造成極佳的聲韻效果。

⑧〈散場後〉——與生活結合而又能深入內心的孤獨。
⑨〈愛情〉——句型重覆，造成深遠難企的感覺。
⑩〈山之旅〉——圖象詩的實驗。

經由這十首詩的簡單分析，我們可以知道，一個全新的詩人正向我們默默地走來：

行於默默，止於默默——
徵逐是默默，放浪亦默默

默默是某人的命運
默默是生以迄老去
默默的存在以迄消失

默默許是一個女孩的名字
每日默默的出現
默默等待
默默垂下兩行清淚後，離去

默默也許是一個浪子
一個不知名姓的無根浪子
默默的來到這個世界
默默走過大地
默默的　歌，默默的　舞
默默隨著日出夜隱
直到一切默默——
默默
默默

這樣的詩有情采、有聲韻、也有命運的刻寫，正向我們默默走來！

六

至於楊平這個人，他如何審視自己，如何觀察人生、鑑照生命？在《追求者》的後兩卷詩作裏，他已攬鏡而起了！

卷三的〈自我之歌〉，楊平寫盡二十歲的生命如何「在孤獨的午夜長巷，與心靈對白」，如何發現「生命的際遇，一次奇妙的饗宴」！

「孤獨」，或者竟是二十歲青澀的年紀必然的感覺，在區區的十五首詩裏，楊平的孤獨感隨處瀰漫：

「在孤獨午夜的長巷，與心靈對白……」
「孤獨，絕對孤獨
——但不等於沮喪
或是逃避
或是自閉」
「唉，可憐的波特萊
你也和我一樣孤獨」
「野獸般孤獨
在大街流連、幻想」
「站在街頭，每一條孤零的背影
彷彿都有一則不忍聽聞的傳說」

「做一次吉訶德式的探險
孤獨，如一匹狼的尋找——」
「十二月的湖將會是很寂寞的！
而我又怎能忍受寂寞呢？」
「流星自燦爛的劃過天角
你底意興，仍自索然的意興哪！」
「目中深沉的憂鬱之色
更濃於一山林木，一秋湖水」

楊平將自己喻爲「一隻失群鳥」，做爲一個詩人，或許，孤獨的心靈也是必須的，這時，他可以省思、可以探索、可以突發奇想，感性的方向：「一股異樣的低調，與無邊的寂冷——渴望釋放如一隻破空而去的鳥」，理性的抉擇：「毫不猶豫的站起身子、仰首，向滿天星光走去」。唯有孤獨的心靈可以知道自己，可以觸探未來，楊平以孤獨之姿走向人群，他發現了什麼，追求著什麼？

《追求者》，必先是一個懷疑論者：「那上面眞的有生命嗎？晴空如此明朗、大海如此浩瀚，銀河的世界美麗、遙遠、懾人——那上面眞的有天堂嗎？」

年輕的追求者楊平，願自己不爲任何事物屈膝，像一株擎天古松巍然獨立，他關懷午夜少年，關懷一個陌生的早夭的超現實詩人，關懷陳達，甚至於關懷耶穌——生命有可能救贖嗎？那上面眞的有天堂嗎？多產的楊平，眞的也是一個具有廣度探尋活力的詩人，在〈佛說出世〉這首詩中，將他領悟的道理與生活相切磋，十分具體而富形象地表現出來：

生活的擔子已太重　太苦
——一朝遁入空門後
雲來星往了無數年月
持戒定一的漢子
背——
更駝了

當然，在積極追求的過程，有切切的渴望，也會有冷肅的沈思，有時也不妨悠遊一番：

所謂處境：或許

竟是一種細雨飄搖的
閒情：沿著徐徐翻白的山角
落向無音的
湖　上

這樣的追求者才會是一個永不休止的追求者，憑著年少氣盛、一時狂熱，終究容易躓踣、摧折，追求生命與詩的理想，原本就是永恆無間的追尋啊！

是的，一千種不同的生命，一千種不同的歷鍊，還在等著楊平，他還會有數十個「一千首」的詩要寫，更深的刻痕等待他鑽研，他應該是一個永不休止的「追求者」。

——一九八五年九月

輯四　剖析詩的肌理

把發酵的血釀成愛的汁液

——鑑賞楊喚作品

發言者：辛鬱、羅門、張默、洛夫、碧果、管管
周鼎、大荒、羊令野、張拓蕪、林煥彰

楊喚作品

□我是忙碌的

我是忙碌的。
我是忙碌的。

我忙於搖醒火把，
我忙於彫塑自己；
我忙於擂動行進的鼓鈸，
我忙於吹響迎春的蘆笛，
我忙於拍發幸福的預報，
我忙於採訪眞理的消息；
我忙於把生命的樹移植於戰鬥的叢林，
我忙於把發酵的血釀成愛的汁液。

直到有一天我死去，
像尾魚睡眠於微笑的池沼，
我才會熄燈休息，
我，才有個美好的完成，
如一冊詩集；
而那覆蓋我的大地，
就是那詩集的封皮。

我是忙碌的。
我是忙碌的。

雨中吟

雨呀，密密的落著像森林，
我呀，匆匆地走著像獵人。

雨，不疲倦地落著，
我，不休息地走著。

踏著雨的音樂的節拍，
我追逐著那在召喚著我的名字的
歷史的嚴肅的聲音。

□詩的噴泉

黃昏

壁上的米勒的晚鐘被我的沈默敲響了，
騎驢到耶路撒冷去的聖者還沒有回來。

不要理會那盞燈的狡猾的眼色，
請告訴我：是誰燃起第一根火柴？

期待

每一顆銀亮的雨點是一個跳動的字，
那狂燃起來的閃電是一行行動人的標題。

從夜的檻裡醒來，把夢的黑貓叱開，

聽滾響的雷爲我報告晴朗的消息。

日記

昨，曇。關起靈魂的窄門，
夜宴席勒的強盜、尼采的超人。

今天，晴。擦亮照相機的眼睛，

鬧呀笑呀的眞高興，
最後是全體水果們的大合唱，
她們唱醒了沈睡的夜，
拍攝梵谷訶的向日葵、羅丹的春。

□水果們的晚會

窗外流動著寶石藍色的夜，

屋子裡流進來牛乳一樣白的月光，
水果店裡的鐘噹噹地敲過了十二下，
美麗的水果們就都一齊醒過來，
請夜風指揮蟲兒們的樂隊來伴奏，
這奇異的晚會就開了場。

第一個是香蕉姑娘和鳳梨小姐的高山舞，
跳起來裙子就飄呀飄的那麼長；
緊接著是龍眼先生們來翻觔斗，
一起一落地劈拍響；
西瓜和甘蔗可眞滑稽，
一隊胖來一隊瘦，怪模怪樣地演雙簧；
芒果和楊桃只會笑，
不停地喊好，不停地鼓掌。

她們唱醒了沈睡的雲彩，
也唱來了美麗的早晨，
唱出了美麗的早晨的太陽。

他把愛與甜美的生活遠景帶給讀者
在童話詩的開發上建立成功的模式

辛鬱：

楊喚是早期詩壇極有成就的詩人之一，他是一個生活嚴肅、誠懇的人，我在四十三年二月間，曾經見過他一面，那是在紀弦先生家的門口。我們都是軍人，他是上士，我是上等兵，所以見面之後，不僅感到親切，我也十分仰慕他。他不幸的死亡，是詩壇的一個損失，特別是他在童話詩的開發上，已經建立了一個成功的模式。他去世已廿五年了，今天以討論他的詩來表達對他的懷念，是很有意義的。

楊喚在詩創作方面的才華，是屬於天才型的，但是，這也加上了他對生活的體認，與對事物美好一面的追尋。他有那麼悲慘的童年遭遇，但在他的詩中卻不反芻痛苦，而把愛與甜美的生活遠景帶給讀者，這是楊喚心地的寬厚，他的文學精神是人道主義的精神。

但是楊喚的詩不是在傳達事物一般的義理，他運用了極高的藝術手法，使他的作品具有豐富的美感與深刻的含義。他非常講究語言的技巧，卻不是匠意的雕鑿，而是捕捉了語言自然的韻緻，使之意象化，意象化又能顯現造形美與動人的音感。其次，他的語言是創意的活化的語言，非常貼近生活，卻又不是口語，也不是虛矯造作的文藝腔。

不過，我對於一般人認爲是楊喚代表性作品〈詩的噴泉〉這一輯詩，有一點淺見，我覺得他的用典，雖然把許多意象簡化了，然而用典畢竟不是最好的表現手段，因爲「典故」在時間上隔了一層，與我們生活的實境有距離。何況，一般人的常識領域，恐怕還沒有達及那些「典故」，那麼，如何叫他們去理解米勒那幅畫上的晚鐘？以及梵谷的「向日葵」所代表的意義？

就討論的作品來說，〈我是忙碌的〉第二段最後二行，我覺得是白璧中的瑕疵，因爲這二行的對仗性不夠，跟前面六句比較起來，氣勢減弱不少；例如句式的不統一，前行多了二個字，再說，「戰鬥的叢林」與「愛的蜜汁」，不是同類性的意象，與「預報」和「消息」相比，就可看出它的弊病。〈詩的噴泉〉中的〈日記〉第三行「擦亮照像機的眼睛」，我覺得如果改爲「擦亮眼睛的照像機」那麼下面一句就更顯得意味無窮了。

楊喚的童話詩是一個成人的童話詩，與兒童對事物的看法有出入，它是以理想美化了的，不是直覺的那樣單純，但在現代詩壇來說，這仍是最值得珍愛的作品。

透視出來自生命原始基型的眞摯性流露著對生命與詩的絕對純眞心態

羅門：

談論楊喚的這幾首詩，我個人有以下的幾點感想：

第一點，廿年前楊喚能寫這樣的詩，他確實是一位相當有才情的詩人，如果他不死，他的詩必有更不凡的成就。

第二點，楊喚的詩，透視出一種來自生命「原始基型」的無比的眞摯性，流露著對生命、對事物、對詩的絕對純眞的心態，這種屬於詩人與與藝術家的高貴的心態，是我們詩人當中很少見的。

第三點，他的詩是對理想中眞實與美好生命的不斷追求與讚美，不要技巧花腔，面對一切，誠心可見。有時透過童話奇妙的幻境，控發事物與生命存在的奧境（如〈水果們的晚會〉）；有時採取哲思與玄想，使其詩思同泰戈爾「絕對的自由、人道與愛」的詩境，至爲接近（如〈詩的噴泉〉），也許楊喚曾受戈詩的影響。

第四點，從詩的語言技巧與結構來看，大致上：

㈠他的語言頗爲明確，但現在看來，卻缺乏豐盈的擴散性、誘惑的內延力，與逼近現在人內心的現場感。

㈡他的結構頗爲穩妥，好處是條理分明，易於掌握，壞處是缺乏變動感，易於產生呆態。

㈢他的意象世界的取鏡，可分三點：一是以相關連的平行式的推動迫近鏡頭，逐漸迫現出最後的主體對象，如〈我是忙碌的〉詩中第二段，前面七句詩，均爲最後一句（第八句）的主要詩思而工作。好處是詩的集合力的凝聚，壞處是詩思活動的形態趨於平板，缺乏抛物線交錯的妙感，無法獲得詩的原發性的渾然的詩境。二是以交錯鏡（如〈我是忙碌的〉第三段）使物我在交流面上浮現出詩思，此處的表現頗具效果。三是以對照鏡（如〈雨中吟〉）迫視出存在的實像，使其在感受上的質量感與密度加強，此詩的表現，雖意象語與精神的景觀不具驚人的規模，但仍相當完妥與緊湊。

最後的一點感想，是我不忍心說出來，但它是那麼重要而非說出來不可的。那就是楊喚這幾首詩，現在看來，雖仍存有某些美好的地方，但也有疏遠我們與無法滿足我們的地方，這現象正像三十年代的詩，不能滿足五十年代的詩人，五十年代的詩，不能滿足七十年代的詩人，這現象已形成現代詩人的隱憂：那就是把所有的現代詩選翻遍了，除了發現極少數的詩，尚具有相當卓越的表現外，很少見到像「大漠孤煙直、長河落日圓」表現物境那麼純然完美與不朽的古詩；像「山色有無中」、「空山鳥飛絕、萬徑人蹤滅」表現心境那麼渾然完美與不朽的詩。理由是⑴現代詩語言缺乏古詩的精純與蘊涵，還要不斷去發現與提煉它的機能，一切都好像在不斷的變與不斷的實驗過程中隨時有揚棄與修正的可能。⑵二元論導演下的現代生存世界，下一秒鐘不斷有新的事物誕生，引發詩人的官感心感以及聯想力進入新境，不斷刷新與更變美感的經驗世界，也不斷苛求詩人所使用的技巧與語言媒體，必須具適應性地產生新能，方能有效地帶動一切在創作過程中，進入新境，否則便停頓下來，與現代人繼續在變化中的心感世界疏遠，而難免遭揚棄。

此刻，如果作品不能像古詩那樣眞純完美與不朽，又缺乏精神與思想的深厚性作支持，便只好隨著技巧、形式與語言媒體的缺乏「現場感」，而成爲不被重視的過去，這情形正是二元性生活形態，不斷苛求與壓迫著現代詩人與藝術家，所形成的隱憂，這種隱憂顯較古代爲強，因此「人造衞星」與「鐳光鏡」仍將不斷使現代詩人與藝術家的視聽與想像世界，產生震撼性的劇變，並不斷刷新。

寫詩如行雲流水，令人感到眞誠
期待生命的突破，帶來新的訊息

張默：

楊喚的〈詩的噴泉〉是我到各大學演講時，喜歡提出來做例子的。我以爲他的詩的最大特點是不造作，好像行雲流水，令人感到十分眞誠，譬如〈我是忙碌的〉分爲四段，結構很好，但是也很單純，不像羅門說的那樣複雜，只是一種過程，一種音樂的效果而已。辛鬱說到第二段第七句第八句不相對襯，這是一個缺點，但新詩的語言，我看並不需要要求那麼嚴謹。這首詩楊喚本人好像很重視，但在今日看來，也許只是中品而已。

我個人比較喜歡〈詩的噴泉〉，一共十首，每一首幾乎都用典故，我不反對用典，但要看用典是否幫助詩中文字、意義的完成，不讓人覺得牽強。〈黃昏〉此詩用了米勒的「晚鐘」，這是一幅圖，與題目相配合，而且用沈默敲響晚鐘，也讓人喜歡這樣的意象。〈期待〉裡說雨點是跳動的字，閃電是一行行動人的標題，鮮活可親。〈日記〉押了韻，如：魂、門、人、春，甚至於還可以包括睛與睛，因此，辛鬱說要把「擦亮照相機的眼睛」改爲「擦亮眼睛的照相機」，在聲韻上、感受上，可能不太順暢。

楊喚在紀弦的《現代詩》刊上被稱爲天才，一直沿稱到今天，如果楊喚繼續寫詩，是否有更好的成就，我們不知道。很多人提到楊喚的詩受綠原的影響，我以爲影響是應該的，只要不是抄襲，誰不受影響呢？瘂弦都說過自己的詩〈非策畫性的夜曲〉，是從〈策畫性的夜曲〉的詩題加個「非」字而來的。

不論如何，二十五年前楊喚能寫這樣的詩，在座的我們當時都還未有更好的詩作趕上他，紀弦說他是「天才」，仍然算是中肯的。

洛夫：

很多人公認楊喚是個天才詩人，剛才張默已加以認定，不拿今天的標準來衡量他，退回二十五年，楊喚有些詩確實是不錯的，當時，我的《靈河》都還沒出版。

對於楊喚與綠原的關係，我以爲文字的抄襲倒在其次，怕的是風格與精神的抄襲，譬如〈我是忙碌的〉整個是承襲三十年代綠原等人的影響，當時楊喚剛從大陸來臺，也是無可奈何之事。但我們從〈詩的噴泉〉可以確信楊喚寫詩的才具，因爲這輯詩是他的創作，不受任何人影響，今天我只談〈詩的噴泉〉。

〈詩的噴泉〉這裡只選錄三節，這三節詩有其一貫性，當時能用這麼多暗喻，確實不簡單。

「壁上的米勒的晚鐘被我的沈默敲響了」，這是一種暗喻，其散文意義就是「我默默地看這幅畫」，但這樣說就平白無趣了。其他如「燈的狡猾的眼色」指夜，「第一根火柴」可以暗喻光明。記得覃子豪未死以前，對於「米勒的晚鐘被我的沈默敲響了」，他一直說「眞好」，那個時代免不了概念式的印象批評，好在那裡？他沒有說出來。覃子豪又提到這些詩有「思想性」，什麼樣的思想性？當時覃子豪沒有說清楚，我也不甚了解，對於詩的了解當時是很有限的。今天來看這些詩，我發覺他跟楊喚的生命具有關聯性，正如辛鬱剛才所言，楊喚雖然只有二十五歲，他的人生卻受盡了苦難，這些詩寫的就是生命的困境，且期待著生命的突破。他想突破困境，與周夢蝶稍有不同，周夢蝶也表現人生的悲苦，他想超脫而不可得，所以更苦惱，楊喚卻爲自己提供了一個新的訊息，新的期待，使人有舒展的感覺。所以，這組詩是內省的、觀照的，可以說是心靈的獨白，表現了現代詩的一個特徵——感受外在的衝激化爲內心的獨語，這是我以楊喚「詩的噴泉」爲例，爲某些現代詩所做的界說。

意象結合十分完美，語言不浪費
接續五四流風遺韻，感情不統一

碧果：

楊喚的詩是非常完整的，幾乎每一首詩都達到一個非常完美的結合。很少看到有浪費的語言。所以說，他在經營他的意象都是那麼恰到好處的表現出來。——也就是說每一行詩（全詩的每一個意象）都必須與全詩的生命相結合。這樣才能完成全詩的統一。譬如：〈我是忙碌的〉這首詩：從第一行詩「我是忙碌的」，到最後一行詩「我是忙碌的」，從沒有留下一絲空隙，扣合得那麼緊那麼密。

第二段，從「我忙於搖醒火把」到「我忙於把發酵的血釀成愛的汁液」是多麼的和諧、統一。這是一個意象群的組合。組合的非常完整而完美。

這首詩，我最喜歡的是第三段：「直到有一天我死去／像尾魚睡眠於微笑的池沼／我才會熄燈休息／我，才有個美好的完成／如一冊詩集／而那覆蓋我的大地／就是那詩集的封皮」這一段的表現手法，不單是朦朧的象徵的表現手法了，而是有些明顯的超現實的表現手法了，——如「笑的池沼」這種詩句。至此，我承認詩人楊喚是位有才華的詩人。不過他是走的太早了一些。

關於〈詩的噴泉〉那一輯詩，更可見出詩人楊喚的才華，在這一輯詩中，我們可以得知，詩人內心生活的眞實面的情景。當時，他是多麼的焦慮而苦沉。

管管：

我與楊喚沒有見過面，但曾寫詩紀念他，據說他曾在我的家鄉青島編過《青島民報》，楊喚是東北人，我很懷念他。二十五年前就能寫出這樣意象鮮美的詩，可以說是很了不起的詩人，楊喚接續五四時代的流風餘韻，我很專斷的說，這其中免不了濫情，尤其是用典方面，當時的人都喜歡用洋典，這點我很反對，試看〈詩的噴泉〉就可以明白時勢所趨，不僅詩如此，當時散文、小說，都有用洋典的趨勢，楊喚是一個早熟詩人，自然受此影響，如羅門所言，受到綠原很大的影響。就濫情而言，如〈我是忙碌的〉，搖醒火把、迎春、幸福、眞理、愛啊等等，讓人有肉麻的感覺。〈雨中吟〉最後兩句也有這種印象，太冠冕堂皇了，反而不好。

童話詩很難寫，因爲你不是小孩，你寫出來的只是大人的童話，楊喚的童話詩也受到西洋童話的影響很多，沒有中國味道，在當時寫出這樣的詩，算很不錯了，但仔細從多方面來觀察，楊喚稱不上是一個天才。

周鼎：

管管剛才說楊喚「濫情」，其實就是感情豐富的意思，楊喚的缺點恐怕還在詩的概念化，他所寫的是概念這個層次以內的東西，不能落實到眞正的生活層次上。感情也未統一，如〈雨中吟〉的前段是喜悅的，後段則出現嚴肅的聲音。又如〈詩的噴泉〉中〈黃昏〉這首詩，「米勒的晚鐘被我的沈默敲響了」，就是古詩「鳥鳴山更幽」的另一種說法，但感情不統一的地方在後段，先說「不要理會那盞燈的狡猾的眼色」，又提到「是誰燃起第一根火柴」，火柴是爲夜晚帶來光明的，燈的眼色卻是狡猾的，感情又不統一了，燈火如果代表希望，代表溫情，代表熱，如何說是狡猾的？這是欠考慮的地方，運思不夠嚴密。

〈水果們的晚會〉這首詩很失敗，有許多地方不合情理，場地是在水果店裡，樂隊卻是夜風和蟲兒，在室外。第二段與第三段無藝術上必要的關聯性，毫無曲折，一個直線到底，與現在寫詩的技巧相距很大，如果是我寫，也許會寫：鳳梨想著，明天有一個小女孩把我買去了，送給她生病的朋友，蘋果會想到一個男孩將它送給情人，這種關於未來的設想，而不是「唱醒了沈睡的夜」這樣潦草的寫法。

窮其一生追求幸福與眞理
把愛獻給他的時代和社會

大荒：

在二十五歲那樣年輕的時候死亡，而能留下這麼多可觀的詩篇，楊喚在中國近代文學史上是第一人，他的文學生活非常飽滿，這是今天我要先肯定的一點。不管他是不是天才，他總是一個很有才氣的詩人，更可貴的是，他有一顆赤子之心，爲我們留下到現在爲止還沒人超越的童話詩。像〈水果們的晚會〉，他用活潑生動的意象，把原先靜態的、雜亂的水果店，擴大成趣味橫生的晚會，可說是神來之筆，讀此詩所獲得的心靈的滋潤豐富，絕不下於「白雪公主」、「小鹿斑比」。

楊喚是忙碌的，「追逐著那在召喚著我的名字的／歷史的嚴肅的聲音」，他是朝著這方面去追求的，每個人都要窮其一生去追求「幸福」與「眞理」，做爲一個詩人更該如此，矢志忙到死爲止，這份情操實在令人景仰、敬佩。

因爲死得太年輕，所以無法一一成熟，這是一定的道理，他的詩不免有瑕疵，像〈黃昏〉前兩行是表現沈悶、寂靜、焦急的等待，後兩行顯然接不上頭，燈亮了固然也表示夜晚，但爲何是狡猾的呢?前後不對稱。〈期待〉這首詩也有矛盾現象,前段喜雨,對雨點、閃電贊美,後段卻又有期待晴朗之意,短短一首詩,轉身太快。〈日記〉就無懈可擊了,把夜讀化為夜宴,把書名用作人名,一語雙關,予人複義的滿足。至於看畫、看雕塑,又把眼睛升爲照相機,極具超現實美感,獲得許多人模倣,引用,流傳。

楊喚和我同年,但沒有見過面,他意外去世,我也沒寫悼祭文,兩者都是我的遺憾,今天參加這個座談,算是一種悼念吧!

羊令野:

我與楊喚未見過面,當時他在北,我在南,但透過葉泥的信,兩人都知道對方,神交已久。《南北笛》二十二年前創刊的刊頭,就是採用楊喚的〈牧羊人〉這幅畫。

楊喚有一首詩叫做〈詩人〉可以說是他的夫子自道,他說要做一個「愛者」或「戰士」,這一個莊嚴的主題,在他的童話詩、戰鬥詩中,可說全然的表現了,所以他的愛心和不折的戰鬥精神,是最可貴的情操。

楊喚幼年母親去逝,後母對他未加關照,失學,流浪,與「歸人」很熟,他的人生的路是坎坷的,苦難中求成長,自力學習,他所讀的書不限於文學,社會和自然科學他都涉及,尤其是昆蟲方面讀得更多,這是葉泥告訴我的,很枯燥的書也看。

二十五年前，他的《風景》詩集，一方面在語言、意象上，接承了三十年代後期的詩風，同時也走出了自己獨特的風格，已非同輩詩人所能企及，如果能活到今天，像他那樣勤苦好學，多方面接觸，一定是一個很有成就的人。他把愛獻給他的時代與社會，這是最令我們敬愛的。

張拓蕪：

我從來不談詩，別人的自己的都不喜歡談，同時也早已不寫詩，沈甸那個名字早死掉了。我比較喜歡楊喚的童詩，童詩應該具備些音樂性，屬於唱屬於誦的，如今寫童詩的人也不少，但成就還是達不到楊喚的境界。

〈水果們的晚會〉早年我都能背完，意象新穎而又不太繁複，孩子們容易接受。說楊喚是個天才，沒得話說。可惜死得太早，如果今天他還活著，成就一定非凡，而且一定會拋棄他所受到的別人的影響。

我不同意周鼎的說法，楊喚寫這首詩的時候才二十三、四歲，那個時候，不僅是我，相信在座的絕大多數詩人，都還在未經開發的荊莽時代，還是一片洪荒，周鼎用時代的眼光去對待廿幾年前的詩，是不公平的。在那個時候，周鼎還未開始寫詩。這就相去千里了。

不過他用的典很失敗我倒同意。他用典都很概念，沒有什麼了不起的深度，證明管管說的，有點濫情。可是我們廿三、四歲的時候，能寫得出他這樣的詩嗎？別人我不知道，我個人辦不到。

將生命投注於戰鬥的環境中
用愛心來寫詩給人美和愉快

林煥彰：

最近，我在關渡基督書院欣賞了一場民謠、詩歌朗誦會，很巧的，楊喚的〈我是忙碌的〉也被一位女同學朗誦，相當有技巧而自然的表露了詩中主題意識，和「忙碌」的急促節奏感，頗引起在場人士的喜愛，寫詩或不寫詩的人，都喜歡。由此，我們可以推想，一首詩能寫到有內涵，又能讓較多的人喜愛，這樣的路子，我們不管他是不是走向大衆化的途徑，但是爲了詩的推廣，爲了詩能打進更多人的心靈生活中，這樣的路子，依然是值得向前走的。

今天，紀念楊喚逝世二十五週年，我們對他的作品依然喜愛，意謂著我們對他的作品的一種肯定，不僅止於一種紀念而已。今天選出的這六首詩，說明了他對詩的看法和執著，以及他在處理題材上、意象的塑造上、意境的經營上，童話詩等等的成就，提示了一些代表性的作品，這是首先要對負責挑選這些作品的詩人表示敬佩的地方。

首先，我先談〈我是忙碌的〉這首詩，這首詩可以當做楊喚的「詩觀」來看，也是他熱愛人生的精神表現，如果要研究楊喚的詩，這首詩是不可忽略的。以第二節來說，我們不難了解「忙於搖醒火把」是象徵光明和自由的追求，「忙於彫塑自己」強調個性的表現，「忙於擂動行進的鼓鈸」是喚起戰鬥的精神，「忙於吹響迎春的蘆笛」則爲擁抱抒情性的詩風和對青春的禮讚，「忙於拍發幸福的預報」是對未來的展望和信心，「忙於採訪眞理的消息」是宣揚眞理，至於「把生命的樹移植於戰鬥的叢林」和「把發酵的血釀成愛的汁液」，可視爲把生命投注於戰鬥的環境中，用愛心寫詩。寫詩，在楊喚來說，能達到這樣的境地，完成了他做爲一個詩人的理想，他認爲如此就可以死而無憾（微笑著死去），以楊喚的詩的成就，楊喚的死是可以無憾了。只是他死得太年輕，死得太可惜，死得太不值得了。

〈雨中吟〉，記得我剛開始寫詩，當兵退伍時曾向周夢蝶先生請教，他從書架上取出楊喚詩集，翻給我看的就是〈雨中吟〉這首詩，當時，他有點像禪宗一樣，沒有告訴我這首詩如何好，只是敎我回去好好研究，可見這首詩也有代表性，這代表性，不只是在楊喚自己的詩中，更可代表著所有寫「雨」的詩的代表作。我想周先生之所以推崇，就是因爲它有不平凡的比喩，有愉悅的心胸，有永不疲倦的精神，和他寫詩的嚴肅態度，對歷史發出的使命感等原因吧！

〈詩的噴泉〉是一輯詩，兩行一節，兩節一首，共十首，是通常所謂的「四行詩」，也是一向很受重視的一部份作品，從選出的這三首詩，我們不僅看到了楊喚的善於用典，善於比喩，善於塑造意象，尤其更善於造境，表現了他一貫的機智，以及熱愛人生、探索哲理、予人以信心、啓示人們勇於面對現實、突破困境的精神。

「童話詩」代表了楊喚的另一種成就，今天，發展兒童詩，我們不能忘了楊喚，甚至於，我們應該呼籲有心人出錢出力，先把楊喚的銅像做起來，豎立在兒童的遊樂場所，讓大家永世懷念他。

「童話詩」是兒童詩的一種，因爲有童話的意味，普遍受人歡迎，即使成年人欣賞也感到津津有味，回味無窮。〈水果們的舞會〉眞正發揮了楊喚寫「童話詩」的才華，使每樣水果都成爲最佳的演員，而且就它們的不同的形狀塑造了不同的角色，扮像都特異非常，給人深刻而不易抹滅的印象。這首詩給人的感受是有情趣，是美，是愉快，童話詩有了這樣的成就，還能要求什麼？

最後，我的結語是，楊喚的詩是全用愛心來寫的，他有很高的表現技巧，他的詩可以給人感到美和愉快，美的背後還蘊涵著入世的、積極的、熱愛人生的精神，這就是爲什麼有很多人喜愛他的詩的原因。

——原載《幼獅文藝》一九八〇年八月號

那美麗的鄉愁伸手可觸及

——鑑賞鄭愁予作品

發言者：商禽、辛鬱、管管、羊令野、周鼎、張默
羅門、渡也、許丕昌、向明、劉希聖、蕭蕭

鄭愁予作品

□裸的先知

與一艘郵輪同裸於熱帶的海灣
那鋼鐵動物的好看的肌膚
被春天刺了些綠色的紋身

我記得，而我什麼都沒穿
（連紋身都沒有）
如果不是一些鳳凰木的陰影
我會被長羽毛的海鳥羞死

我那時，正是個被擲的水手
因我割了所有旅人的影子用以釀酒
（那些僞蓋著下肢的過客
爲了留下滿世的子女）
啊，當春來，飲著那
飲酒的我的裸體便美成一支紅珊瑚

一九六一年

□邊界酒店

秋天的疆土，分界在同一個夕陽下
接壤處，默立些黃菊花

而他打遠道來，清醒著喝酒
窗外是異國

多想跨出去，一步即成鄉愁
那美麗的鄉愁，伸手可觸及

或者，就飲醉了也好
（他是熱心的納稅人）

或者，將歌聲吐出
便不祇是立著像那雛菊
祇憑邊界立著

一九六五年

□鹿場大山

——大霸尖山輯之一

許多竹許多藍孩子的樅
擠瘦了鹿場大山的脊
坐著吃路的森林
在崖谷吐著雷聲
我們踩路來　便被吞沒了
便隨雷那麼懵懂地走出
正是雲霧像海的地方
正是雲霧像海的地方
此刻怎不見你的帆紅的衫子
可已航入寬大的懷袖

比癡身　已化爲寒冷的島嶼
蒼茫裡　唇與唇守護
惟呼暱名輕俏
互擊額際而成回聲

□馬達拉溪谷

——大霸尖山輯之二

扮一群學童那麼奔來
那應耽於嬉戲的陣雨已玩過桐葉的滑梯了
從姊妹峰隙瀉下的夕暉
被疑似馬達拉溪含金的流水
愛學淘沙的蘆荻們，便忙碌起來
便把腰肢彎得更低了

黃昏中窺人的兩顆星
窺著我們猶當昔日一撥撥的淘金人
而在如此暖的淘金人的山穴裡
我們該怎樣？……哎哎
我們也許被歷史安頓了
如果帶來足夠的種子和健康的婦女

一九六三年

是誰傳下這詩人的行業
黃昏裡掛起一盞燈

商禽：

我與愁予初識，在民國四十一、二年間，他當時仍在行政專校上學，是紀弦先生現代詩派之一員，長得中國北方人標準身材，高度在一七〇公分左右，外貌像海盜，但性情溫柔，比詩更溫柔。自五四以來，就詩而言，他緊密地抓住中國傳統文學的精髓，雖然爲人迷糊，好像憑直覺寫詩，但作品令人心悸。

愁予的詩在語言、節奏，及創造意象上，有極高的成就，比諸三十年代的詩人要高明得多。愁予詩一發表，風靡當代，很多人模仿。楊牧曾說：「愁予是中國的中國詩人，用良好的中國文字寫作，形象準確，聲籟華美，而且是絕對地現代的。」很對，愁予不喜歡談思想。有人以爲科學文明才是現代，詩只要涉及科學、都市、文明事物，就是現代詩，寫大自然的詩就不被視爲現代，愁予的詩從這種觀點看來，自然也不具現代感，但我個人以爲：詩的現在感不在格律，不在抒寫的對象，而在語言的表現上，詩人要使用現代的語言，注意自己所生存的時空。愁予的詩在四十二、三年時期，不論在語法上、意象上的布置，都極其現代，譬如「新寡的十一月」，「偶現的太陽是不施脂粉的」，像這樣節約而準確的語言，實在已超過批評愁予不夠現代的人心目中的現代。

多想跨出去，一步即成鄉愁
那美麗的鄉愁，伸手可觸及

辛鬱：　鄭愁予是我的好友，在我們相處的那段日子，我們很少談詩，然而對詩卻有一個共同的信念：即是詩貴乎自然，乃屬率性之作。然而我的名利心未能盡除，所以就作品來說，我與他相去甚遠，我是怎麼也趕不上他的。

他的詩由於貴乎自然，是率性之作，所以行文是如此清朗、流暢，所透視的美感，便不是造作的。就今天提出的四首作品而言，〈邊界酒店〉是一首代表作，然而，我們不必探索這首詩中的「現實場景」，就可以發現，這邊界是與我們有著關聯的，所以談起來心情倍感沈重，不若談它另外三首詩。我認爲這「鄉愁」，並不單純意指懷國之情，這是廣義的。記得以前曾讀一位歐洲畫家基里軻的一幅畫，畫面是一幢灰白色的，看來令人有冷肅之感的大廈，標題爲：「對太空的無限鄉愁」，我覺得這一意義的鄉愁——對不可企及的事物的嚮往——也可用來解釋愁予詩中的鄉愁。當然愁予在詩中用了「菊花」這個意象，使之與我們中國人更拉近了關係，感受也就更爲深刻了。〈裸的先知〉一詩，是愁予浪漫心態的呈現，情味非常的足，但意義的投射，似乎薄弱了些。愁予寫了不少關於山的詩，這顯示他一種征服事物的滿足感，但是我們應能發現，愁予寫山、寫自然，是與山及自然彼此相契合的，他不把對象孤立，也不把自己孤立，這種自然與人合一的意象，在中國古典詩中是非常寶貴的，表現在新文學中，愁予雖非第一人，但成績可觀。

最近我覺得愁予的詩有一個缺失，即是語言的氣勢不夠壯闊、豪邁，即使是〈革命衣缽〉這樣的長歌也從抒情入手，壯闊面不夠。我的詩在含蓄面上，或許要比鄭愁予好，但在語言的表現上，或許十分之一都比不上他。

管管：

面對如此漂亮的詩人，眞是無話可說，我的「管見」是：現代詩人中，從古詩的神韻中走出，愁予表現了生命的完美，其語言、生活習慣、精神、風貌，能將古詩與現代協調而趨向完善，有中國古詩詞的味道，但能植根於現代生活，不是抱殘守缺之流。一張畫、一首曲子、一件雕塑的完美，是看不出斧鑿的痕跡，如這個饅頭好吃，是因爲師傅揉、和的功夫在其中，我們是看不到的，愁予的詩就是這樣，妙手天成。

一般的鄉愁對故園，藝術家的鄉愁應是一種精神的嚮往，〈邊界酒店〉就是愁予的一種精神的嚮往。我特別嚮往愁予一系列的登山作品，曾經將我所住的地方取名「拜山居」。鄭愁予昂昂七尺之軀，作品卻屬於陰柔的一面，像絲瑩、像彎月、柔性的、絲綢的美，朱陵曾經跟我說過，讀愁予的詩就像摸著綢緞的那種感覺，像是花香，尤其是梅花、荷花的那種暗香浮動，在這其中卻產生無比的震撼力。

我從海上來，帶回航海的二十二顆星
妳問我航海的事兒，我仰天笑了……

羊令野：

鄭愁予自稱「浪子」，是一個喜歡喝酒的人，長得十分英挺，我們安徽人有這樣英挺的男子，實在也令人興奮。年青的寫詩的人，往往會受到鄭愁予的影響，每次編輯詩刊看到來稿，都會興起這種感覺，足見其影響之深。

〈裸的先知〉是一首自我欣賞的詩，在中國神話和外國神話中，水仙花就是顧影自憐的。這首詩用了許多對比，我與郵輪，鳳凰木與海鳥，旅客與我，對比出我的赤裸，我的獨來獨往，我的寂寞。第二段說到他自己裸體喝酒，酒使得身體泛紅，光滑圓潤，就像紅珊瑚，珊瑚是長在海邊的，出現在這首詩中十分恰當，而且顯得醒目而強烈。現代詩中寫「人體美」的不曾發現過，鄭愁予這首詩寫喝了酒的這麼一個人，透露了他的適意與孤獨。

周鼎：

〈裸的先知〉這首詩，有內心自我的衝突，可以看出是對於現代文明或物質文明的抗議，嚮往赤裸，排斥虛僞，自豪地自命爲「先知」。一個人生活在世界上，不能完全排除社會性的規範，所以，在第一段中，鄭愁予仍須隱藏在鳳凰木的陰影中，否則會羞死；直到酒後，才能全裸爲紅珊瑚，至此，才完全脫離社會規範，解脫出來。從這個觀點來看鄭愁予的登山詩，就可以了解到他對原野、對大自然的喜愛，追求自然而健康的理想。

張默：

鄭愁予的詩很特別，優點太多，但難以說出來，他的詩有才氣，靈光一閃，不是一般人所能及得上的，如果沒有那種感受，沒有那種駕馭語言的功力，就無法使意象浮現出來，表現要不多不少，並不簡單，鄭愁予就做到了這一點。

愁予的名詩太多，這裡所選的避開了他的名作，希望能從一般作品中發現他的妙處，這是當初我們選詩的用意。

一般人喜歡鄭愁予的詩，因爲他的音韻、節奏，接近古典詩，容易背誦。意象更美，譬如〈大霸尖山輯〉中有這樣的詩句，「許多竹，許多藍孩子的樅／擠瘦了鹿場大山的脊」，山脊被竹「擠瘦了」，十分鮮活有力。「愛學淘沙的蘆荻們，便忙碌起來／便把腰肢彎得更低了」，自然景物，都以擬人化的語言賦予形象，這是傑出的，活的語言。

目前，現代詩的語言，甚至於影響到廣告用語上，譬如我們曾看過這樣的廣告語：「興隆路又有喜了！」「我們是『種』房子的人」，足見詩語言的鍛鍊的重要性，及其廣大的影響效果。

仰視著秋天的雲像春天的樹一樣向著高空生長
朋友們都健康，只是我想流浪……

羅門：在討論這四首詩之前，首先我要說明的是我對愁予詩中的甜美性也相當著迷，但如果你認爲一個詩人是人類思想與精神的先知，站在時代與世界的前衛地帶，勇於面對現代新的生存環境，接受生命的種種挑戰，並反映這代人眞實生活的經驗與心境，而非隱遁的，則愁予給予你這方面的回聲是較弱的。這也就是說，鄭愁予的情思活動與美感經驗是較爲超離現實而隱遁入個人的內心世界，將自己的情緒之美與情愛之美，透過相呼應的自然景象，而衍生成爲一種具有嬌媚性的美的誘惑力，有迷住大多數讀者的地方，也有不能完全滿足讀者的地方，這要看讀者對人類精神與心靈進行探索所面對的，所體認的，所需求的來做決定。

接著來談詩本身的語言技巧，一般看來，我覺得：

(1)取境造境的美妙，是其特色之一，如〈鹿場大山〉詩中的首段所描繪的景象、物境與心境。

(2)語言頗具特技性的表現是其特色之二，如「……瀉下的夕輝被疑似含金的流水」，是用比的特技；如「如果不是一些鳳凰木的陰影，我會被長羽毛的海鳥羞死」，是用象徵式的特技；如「多想跨出去，一步即成鄕愁」，是具藝術原發性的表現；如「擠瘦了鹿場大山的脊」的「擠瘦了」，「我會被長羽毛的海鳥羞死」的「羞死」都是用動詞上的特技表現。

(3)整首詩的意境，由於意象所呈現的心視畫面，在發展中被他選鏡與接鏡的合理手法所策動，獲得完整性，是其特色之三。

從以上三點，我們可看出鄭愁予確是一個優秀的詩人，當然從嚴格的批評觀點來看鄭愁予這四首詩，我們也會發現另一些問題與詩中所難免藏有的某些缺點。

由於現代詩的語言，隨著詩人十多年來不斷接受現代都市文明生活經驗所引發與蛻變的心感活動，以及隨著詩風的更接近「生活性」與「純朗化」，而產生新的機能與貼地感。當我們讀了這四首詩，難免覺得其所採用的語言以及手法與造境等，雖也美好，但在目前，對於現代人的心感活動，卻顯有某些舊態與疏離感，缺乏較「直接性」「現場感」的作用力。

同時像〈裸的先知〉詩中第一段前三行的語言形態，頗為沉滯與呆板，以及像「飲酒的我的裸體便美成一支紅珊瑚」，「那麼耽於嬉戲的陣雨已玩過的桐葉的滑梯」等雖有描繪但冗長的詩句；以及在第一、二首詩括弧中所附敍的散文化的句子「那些僞蓋著下肢的過客為了留下滿世的子女」，「他是熱心的納稅人」等雖對詩思有輔助，但卻損壞詩的語言性，及其詩本身完美性的連接串連（古詩少有這現象）；此外如〈鹿場大山〉詩中的「帆紅的衫子」之「帆紅」兩字是勉強的「人工染色」而非自然色；又〈邊界酒店〉與〈馬達拉溪谷〉兩詩，象徵與暗示的不夠清晰，形成晦澀的詩貌，使參加座談者各持一己之見……這一切加上白話語言本身比不上古詩語言的精純淨，的確使鄭愁予（乃至任何一位現代詩人）想以新詩攝取類似「江流天地外，山色有無中」，「空山鳥飛絕，萬徑人蹤滅」那樣圓渾與純化的古詩境界，只成為一種高度的渴望。所以我讀了鄭愁予這四首詩有一個特別的觀感：鄭愁予詩中的甜美，的確很迷人，如果你覺得已完全被迷住，你便被迷住；如果你覺得迷得不夠，便只好向古詩追求更精純更深沉的滿足；或者從現在詩所不斷面對的新生存環境，所不斷探索且刷新的美感經驗世界，所不斷以語言活動的新的動能與秩序，開拓那隨著生活展現的詩境，去獲得更具刺激性、新穎性、現實性與多樣性的滿足，這樣你會以開放的心靈，聽見詩人愁予的『達達的馬蹄聲，是美麗的錯誤』，也可聽見另一些詩人的心輪與年輪滾動在現代劇變的生存時空中，所發出的別的一些響亮的迴聲。

東風不來，三月的柳絮不飛
你底心如小小的寂寞的城

渡也：今天的這項安排，不知是出於有意的抽樣，還是源於無心的巧合，指定討論的這四首詩竟皆屬於表現「田園模式」(Pastoralism)的田園詩。

在以「田園模式」這個觀點來貫串此四首詩之前，應該先將這個術語的內容簡略解說一下。所謂田園詩，大體可以劃分狹義和廣義兩種。前者包含田園的或鄉土的背景，及謳歌自然的題材；而後者則除了涵括上述題材外，還兼谷並蓄對生命的田園式觀照與靈視，譬如對故國家鄉，失落的童年，乃至於文化傳統等的鄉愁皆可納入此畛域。

傾向田園其實是人類普遍的、共同的意願，尤其現代人類生活在高度科技文明的工業社會裡，置身於瞬息萬變的世界中，往往渴望超越此等劣境，邁進永恆的、靜止的、自然的理想世界。這無非是一種「返璞歸眞」的心態。而對故園的懷念，進而企望回歸故園，其實亦與這種心態相似，不妨與之等量齊觀。

根據張漢良先生在「現代詩的田園模式」一文中的說法，可以知道田園模式至少有兩種，其一處於現實的，文化的層次；另一種即是心理的，形而上的層次。它們的主要區別乃是在於時空的特定與非特定的歧異上。前者乃是屬於特定的、現實的時空；而後者則屬於不定的、普遍的，人所共有的時空，放諸四海而皆準的，例如都市人對田園與成年人對童年的嚮往。更清楚地說，前者之特定時空無可避免地牽涉及現實的政治、地理因素，以及對科技文明的控訴等。後者的心理時空便超越特定的政治、地理、文化格局，如鄭愁予的〈山外書〉一詩即是佳例。

鄭愁予這四首詩的「田園模式」皆屬於現實的、文化的層次。下面請依序討論之。

〈裸的先知〉乃是將「珊瑚」擬人化，站在「珊瑚」的立場即從「非人造」的物的角度來看「人造」的事物而寫的一首詩。以「裸」來象徵自然，不假虛飾，並與代表科技文明的「郵輪」，「那些偽蓋著下肢的過客」對比，以強烈呈露出反文明、反虛偽而崇慕自然的心境。「什麼都沒穿」的「裸」在詩中具有深層意旨，令人聯想及魏末竹林七賢之一的劉伶來，世說新語任誕第二十三記載劉伶縱酒放達，或脫衣裸身在屋裡，別人看見了便譏笑他，劉伶卻回答說：「我以天地為棟宇，屋室為幝衣，諸客何為入我幝衣（褲子）中？」這個笑話實在發人深省，劉伶這種與自然為一體，反抗虛偽的禮法的心態，正好可作「裸的先知」的註脚。必須再說明的是，「飲酒」是放縱自我的一種方法。

第二首〈邊界酒店〉則是充滿鄉愁的詩。主要的表達技巧也是「對比」。在同一個夕陽下的疆土都是對立的：一邊是故鄉，一邊是異地。同樣站在邊界的黃菊花與主角，卻懷著不同的心境：黃菊花呈現著沈默與無動於衷的表情，「他」則不沈默（將歌吐出或飲酒），情動於中而形於外，將心裡充塞著的鄉愁宣洩出來，所以這是一首表達地理的鄉愁的田園詩，而且已入廣義的田園詩範圍。

作爲〈五嶽記〉中那描寫山林景色、田園風光的二十首中的兩首：〈鹿場大山〉與〈馬達拉溪谷〉，所要呈現的「主題」（Theme）可說是雷同的。因此，這裡僅取後者爲其代表加以解說。在「馬達拉溪谷」中，詩人將自己整個投入星、山、水、花木等物的運行中，且意欲隱遁於自然之中，終老于斯，他的心境絕不同于昔日充滿野心的「淘金人」。詩中的「金」這個意象相當重要，在山中它是自然的產物，但是有了「淘金人」的參與，它便象徵現實的功利及都市人唯利是圖的心態。全詩由「金」這個意象貫串起來，亦即整首詩環繞著「金」而發展，十分統一。在此安全、寧靜且不受凡塵干擾的「馬達拉溪谷」的山林中，詩人遂產生了隱居的心理。顯而易見的，這是一首涉及特定時空的狹義的田園詩，其對現實人生也稍作批評。

四首詩雖然同隸屬於田園詩，但卻有著二種面貌出現。〈裸的先知〉無非是抗議科技文明，反對人爲的虛假的田園詩。〈邊界酒店〉則是表露地理的鄉愁的田園詩。〈鹿場大山〉與〈馬達拉溪谷〉二首卻表現在「特定的時空」裡，對自然田園或者說是「烏托邦」的歸返。

一般新詩研究者只注意及鄭愁予的古典風格，浪人本色及抒情調子，很少人注意到愁予詩中的這種田園傾向，今天我試著藉題發揮，挖掘出愁予詩中的這「主題」，希望拋磚引玉，至於拙見是否確當，則有待各位方家的指正。

我達達的馬蹄是美麗的錯誤
我不是歸人，是個過客……

許不昌：

藝術的東西是難以解釋的，只能靠感覺，不能依賴解析。正如張默先生剛才所言，現代社會已經是一個有詩的語言的社會，美麗的語言是詩的先決條件，但詩，也絕非巧言令色。在美學的領域中，我們將美分爲「陽剛美」「幽美」「悲壯美」「滑稽美」等等，鄭愁予的詩自然是接近幽美，我們發現其中有個人極多、極大的感傷，在語言意象上是憂悒的，但內在精神上卻是悲壯的，這就是他的詩耐人尋味的地方。

鄭愁予是一個人道主義者，這是一個現代知識份子必走的方向，他的詩顯示了對自然的探求與困惑，譬如〈邊界酒店〉，接壤處，有一些黃菊花默立著，這是自然界微小的力量，但在這無限的宇宙中，他又超越於人之上，人類對他最是無可奈何，這些黃菊花出現在詩中，是不可忽視的。

我直覺地感覺到，鄭愁予的詩是幽美的，但在幽美背後的精神卻是悲壯的，這種悲壯的精神是現代青年詩人，中國人要走的方向，否則就無法超越過去，無法超越自己。

向明：民國四十六、七年間，我曾與鄭愁予見過面，談過話，發現他的人與詩一樣美。詩，如果是智慧的語言，鄭愁予的詩就是最好的證據，充滿了繪畫與音樂美，鄭愁予的詩和瘂弦的詩，是當前現代詩壇最爲人喜愛，就因爲他們的詩都具有這這種美。音樂性方面，瘂弦要比鄭愁予強，語言更調皮；意象上，鄭愁予則比瘂弦更美一點，繪畫性更強些。兩人各有所專。《裸的先知》第二段括弧中的句子，在《八十年代詩選》中是這樣的：「我看不起那些僞蓋著下肢的過客／在世上留下太多子女」，而且未加括弧，我以爲現在的詩句要好些，含蓄些。

劉希聖：鄭愁予的詩的價値在：爲人性保留了一個超越現實的境界。在文明世界的疏離感越來越嚴重之時，他在尋找自我的形象，追求形而上的世界。剛才辛鬱先生提到鄭愁予的詩「壯闊不足」，我以爲這不是是缺點，反而是優點，每一個詩人提供他自己的生命給讀者欣賞，像商禽所說的，鄭愁予是一個糊塗的人，他不刻意要把生命寫得偉大，他只是像朋友一樣，款款地與你深談，所以他的美很深入，與葉珊相比，鄭愁予的美是深入於生命之中的。

蕭蕭：談詩，可以從很多不同的角度來談。因爲最近我正著手探討中國古典詩歌中的色彩與感情，當別人不分青紅皀白時，我們分，我的書名就叫《青紅皀白》，所以今天我想從色彩的對比與諧和，來討論這四首詩。

第一首〈裸的先知〉是紅綠對比，剛開始，我與鄭輪同裸於熱帶海灣，鄭輪的身上還被春天刺上「綠身」，而我連紋身都沒有，到了最後，因爲春來，因爲飲酒，我的裸體便美成一支「紅色的珊瑚」。紅綠對比中，紅色的波長較綠色長，感覺上比實際距離近，有向前逼近的運動感，青綠色則有後退性，以這首詩來說，背景海灣是藍色的，鄭輪有綠色的紋身，藍綠色調相近，波長相近，有諧和感，而「紅」珊瑚顯然較鄭輪的「綠」更能向前逼近於讀者眼前，顯得十分醒目，這正是詩人要我們注意的焦點。

相同的道理，見之於〈鹿場大山〉。鹿場大山的第一段出現「許多竹、許多藍孩子的樅」，第二段則有「你帆紅的衫」，藍綠與帆紅，在我們的視覺與感覺裡，藍綠向後隱退成爲背景，而帆紅向前突出成爲主角，詩中鏡頭的運轉也合乎色彩學的原理。可見一個詩人寫詩，即使最細微的地方都有他必須這樣寫的道理。

〈邊界酒店〉立著一些「黃菊花」，〈馬達拉溪谷〉的夕暉是「金黃」的顏色，像含金的流水，我們像淘金的。這兩首詩中都使用了「黃色」做爲主色，前一首有溫暖感，後一首有滿足感，金黃色的抽象聯想就是一種溫暖，滿足的感覺。

鄭愁予的美有很多種，「意象美」只是其中之一，而在意象美中，今天我們只提到一部份的色彩之美而已。

——原載《北市青年》一九八〇年

與永恆拔河的人
——鑑賞余光中作品〈獨白〉

發言者：洛夫、周鼎、商禽、曹介直、張默、大荒、辛鬱、管管
林煥彰、向明、羅門、瘂弦、李瑞騰、蕭蕭、余光中

余光中作品

□獨白

月光還是少年的月光
九州一色還是李白的霜
祖國已非少年的祖國
縱我見青山一髮多嫵媚

深圳河那邊的鬱鬱壘壘
　還認得三十年前那少年？
　料青山見我是青睞是白眼？
回頭不再是少年的烏頭
白是新白青是古來就青青
月落鐵軌靜，邊界只幾顆星
高高低低在標點著渾沌
等星都溺海，天上和地下
鬼窺神覷只最後一盞燈
最後燈熄，只一個不寐的人
一頭獨白對四周的全黑
不共夜色同黯的本色
也不管多久才曙色

對比強烈暗示詩人內心的衝擊
時空交錯產生渾然天成的秩序

洛夫：

這次余光中先生趁返臺渡假之便，提出作品供大家討論，並親自出席，我們感到非常高興。近十年來，余光中的詩在技巧上更臻成熟，且由於個人對國運與時代的敏感，他的作品也更富於知性，更具深度，他這首〈獨白〉就是一個例證。

這首詩的標題很巧，具有雙重意義，一是指作者內心的獨白，一是指作者一頭白髮，所以這是一首通過自我以反射人生與時代的詩，其中使讀者震撼的是時間的壓力，而這種力量又是由詩中多重強烈的對比所形成。第一是時間的對比，例如青髮少年的我與白髮的我之對比。第二是空間的對比，例如自由世界的我與深圳那邊祖國河山的對比。第三是在這兩項對比間又穿插了色彩的對比，例如「白髮」與「青山」，「獨白」與「全黑」，「夜色」與「曙色」的對比。這些由對比形成的外境，強烈地暗示出詩人內心的衝擊，同時在結構上也因時空的交錯而產生一種渾然天成的秩序感。

至於這首詩的語言，我覺得固然含義豐富，也很精練，但只是知識份子的語言，不但太文，而且大量採用古詩的語法，有些不免顯得僵硬，例如：「縱見我……」，「料青山……」，「等星都溺海」，「鬼窺神覬」等。我認爲現代詩人繼承傳統的不應是古詩的語言，而是古詩中的境界，以及情景交融，虛實相涵的技巧，現代詩仍應以生活的語言，或精練的白話爲主，這樣的詩才會活潑而瀟灑。

周鼎：

〈獨白〉的主題意識很強，對於生命不肯認輸，不肯服氣，如最後所說的，是「不共夜色同黯的本色」。余光中最近的詩，喜歡運用雙關語，譬如「獨白」，一般是指著一個人獨言獨語，自我交談，這裡卻又指著一頭獨白的頭髮。又如〈撐竿跳選手〉是位「超人」，也是由越過橫桿的「超人」，到具有無比的威力「超人」，兩兩相關。

余光中的詩理路清晰，並不難懂。我想知道第四行的「青山一髮」是不是有什麼典故？

余光中：

「縱我見青山一髮多嫵媚」這句，疊用了兩個典故，一是辛棄疾「我見青山多嫵媚，料青山見我應如是」，二是蘇東坡流放到海南島時，從海南島回看雷州半島，有「青山一髮是中原」的句子。從香港看中國也是青山一髮，就那麼一點山。

神荼鬱壘，神話裡另有獨創

青睞白眼，平實中特具深義

商禽：

好幾次我與外國人在一起聊天，他們對中國古典詩極爲推崇，透過翻譯，他們認識到古詩的「精簡」。例如韓國的徐庭柱也持有這種看法。後來我發現，西洋詩都有「我」存在，是一個人向很多人說話，而中國詩就像余光中這首詩的題目一樣，是一種「獨白」的方式。十多年前，余光中曾倡議回歸傳統，其實，當時很多詩已脫離早期新詩向大衆說話的趨向，回歸傳統近乎獨白的寫法，去經營意象，濃縮意象。此外，當時回歸傳統的作法，只止於擷取佳句，提到古代的人時地，不像今天〈獨白〉這首詩已完全融合，提李白，用了他的「月光」「霜」的字韻，還含有今月曾經照古人的意思在內，其他「靑山一髮」、「我見靑山多嫵媚」、「白了少年頭」等等，都已有了融合與轉化。

從頭一句到「白是新白」這句，爲了時空交錯，余光中濃縮或變用了古人詩句，用了典，此後轉了調子，「月落鐵軌靜」以後，落實到意象界中來，有他自己獨創的語言，前後兩截間，有明顯的界線。余光中是現代詩人中最擅長用疊字的，鬱鬱壘壘啊，高高低低啊，其中鬱鬱壘壘又暗含著典，就是「神荼鬱壘」，管鬼的神，余光中大概有把深圳看成鬼門關的意思。造成疊字「鬱鬱壘壘」，形容大陸上的黑暗、混亂、凄苦，在音義上，頗爲獨創。

曹介直：

我是詩壇的逃兵，十多年來，寫詩少，看詩也少。讀余先生的〈獨白〉，我發現與〈天狼星〉時代的語言大有不同，只有「邊界只幾顆星／高高低低在標點著渾沌」與「一頭獨白對四周的全黑」，還有類似，其他詩句都很平實，容易爲讀者所忽略，譬如「還認得三十年前那少年？料青山見我是青睞是白眼？」這兩句，很普通，其中卻涵蘊著余先生對祖國的忠誠與懷念。其次「白是新白青是古來就青青」，除了洛夫提到的色彩對比之外，更暗示山河的永恆，人生的短暫，因此必須以有限的生命爲這世間留下有用的事物。

這首詩到了「一頭獨白對四周的全黑」，應是最高潮，就此戛然而止，更有餘味。最後那兩行原是爲了加強此句，反而削減了力量，不如不要。

懷鄉情愫，無限殷勤
時間推移，唯我獨醒

張默：

聽了各位對〈獨白〉的分析與批評，頗有同感。「獨白」裡的意義，可能不限於作者個人的「獨白」，頭髮的花白，以及四周皆黑我獨白，也許還可衍生更多的意義。

記得六十八年七月一日晚上，我和辛鬱、羅門、羊令野，在許世旭兄府上作客，飲著老許高堂老母親手調製的木瓜酒，感慨殊深。回來後就讀到這首〈獨白〉，內心的激動是難以言宣的。我想作者置身香江，深圳與大陸祇一水之隔，眞是「一步即成鄉愁」（鄭愁予詩句），作者懷鄉的情愫大家是可以體察的。

讀〈獨白〉令人感到無限的悲戚與蒼涼。本詩未分段，如依拙見，前面六句是第一段，中間七句是第二段，最後四句是第三段，如此分段，讀起來在感覺上可能更好。第一段是遠景，作者心懷大陸，有擁抱九州的感嘆，但是怎能歸去？第二段爲中景，作者身處香江，廣九鐵路就在眼前……。第三段爲近景，祇剩下一個不寐的人，以一頭獨白對四周的全黑，作者的執著是可以想見的，對理想的追求也是可期的。

〈獨白〉的音樂性似乎較重，有詞的味道，余光中的詩，在創造「奇氣」和給予人一種突如其來的震顫和驚喜兩方面，似乎有待加強。

大荒：

〈獨白〉從個人年齡的差距，時間的推移，而到祖國、香港，空間的轉換，處理得相當好。最後「只一個不寐的人」，是衆人皆醉我獨醒的局面，「一頭獨白對四周的全黑」，則由詩人個人的獨白，轉變爲頭髮黑白的強烈對比，也是一種「獨醒」的意思。

這首詩從個人延伸到國家民族的復興上，最後一句「不管多久才曙色」，代表一種期待，期待國家民族的復興，全詩意義完整。就語勢、氣氛而言，我有一個小意見供作者參考，就是最後第五行「鬼窺神覷」之後的半行，其次的一行，删掉，成爲「鬼窺神覷／只一頭獨白對四周的全黑」，可能要更有力。這是我的看法。

語勢進行，非歌似歌
月夜聞簫，蒼涼悲壯

辛鬱：

在當代詩壇，余光中的名字響噹噹，然而，就我個人的看法，余光中的詩所發出的聲音，還缺乏一種沉實的質感，也就是說，在詩的內容上，還欠缺精神性、思想性的開發。余光中一直在尋找一種風格的完成，所以他是多變的，直到《白玉苦瓜》之後才逐漸建立他詩的風貌。

余光中詩的特色，最顯著的，是豐富了語言的能動性，也就是語言的動感。不僅是語言節奏感顯示了音樂的趣味，也可從語言意象中，發現繪畫的趣味——造形、色相、物體的流動等等。但是，在語言的音樂性的強調上，某一個字的「音」雖然達到節奏上的滿足，但若與上下的單字合成一個句子，往往會妨礙到意義的完善表達，這情形，在余光中的詩中是有的，不能說不是一個弊端——「以音害義」的弊端。

其次，一般認爲余光中的詩取材廣泛，我卻覺得詩人的自我形象太顯著了，不論詩中有沒有「我」這人稱，或「你」「他」等人稱，余光中的自我形象，在他詩中的活動是相當頻繁的，這種意識活動，也許與他的生活領域，他的生命背景，有很大關係，但就題材的開拓來說，這是有妨礙的。

讀〈獨白〉，頗有讀陳子昂「念天地之悠悠」的蒼茫感，不同的是，余詩中的「人」的活動是被肯定了的，這與陳子昂詩中置人於天地之下的「天、地、人」合一的境界是不同的，余詩中突出了人，這種認識，不僅是意義完整，更表現了三個特色：一是節奏感，語勢的進行，非歌似歌；二是秩序感，時空交錯，對比強烈；三是和諧感，以人爲主體，與詩中的事象、物界三者渾成一體。

管管：

這首詩看來白淨如玉，不著繁花，不是詩人余光中愛用的筆法，但也正合乎全詩所要求的調子，緩而低沉，蒼涼悲壯如鐘一樣沈默，如同月夜聞簫。而詩人以往是愛用笛子或木管來吹奏的。這是因爲心境不同。

雖不願說天地皆濁醉而我獨清醒，但面對這樣的大黑大暗，詩人不願，也不屑於合污染黑，你們黑自黑之，俺獨守其白，即是青山不改，綠水長流，但人世已幾度夕陽紅了，所謂風流人物也已沉落江底，隨沙泥而去了。俺是不屑同黑暗一齊黑下去的一塊純白，獨立天地間一顆白色火焰，一把孤傲不染的雪，難道俺不能燒盡你們的黑衣污服嗎？

詩中意象有李白、蘇、辛的聯想，也暗喻著自身境況，如果說詩人有些詩唱的是「白蛇傳」，這首唱的是「昭關」了。

第八行的「烏頭」，第九行的「青青」，都犯了調皮的毛病，應改爲端正些的語調。第十行的「只」字可以不要，「月落鐵軌靜，邊界幾顆星」，要好些吧！這是我的「管」見。

臨下筆時，以千古一人自待
意象經營，求淩峰絕頂之勢

林煥彰：

這樣的詩的鑑賞會，我有一個體認那就是詩人與欣賞者之間藉此有所溝通，建立了解，對讀者而言是有意義的。剛才聽大家的意見，使我對此詩有更多的啓發，這就是一種收穫。

我曾經有機會在余先生香港的寓所住過一晚，在深圳附近的廣九鐵路漫步過，感觸很多，重讀此詩又喚起當時身臨其境的那種經驗來。剛才讀這首詩，我很想把最後面的三行安排到前面來，但一直無法做好，一句一句推敲下來，我認爲最後的結語留下「只一個不寐的人，對四周的全黑」，就可打住，「一頭獨白」四字及最後兩行可以不必點明出來。

這首詩是時空交錯的詩，以自己渺小的生命與宇宙大生命做強烈的對比，對生命的感觸頗有「悲涼」之意。

向明：

就剩下藍星詩社的人未發言了。

記得《藍星季刊》復刊時，張健曾引用清人徐增的兩句話勉勵同仁，「臨下筆時，須以千古一人自待」，我認爲光中兄對這句話做得最切實。他的詩無論在造句上，在意象的經營上，雖不能說是月鍛季鍊，至少是再三的斟酌，必要求得凌峰絕頂的境界。每一首詩都付出了千鈞的功力。這是我對他寫詩的整個看法。

〈獨白〉這首詩，音韻用得很自然，這是現代詩難得達到的境地。最近幾年來，我對古典詩非常喜歡，常常想從古典詩中找點營養，愈讀古典詩，愈覺得它有它的長處，古典詩非常自然，即使是固定的格律，分明的韻脚，並不損害到它的完整，自然，圓潤，即使很多詩並不很好，讀起來卻能琅琅上口，這是古典詩最大的特點。現代詩在用韻方面，根據這麼多年來的嘗試，用得成功的很少。余光中在許多詩裡都講究音韻，此詩讀來琅琅上口，音韻很好。只是其中「回頭不再是少年的烏頭」，烏頭兩字讀來生硬，烏頭與回頭相呼應，不用烏頭用什麼呢？用「黑髮」就點破了頭，也不好，勉強用韻容易影響全詩的效果，不能不愼。

靜觀與沉思時，心物頗能交感
精神與技巧上，中西融爲一體

羅門：

我覺得余光中的詩大都保持他一向的風格：

第一，他的詩風明快，富節奏感，詩思貫通有序，善於在詩中製造「巧、妙、趣」的效果。

第二，語言的網路至爲寬暢，語言在活動中也相當靈活，且富變化，含有音感，時有驚人的奇句，但也常有較平白與直敘性的散文句子，影響詩質的精純感與密度。

第三，結構的完妥與統一，幾乎是他每首詩都能做到的。

第四，余詩既偏於、慣於經營詩中的「巧、妙、趣」等效果，對詩中的靈境、神境的關注，便相對地消滅了，事實上，余光中一向生活在順境中，且身爲教授與文人，其心態活動不同於「里爾克的沈思默想」型，強調對一切的內在，做深入探視的專一精神與靜觀態度，而使內心產生「膜拜性」的順從與嚮往；他便勢必在詩中去呈現出一己對一切所產生的情思模式，譬如他在詩中雖也表現「永恆感」（像〈與永恆拔河〉），但絕不像里爾克等詩人對時空與永恆所做的探索與默想，他只對永恆嚮往與感觸到自己所理想的狀態，便鬆開來，巡守在他觀感到的形態世界中，製作與述明自己內心中的那些奇異的反應，造成他的詩偏向「奇巧妙趣」而背離「深沉靈思」。其利是容易抓住更多改變詩形式的機會，其弊是詩受制於技巧性與「物」趣性的效果範圍中，使心物交感的程度，達不到膠著與渾化的靈思狀態。

〈獨白〉這首詩稍有不同，余光中在詩中，使他的內視力多少滲進了「靜觀」與「沉思」的質素，引起心物交感，抑制對象向「巧妙趣」做單向降落，而有提昇到靈思之境的趨勢，如詩中「月落鐵軌靜，邊界只幾顆星／高高低低標點著渾沌」的「標點」兩字，雖用得很巧妙，具有創意，但若沒有「月落鐵軌靜」與末兩字的「渾沌」的靜觀境界相襯，便難免有文字耍巧之感了，既有前者的靜觀，則「標點」兩字不但巧妙、玄妙，而且成爲詩中靈思活動的精采的動詞了。

瘂弦：

長久不寫詩的人，到了詩的座談會，就像進教堂一樣——爲了懺悔。尤其是聽到羅門的證道，爲美所做的證道，好像靈魂洗了個澡。這是我的心情。

余先生的詩，長久以來我們都非常喜愛，從廣大的讀者群的反應，也顯示了他的詩受到歡迎。幾年前，我曾想到做一個重要詩人應該具備什麼樣的條件，當時曾歸納了幾點，首先，他必須對西方文學技巧有相當的認識和了解，對中國古典文化更要有所體認，也就是精神上與技巧上，中西已融爲一體，這種工作須要很長久的時間。在余先生的詩裡，我們不能說這種工作已得到成功的印證，但至少已透露了一些消息，一些面貌，特別是像〈獨白〉這樣的詩，已經可以接上古典詩的傳統，其他如洛夫、周夢蝶、鄭愁予幾位先生的詩中也都能聞到這種氣息，這是好的端倪，更需要年青的詩人來充實它。

我們這一代是爲迎接一個偉大時代而做舖路修橋的預備工作的人，這一點一滴的努力、煎熬，是期待一個文學史上的巨人出現。我們受到五四時代流風遺韻的影響，在走向西方的摸索途中，肯定回歸傳統的正確性，這就是我們犧牲的代價。同時，我們這一代的美學，其實也是對三十年代太過份的社會主義文學，普羅文學的一種反動，余先生的詩受到歡迎，未嘗不可以說是我們這一代的美學受到相當的肯定的一種現象。

〈獨白〉這首詩，我很喜歡最後的「只一個不寐的人，一頭獨白對四周的全黑」，最後兩個色字連用，也非常和諧，雖然一般的押韻並不會把兩個相同的字放在一起。這首詩不僅有家國之痛，同時也有他個人受到中傷、不被諒解的情緒的流露。這是我讀〈獨白〉時所引發的感觸。

類詞疊字，增強音樂性
循聲轉義，別開新境界

李瑞騰：

〈獨白〉這首詩，無非是要表現在無情的時光之流中自我的形容變易，縱使已是白髮蒼蒼，亦不改其「不共夜色同黯的本色」，而且其中容含著家國之思，這點前面幾位先生都提到了。《與永恆拔河》這冊詩集中，余光中除了使用韻脚外，還大量的運用類疊的修辭技巧，以增強其音樂性，例如〈幻景〉一詩，幾乎每行皆用疊字，類詞也不少，又如〈淡水河上〉亦然。就是在〈獨白〉詩中是一樣，「月光、月光」「祖國、祖國」「青、青青」「白、白」「頭、頭」「色、色」都類用，疊用的如「鬱鬱壘壘」「高高低低」，由是可見余光中驅遣文字的能力，但恐怕使用過多會形成泛濫，因爲這種技巧在他的詩集中觸目可見。

表現上，余光中仍走著古詩的抒情路線，寄意於典不說，他在使外景與內情交契上，錯綜多變，景中有情，情中復有深情，單是「月落鐵軌靜」便具多層意義，「靜」，不紙是外界現象，而且是心之「靜」，否則何能安？能慮？能得？最後終於得著「不管多久才曙色」的精神信念。

剛剛有位先生認爲詩至「一頭獨白對四周的全黑」應結束了，我認爲不然，因爲沒有後面兩句，則「四周的全黑」便成純粹現象描述，余光中以「獨」對「全」，是對著囂張的小人赤焰，這從前面的「只幾顆星」「星都溺海」「只最後一盞燈」「燈熄」的層層逼進形式中，可以得到暗示，所以我認爲後面兩句不宜廢之。

蕭蕭：詩與樂不能相分，這是事實，因此，詩的押韻問題不可忽視，甚至於要說「必須堅持」。目前現代詩集最能「暢銷」的，大約是余光中，鄭愁予、瘂弦、楊牧、羅青等人的詩集，而這幾位先生的共同點就是「押韻」。以押韻來看〈獨白〉這首詩，已非嚴守平仄，一韻到底，而是隨著詩意時時變換，這是現代詩自由的地方。古詩押韻通常在雙數句，現代的詩轉韻，應該也在詩意轉折的地方，譬如〈獨白〉的前三行，就詩意言應成一小節，結果第三行反而不與前兩行同韻，讀到此處，感到十分突兀，事實上可以考慮將「祖國」改換其他詞語，譬如「家鄉」，「夢鄉」等等。以這種觀點來看最後三行，如果這三行有共同的韻脚，也不會有後兩行是否該截去的爭議了。

余光中先生在〈獨白〉中運用的技巧是他最拿手而慣用的「因句生句」和「循聲轉義」兩種，因而別開許多新境界。但我認爲維繫他的藝術生命於不墜的，應是中年以後，懷其國憂其時，追求人生與藝術的永恆境界的努力，這點，恐怕是所有詩人應有的覺醒。

獨對四周全黑，永不妥協
常與永恆拔河，愕然天機

余光中：

我很感謝有這個機會，跟許多老朋友、新朋友在一起，聽取各位詩人對我的作品提供卓見。一個詩人發表了詩，他不可能聽到每位讀者的意見，不過，如果能聽到很有資格的、寫詩的同伴，來分析自己的作品，這是很可寶貴的，當然，作者也許會有一點失望，原先的意思，朋友並不那樣想，你把門開在左邊，他卻從右邊進去了，這種現象可能出現，這種心理準備是每個藝術家都該有的，不可能打個正著。

〈獨白〉是自傳式的詩，含有家國之思，應該能給人親切感，其中有三個對照的因素，一個是右派年紀增長與少年的回憶，一個是個人與祖國之間，一個是右派與左派的相對，在國外常有「四周全黑」的感覺，就是指著這件事。「月落鐵軌靜，邊界只幾顆星」，這個鐵軌是通向家鄉通向大陸的，而我偏不回去，邊界只幾顆星不肯跟夜色認同，在渾沌中，只有這幾顆星有標點，有方位，其他都爲夜色所淹沒了。「鬼窺神覬只最後一盞燈」，這盞燈可以指中華民國，也可以指中華文化，即使這些燈熄了，我也不妥協，不論何時曙色才現，我就是不妥協，表現的就是這點。其次，我提一下〈撐竿跳選手〉和〈與永恆拔河〉這兩首詩。

〈撐竿跳選手〉，我是想很客觀地寫一個撐竿跳選手，他三點要訣把握得很準，是一個科學化的藝術家。同理，一個創作者也一樣，要知道什麼時候開始，什麼時候發展，結束，而結束時應是最好的時候，像各位說的「全黑」之後再來兩行，就太超過了！以運動題材入詩，我們寫的少，剛寫好時，我認爲十分客觀，其實，說是寫藝術家，政治家，未嘗不可以。「詩無達詁」，古人都這樣說，可見沒有一種解釋是絕對的。

〈與永恆拔河〉，也有人問我是不是臺灣海峽上的拔河，其實我的本意也是寫藝術家的，藝術家心目中有一個很美的東西要寫，但他不一定能全部兌現，輸是總歸要輸的，如果作品寫輸了，那「永恆」就跟「死亡」同一意義，如果作品偶而贏了，那永恆就是永恆，所以這是「不公平的競爭」，因爲你要從「神」那兒搶一點傑作回來，很難的，但神也有恍惚的時候，你偶而寫出一篇好作品來，那是「愕然天機」，是人力呢？還是天機？恐怕有一半是天機，也許這還是「靈感」的迷信論的一種說法。當初本意就是這樣。

——原載①《北市青年》一九八〇年六月號
②《台灣時報》一九八〇年七月十九、二十日

我們的血在霧起時尚未凝結

——鑑賞洛夫作品

發言者：張默、瘂弦、辛鬱、余光中、劉菲
李瑞騰、菩提、蕭蕭、洛夫

洛夫的作品

□夜飲溪頭公園

雨落在髮上
竟然生出冷濕的歷史感
在高瘦的柳杉下
商禽之一再咳嗽並非無因

而管管辛鬱的引吭高歌
每一句都含有血絲

度此哀樂中年的最佳方法
是共飲一盞
滲有小量雨水的高粱
而後激辯
而後安靜地坐著
路燈從小徑的那一頭亮起

高歌與激辯無非是為了證明
我們的血在霧起時尚未凝結
至於飲酒，飲酒又有何用？
一到深秋
滿山的銀杏葉都將一一
被說成夕陽

後記：民國六十七年詩人節（端午節），一群台北詩人聯袂前往溪頭作一日之遊。抵達溪頭旅社時已近黃昏，但見夕陽滿山，輕霧氤氳，間或有一陣小雨自蟬鳴中洒落，胸中暑氣頓消。夜間詩友群集柳杉林下，飲酒論詩，暢敍竟夕。

——一九七八・六・二十七

□邊界望鄉

說著說著
我們就到了落馬洲

霧正升起，我們在茫然中勒馬四顧
手掌開始生汗
望遠鏡中擴大十倍的鄉愁
亂如風中的散髮
當距離調整到令人心跳的程度
一座遠山迎面飛來
把我撞成了

嚴重的內傷

病了病了
病得像山坡上那叢凋殘的杜鵑
只剩下唯一的一朵
蹲在那塊「禁止越界」的告示牌後面
咯血。而這時
一隻白鷺從水田中驚起
飛越深圳
又猛然折了回來

而這時，鷓鴣以火發音
那冒煙的啼聲
一句句
穿透異地三月的春寒
我被燒得雙目盡赤，血脈賁張

你卻豎起外衣的領子，回頭問我
冷，還是
不冷？

驚蟄之後是春分
清明時節該不遠了
我居然也聽懂了廣東的鄉音
當雨水把莽莽大地
譯成青色的語言
喏！你說，福田村再過去就水圍
故國的泥土，伸手可及
但我抓回來的仍是一掌冷霧

題記：民國六十八年三月中旬應邀訪港，十六日上午余光中兄親自開車陪我參觀落馬洲之邊界，當時輕霧氤氳，望遠鏡中的故國山河隱約可見，而耳邊正響起數十年來未聞的鷓鴣啼叫，聲聲扣人心弦，所謂「近鄉情怯」，大概就是我當時的心境吧！

——一九七九・六・三

□與李賀共飲

石破
天驚
秋雨嚇得驟然凝在半空
這時，我乍見窗外
有客騎驢自長安來
背了一布袋的
駭人的意象
人未至，冰雹般的詩句
已挾冷雨而降
我隔著玻璃再一次聽到
羲和敲日的叮噹聲
哦！好瘦好瘦的一位書生
瘦得

猶如一支精緻的狼毫
你那寬大的藍布衫，隨風
湧起千頃波濤

嚼五香蠶豆似的
嚼著絕句。絕句。絕句。
你激情的眼中
溫有一壺新釀的花雕
自唐而宋而元而明而清
最後注入
我這小小的酒杯
我試著把你最得意的一首七絕
塞進一隻酒甕中
搖一搖，便見雲霧騰升
語字醉舞而平仄亂撞
甕破，你的肌膚碎裂成片

曠野上，隱聞
鬼哭啾啾
狼嗥千里

來來請坐，我要與你共飲
這歷史中最黑的一夜
你我顯非等閒人物
豈能因不入唐詩三百首而相對發愁
從九品奉禮郎是個甚麼官？
這都不必去管它
當年你還不是在大醉後
把詩句嘔吐在豪門的玉階上
喝酒呀喝酒
今晚的月，大概不會爲我們
這千古一聚而亮了
我要趁黑爲你寫一首晦澀的詩

不懂就讓他們去不懂

不懂

爲何我們讀後相視大笑

一九七九・三・作 一九七九・八・修正

有客騎驢自長安來

背了一布袋的

駭人的意象

張默：

〈邊界望鄉〉發表後，我捧讀再三，確是一首充滿「近鄉情怯」、讀之令人欲哭無淚的好詩。洛夫的詩一向以語言和意象取勝，此詩亦不例外，譬如第二段的「當距離調整到令人心跳的程度／一座遠山迎面飛來／把我撞成了／嚴重的內傷」。闊別三十年的大陸，作者第一次從望遠鏡中窺見，當時的心境、感受，都不是別人所能猜測的，特別是「把我撞成了嚴重的內傷」極具震撼力。對大陸的一草一木，一花一樹，過去我們也許只能在記憶中回味，如今莽莽神州近在咫尺，那種激盪的渴欲與愁緒，不是內傷是什麼？

又如第三段寫一隻白鷺從水田中驚起，飛越深圳，又猛然折了回來。「白鷺」也許是作者當時所看到的，也許是虛構的，不論是虛是實，作者親臨大陸邊界，化身為白鷺，飛越深圳，親吻一下自己的國土，也是人之常情，但作者一個轉折，這隻白鷺還是不敢跨越雷池，詩人怎能不自我約制那愈飛愈遠的鄉愁？這兩段都是神來之筆，不絕如縷的鄉愁在讀者的心靈深處迴蕩不已。

〈與李賀對飲〉這首詩，實際上是詩人借酒寄意，李賀的不得意也就是詩人洛夫的不得意。我發現透過本詩，作者也有呼之欲出的「遁世」意念。洛夫說：「今晚的月，大概不會為我們這個千古一聚而亮了！我要趁黑為你寫一首晦澀的詩，不懂就讓他們去不懂」，這裡面充滿作者的孤絕與隱憂、豪情與感歎。「黑」是最「駭人的意象」，黑，並不一定代表黑暗、罪惡、卑微，它也可能有某些強烈的暗示，譬如深沈、恆久等等意思。

就詩創作而言，洛夫甚少失手，但我對他有更多的期許，他應該有「湧起千頃波濤」的信心，邁開大步，向史詩和詩劇方面出擊，因為這兩者不是每個寫詩的人都有資格去嘗試的。

此外，洛夫所塑造的語言也有了某些習慣性的模式，譬如這三首詩中「……把我撞成了嚴重的內傷」、「背了一布袋的駭人意象」、「滿山的銀杏葉都將一一被說成夕陽」諸句，雖然語字不同，但似乎都是在一個手勢下完成，應無疑義，我並不是說這些語言、詩句不好，而是作者用慣了，用多了，是否會讓讀者有「巧」而「不實」的感覺？

一到深秋滿山的銀杏葉都將一一被說成夕陽

瘂弦：

久不寫詩，但身為編者，我往往是洛夫詩的最早讀者。最近讀洛夫詩，我有一個心得，這個心得好像沒有人提起過。我以為《石室之死亡》時期洛夫的詩比較「緊張」，在氣質上接近貝多芬、米開蘭基羅、屈原等人，在文學藝術上，他們是緊張型的作家，相對的是「安靜」型的作家，像陶淵明，當代的鄭愁予、季紅、方思等，氣質上像拉斐爾、蕭邦等田園型的畫家、音樂家。這是兩種不同的美，都可以成為偉大的藝術。緊張型給人一種放歌的感覺，很狂放，安靜的則給人思考。洛夫在《外外集》以後，慢慢從緊張中鬆弛了，安靜型的藝術成分也慢慢進入他的詩中，一直到〈西貢詩抄〉，雖然面對的是緊張的事件，但處理的方法則是冷靜的，以四兩撥千斤的方式來處理戰爭的大場面，他是以剛才說的藝術家的第二種性格來寫，我認為這種轉變是非常可喜的。《石室之死亡》的意象非常緊密，詩的密度很高，有時讀者會有受不了的感覺，讀幾段就要放下來，因爲沒有喘息的餘地。《外外集》以後的轉變，保留了緊張的優點，安靜的形式也進入他的詩中，兩者相互平衡，調適，有劍拔弩張的情勢，也有風趣、苦澀的中年式的感傷意味，像說笑話似的把一個使人流淚的東西說出來，譬如〈與李賀共飲〉裡：「嚼五香蠶豆的嚼著絕句。絕句。」拿很小的生活性的東西來表現李賀。李賀近於緊張型的詩人，洛夫以嚼蠶豆這一意象來說他的咀嚼詩句，兩者的優點都有了。又如「你我都非等閒人物。豈能因不入唐詩三百首而相對發愁」這種以幽默的方式來表現苦澀心境，非常高明。「管管、辛鬱的引吭高歌，每一句都含有血絲」，這種句子相當冷靜，毫不激動，「至於飲酒，飲酒有何用呢？」一到深秋，滿山的銀杏葉都將一一的被說成夕陽」，這種表現也頗近乎淵明的趣味，陶淵明曾說我幾個孩子都不成器，且盡杯中物吧！

就「緊張」與「安靜」這兩種風格而言，可能「緊張」是接近西方的，「安靜」比較中國式。屈原是緊張的詩人，屈原以後，緊張的詩人就少了，漸漸發展爲對自然的靜觀，從自己的嘲弄中見出眞情，奇趣。這種冷靜型的是中國式的，洛夫往這個方向發展，我想是好的，他的詩中已經有了悲劇意識，方法則採用更中國式的，這條路是寬廣的。這是我讀洛夫詩的一點心得，不知各位以爲然否？

一座遠山迎面飛來
把我撞成了
嚴重的內傷

辛鬱：

讀洛夫的詩，有兩種感受，一種是歷史的深沈感，一種是人生的調侃與情思的宣洩，這兩種感受充分說明洛夫詩中的藝術張力，已達到極爲圓熟的地步。

從語言的調節來說，洛夫的詩兼顧了語言的多重功能：一是語言的形象化，二是語言的音樂性，三是語言的意義感，如把三者結合起來，則發現洛夫詩中的語言意象，不但鮮活生動，而且富有啓發性。

往往，他詩中的某些章節、某些句子，給人一種出於意表的突兀之感，這應歸於他的「巧思」。這種突兀之感，有時是一種警覺，有時是一種驚喜，有時又是一種不能明言的深沈體察。這些影響作用的產生，在於語言意象的處理，能充分掌握「準確」這個要求。

所謂「巧思」，這不是單單具備了筆墨功夫就能夠達到的，它還需要卓越的才情，更重要的，在於人生經驗是否練達豐富，思想是否精純。徒具筆墨功夫，作者的才情會流於僵化，人生經驗與思想偏於機械性，這種詩看來造作得很。洛夫則不然，這也許就是所謂「匠心獨運」吧！

形容、類比、象徵與暗示，在詩意義的傳達上，有層次的不同，當然這也顯示表現手法的高低之別。洛夫慣用象徵與暗示手法，提昇意義的傳達，給人印象深刻。所以，讀他的詩不僅有所感動，且在感動之中亦有感悟。例如〈邊界望鄉〉一詩，景物與心象排比有序，本來這種懷舊的題材有很多人寫，洛夫寫來卻加重了深沈感，如「一座遠山迎面飛來／把我撞成了／嚴重的內傷」，這「內傷」何祇是洛夫的，也是你的，我的，全中國人的，又何祇是人的，也是中國的，歷史的，這就是「深沈感」。又如「杜鵑」「咯血」這組意象，取事物之形，更取事物之質，豈不是也暗示了現實人生？洛夫的詩，不是一種「唯美」的過癮。

不過，洛夫有時也在作品的剪裁上出些小毛病，某些他早期的詩，意象太繁複了，太密集了，像滿池的水，無風，不揚波，像拉緊的弓弦，張而不發，給人壓力太大，希望洛夫能捨，捨得動刀，割棄過多的枝葉。

我們的血
在霧起時尚未凝結

余光中：

這三首詩都算是好詩，一年有三首好詩，就一位中年詩人而言，這也就夠了，如果其中有一首能突破，那就更佳！當然，如果量多，質好的或然率也就更大。

瘂弦剛才說「緊張」是對的，但不能說現在鬆弛了。詩的「張力」仍然在，鬆中有緊，那是另一種境界，就是把悲劇感、嚴重感、受傷感，放在一個安詳的框框中，這是新的境界，值得其他中年詩人參考。青年人就不該安詳了，青年要有青年的衝勁！

洛夫《石室之死亡》的詩，不能算是生活化的詩，而是在想像的衝撞下寫出來的。近年來他的作品，生活的面目逐漸清朗，節奏緩下來，意象化開來，不再像以前那樣高速。

剛才，張默以爲瑕疵的是太巧，巧而不實，遇到緊要關頭，以習慣性的純熟技巧一筆帶過，不好。辛鬱卻認爲這是巧思，能給人突兀感。問題來了，巧與不巧如何調和呢？早期洛夫講求張力，近年巧拙互用，高潮時有眞的高潮，不是句句爭先，一直處於高亢的情緒中，能犧牲某些句子以成全主要的詩句，巧拙相濟而有節奏感，顯現層次，讓讀者可以調整脈搏，迎接下一次高潮。

張默、辛鬱也都提到了詩人的商標。詩人各有招式，巧妙不同，洛夫早期「以傷口唱歌」的技巧還在，譬如說：「一到深秋／滿山的銀杏葉都將一一／被說成夕陽」，「一座遠山迎面飛來／把我撞成了／嚴重的內傷」，「當雨水把莽莽大地／譯成靑色的語言」，「甕破，你的肌膚碎裂成片」，這些都有戲劇化的動作，但其中更含有哲學的意味。洛夫喜歡用大動作，常常牽涉到肌體，我說這是「苦肉計」，殘損肌體以完成藝術美，這是洛夫的商標之一。就句型分析，可以分成兩類，一種是A蛻化而成B，例如「雨水把莽莽大地譯成靑色的語言」蛻化至另一度空間。一種AB相交而起化學作用，成爲第三度空間的C，例如「遠山把我撞成了嚴重的內傷」，遠山、與我——→內傷。這是張默說的一筆帶過的巧，也是辛鬱說的巧思。這種意象是嚴重的，身體都牽涉在內，淚汗少，而血、骨多，正是嚴重的悲劇性。

意象剛一出手，就已變質，一般詩人不能仿學，這是「莫氏刀法」，酌量使用仍然很好，但要能翻陳以出新，我們等待看莫氏的另一種絕招。

〈夜飮溪頭公園〉，我很喜歡。此詩之感情、技巧，都讓人有秋天的感覺；〈石室之死亡〉的詩就給人炎夏的感覺，颱風仍多，咄咄逼人，好像彼此要把對方擺平似的。〈夜飮溪頭公園〉，淡淡說來而有味道，從具象急轉爲抽象又回到具象，自由出入具象與抽象之間。「我們的血在霧起時尚未凝結」，「霧起時」是實景，但也有象徵的味道。

〈邊界望鄉〉的最後兩句：「故國的泥土，伸手可及／但我抓回來的仍是一掌冷霧」。「抓回一掌冷霧」是前面所說由A蛻化為B的句型，記得〈石室之死亡〉中也有「從灰燼中摸出千種冷千種白」的句子，這裡的「冷霧」也跟上一首一樣，是當日的實際氣象，但也有其象徵意義。

〈與李賀共飲〉企圖把握李賀的精神。李賀是一位高明而失意的詩人，「不入唐詩三百首」、「月亮不為我們而亮」、「摸黑喝酒」等等，暗示李賀的命運。洛夫與李賀早期晦澀相同，但李賀不准應考，早夭，洛夫在當代顯赫詩人，年過五十創造力仍旺盛，這些都不相同。這首詩中說李賀眼中溫有一壺花雕，「自唐而宋而元而明而清」，朝代不必如此細數，實在可以再加變化，這不像是「莫氏刀法」。

張默：

每個詩人都有自己的習慣性思考方式和造句，酌量使用，不是大害，余光中剛才提到「巧拙相濟」，很正確，不只洛夫，每個詩人都該如此。但有人連巧都不及，硬要套入洛夫的詩句，就顯得很不自然了。剛才余光中還提到《石室之死亡》沒有生活性，其實不然，洛夫寫這輯詩時是在金門坑道內，耳聞炮彈颼颼之聲完成的，當時的風氣較為閉塞，在形格勢禁之情況下，他必須透過迂迴的方式來處理，想像之辭就多了！

石破
天驚
秋雨嚇得驟然凝在半空

劉菲：我認識洛夫是在民國五十四年，幾乎他的詩我都讀過。對他的詩，我有著迷的感覺。剛才各位都點到了洛夫的要點，譬如瘂弦提到「悲劇意識」，我認爲幾乎洛夫每一首詩都富於悲劇意識，從《石室之死亡》到今天討論的三首詩都是如此，這是第一個可以肯定的。第二個可以肯定的是洛夫詩語言的創造性，他每一首詩都有創造性的語言出現，一兩句，甚至於三、五句。第三個可以肯定的，也就是剛才余先生所提的外表的戲劇化和內在的哲理化，特別是「戲劇化」這點，今天我是第一次提到，至於「哲理化」，我曾說洛夫是一個人文主義者。

〈夜飲溪頭公園〉這首詩，正如余先生所說，是秋的比興，但其中仍然富於悲劇意識。他不是去溪頭玩樂，他有一種被壓抑的心情需要宣洩，譬如他在詩中說辛鬱等人的歌含有血絲，就是一種悲劇性。至於〈邊界望鄉〉，也不是一個非詩人遊香港所有的心情，詩人與非詩人的分別在這裡，詩人的沉痛在這裡。「故國的泥土，伸手可及，但我抓回來的仍是一掌冷霧」，這兩句完全表現了他內在沉痛的感受，這種感受也就是人文主義者的感受。非詩人是無法以語言表達的，直到他讀了這首詩，才產生了共鳴，這就是詩人偉大的地方。談到〈與李賀共飲〉這首詩，我記得余先生早期也有一篇論李賀的文章。李賀是落魄的。雖然今日的洛夫不能跟他比擬，但在潛意識中，詩人仍然是不得志的，因此藉李賀表現這種與世俗不同的心境。所以，剛才張默提到「不懂就讓他們不懂」這一句太落言詮，不如改寫爲其他的詩句，我不以爲然，我卻認爲有「諷」的藝術效果。最後一句「不懂爲何我們讀後相視大笑」，詩人不給我們結論，讓讀者去想，懸疑的成分很大，還是留下來好些。

李瑞騰：

今天我祇談第三首〈與李賀共飲〉。

李賀是古詩人，洛夫是今詩人，今詩人邀古詩人共飲或促膝傾談，我稱此類的詩爲「今古文人神交詩」，像余光中的「和陳子昂抬抬槓」，也是這類的詩。

和古詩人在詩中做心性交流，必須有史的認知做前提，換句話說，必須在充分了解對象以後始可爲之。這種詩可能產生的形態有二：一是認同的，一是批判的，前者是認同古人的作爲，或是同情古人的際遇；後者是批判古人的作爲，或者反對他人對於此對象的評價。洛夫此詩屬於前者。

我們透過一些史料，像李商隱的「李長吉小傳」，新舊唐書，以及前人關於李賀的諸多記載，可以塑造出一個完整而清晰的李賀形象：他細瘦、貧窮、騎驢，他的詩鬼氣陰森，酒氣醺天，絕句甚多，大約五十首，佔全部詩作的最大比例，其詩不入選「唐詩三百首」。而這些李賀形象中的重要特徵，都準確而自然地出現在洛夫這首詩中。

余光中先生說洛夫已經寫出了李賀的眞精神，這是不錯的。不過有兩個地方似乎不見於與李賀有關的資料中，一個是第三段的「你最得意的一首七絕」，另一個是末段的「當年你還不是在大醉後/把詩句嘔吐在豪門的玉階上」，當然洛夫也許另有其用意，但我認爲此詩既已緊扣住李賀其人其詩，似乎不宜「揑造事實」，以免徒增閱讀的困擾。

這首詩值得我們來討論現代詩人的縱向繼承意識，也值得我們拿來與同類型的詩做比較，同時因爲它與傳統的詠史詩在形神上小同大異，所以應該以細讀法來分析。此外，我們也可藉這類詩研究古典詩與現代詩匯通問題，這些問題，希望將來我能寫一篇專文來討論。

一隻白鷺從水田中驚起
飛越深圳
又猛然折了回來

菩提：

我祇希望談談〈邊界望鄉〉這首詩。〈邊界望鄉〉的結構嚴謹，朗讀之後覺得其中一節扣一節，一環扣一環的許多「情意結」都能深深擊中讀者，而產生「詩」的情緒。從結構上看，這首詩也有忙裡偷閒的筆法，粗略的說，每一段最後三行到兩行之間都有新的、突然的、意外效果的詩句出現。而這種效果，構成了詩中的「靈魂」，沒有這些詩句，詩就顯不出寬廣，渾厚，乃至深沉來。

詩一開始就說：「說著說著／我們就到了落馬洲」。這在視覺上給人的感受，彷彿眼見兩人併轡前進，談笑間到了一處地方，但很不幸，這處地方似乎不太吉利。英雄落馬，誰到了這一「洲」大約都不好受，因此在這裡，「落馬洲」成爲無可奈何的象徵。事實呢？它只是寫實。

接下去，詩以「霧」開頭，以落魄英雄「勒馬四顧」的複雜情緒寫盡了因「鄉愁」所帶來的諸多苦惱。從手心生汗，心跳，到嚴重內傷，皆是初睹故土的一種驚駭的情愫。這一段寫盡內傷與外感，可以當作是自省式的「起」。

第三段以「病了病了」緊接上文的內傷而延伸到詩人之所見。詩人在這裡所見的——一朵杜鵑蹲在「禁止越界」的告牌下咯血——雖是寫實，卻處處帶著含意，可貴的是這種含意的輻射非常自然，你如不追究此一含義，詩一樣是美，你略一注意，便感到沈痛難耐。詩、包括古詩在內——最令人激賞的就是這種功夫的表現。在第二段裡有閒閒之筆，卻也是重要的三行「一隻白鷺從水田中驚起／飛越深圳／又猛然折了回來」，看來是寫實，但也是詩人心境的自然流露。白鷺是純潔美的象徵，也是明喻（整個三行詩則是隱喻），飛去又飛回，是痛苦的假託。這三行忙中有閒，信手拈來，實爲妙悟。

第四段直接寫大陸，不過這裡都賦予那些景物的主觀意義（如鷓鴣以火發音）。這樣的句子可以做到直接，但必須要有一個先決條件，那就是「勢之所至」才行。

這一段幾乎已豁然開拓出詩人的內心境界，直接訴諸主觀意念了。但好在怒中有靜，沸騰之中有冷靜的反省。詩人說「你豎起外衣的領子／回頭問我／冷／還是／不冷？」這效果與白鷺一景異曲同工，但它已直指「內心」了。

最後一段，他用了二十四節氣的三個節名，表現了一種從希望到實現的過程。像這樣極其複雜的「事與勢」的過程，洛夫卻能作如此淡淡的巧妙呈現，很是高明。當中除了「當雨水把莽莽大地譯成青色的語言」爲意象的運用之外，其他節名地名皆自然成詩，而最後用「伸手可及／但我抓回來的仍是一掌冷霧」，這個動作與前三段的最後幾行同屬一個手法。

這個手法在這首詩中再三的出現，充分表現了它的內在的含意，我只說它的內在含意，而不願說明它究竟象徵什麼，是因爲它可以憑每個讀者的感受和認知，自己去肯定。說明白了等於扼殺。但是，他那去而復回的動作是多麼痛苦的一種表現！

最後，我必須簡要說出我對這首詩的另一感受。這首詩有好幾個層面，顯出他的豐富感：

第一，他寫出了「自然界」的一個層次，這些可以從許多描寫自然景物的詞彙中去連繫。如地名、花名、節名、鳥名和霧。

第二、他寫出了內心的層面，從手心出汗、心跳、內傷、冷、血脈等去探究。

第三，即如前述，他寫出了一個沸騰的、矛盾的、爲痛苦折磨的情感面，這三個層次俱在詩中，使它成爲一首既自然又感人至深的作品。

辛鬱：

顏元叔評葉維廉的詩曾用了「定向疊景」這個名詞，說「景」很有次序地移到眼前來。中國詩一向重視三個層次，一是遷「景」入「情」，二是化「情」爲「象」，三是破「象」爲「意」。菩提剛才雖然沒有用這三個詞彙，其實他的意思正是如此。「邊界望鄉」很穩妥地依照這個層次展開，沒有廢辭，而一般詩人往往停逗在化情爲象中，無法再進一步破象爲意。此外，剛才提到洛夫的悲劇意識，我以為他的悲劇意識是考驗、磨鍊後的自我，介入現實，而為全面性的劇場展現，「喜感」十分強烈，經過這種批判性的過程，而後才是完整的作品，作品中有展望，能使人從中獲得體悟。

我被燒得雙目盡赤，血脈賁張
你卻豎起外衣的領子，問我
冷，還是不冷？

蕭蕭：

洛夫選字一向聳人聽聞，在〈夜飲溪頭公園〉及〈邊界望鄉〉兩首詩裡，他用了「血」與「冷」兩個他常用的字，就以這兩個字為核心，大約也可看出洛夫的特色。

關於「血」的句子包括「引吭高歌，每一句都含有血絲」，「我們的血在霧起時尚未凝結」。「杜鵑咯血」，「我被燒得雙目盡赤，血脈賁張」。這四句詩可以分為兩類：一、三句的血是至苦至悲，至隱至痛的徵象，二、四句的血是激昂、慷慨、熱切的代表。做為一個陽剛詩人，血是最男性的意象，其次是「火」「駭」等開口音的字，相反的，陰柔的詩人要以「淚」以「汗」為意象，偶而有血，也不過是血絲而已，與洛夫的「不凝結的」「賁張的」「咯血」相比，其勢不可同日而語。即如余光中先生剛才所提〈夜飲溪頭公園〉使人有秋的感覺，其實，洛夫詩中多的是夏的炎虐，秋的肅殺，冬的冷酷，而少春的明媚，至少，血字就含括了夏的炎虐與秋的肅殺。

至於冬的冷酷，那要看他這三首詩中的「冷」字，有冷的句子如「冷濕的歷史感」，「我們的血尚未凝結」，「三月的春寒」，「冷，還是不冷？」「抓回來一掌冷霧」等。「冷」使人畏縮而有寂寞永恆的感覺，有了這個冷字才能控制洛夫的血不至於亂噴激射，熱情冷凝，能放能收，這是很好的相互約制的兩個單字。血與冷同時也是相反的對比字，兩字放在一起更可因對比而產生巨大的震撼力(1)「在冷濕的歷史感」裡「每一句都含有血絲」，(2)「我們的血在霧起時尚未凝結」，(3)「我血脈賁張，你卻豎起外衣的領子，回頭問我：冷，還是不冷？」兩相對比，以冷更襯出血的至悲、至怒。其他洛夫慣用的字群「水」「火」「黑」「獸」「泡沫」「傷口」等，大約不能逃出血與冷的屬性。

最後，〈與李賀共飲〉這首詩，大家一直在身世、生活、遭遇上比較李賀與洛夫的異同，我想不妨在詩的意象鑄造上說這是洛夫的夫子自道好些，所謂「秋雨嚇得驟然凝在半空」，所謂「駭人的意象」，所謂「冰雹般的詩句」，所謂「語字醉舞而平仄亂撞」，所謂「晦澀的詩」等等，無一不是洛夫的自況，「他們不懂」而「我們相視大笑」，這樣的豪放屬於洛夫而不屬於李賀，是很顯然的。

故國的泥土，伸手可及
但我抓回來的仍是一掌冷霧

洛 夫：

今天各位以最誠懇、最客觀的態度來討論我三首小詩，除了對各位深入的分析和精闢的見解深感欽佩之外，更使我覺得這種討論會，不論對作者或讀者，都有好處。過去我也曾多次參加過這種討論會，今天輪到我自己來接受「公審」，內心不免也有點惴惴然。詩既然是寫給別人讀的，被批評是難免的。我發現，詩人可能是世上最具自信的人，也是世上最自以爲是而執迷不悟的人。一個詩人有自信是好的，但也不能忽視客觀標準的估量，故有時也不妨從別人的鏡子裡看看自己究竟是什麼長相。當然，鏡子中也有一種使形象扭曲的哈哈鏡，看到鏡中被扭曲的自己，難免會啼笑皆非。一般說來，任何人都無法逃避鏡子，與其逃避，倒不如面對它！

今天在座的各位詩人，可說都是中國現代詩台灣時期的中堅份子，每人都曾創造出一套獨立的語系，每人都具有特殊聲音與色彩的風貌，而且各人堅持各人的表現方法，很少爲外在的因素所惑。我今天能告慰於各位的，也只有這份數十年如一日鍥而不捨的追求精神。我想我是一個相當富於自覺的人，是好是壞，優點與缺點，如冬夜飲水，冷暖自知，縱然失敗了，最後還是淸醒的。雖然剛才各位對我的作品多所謬讚，但我自己知道，在這有生之年，我是不可能像某些詩人那樣深受廣大的讀者寵愛，尤其是使那麼多女性讀者風迷，因爲我的詩不夠甜美，不夠純情，不夠夢幻，因此寂寞是命中註定的。不過，有時也會忍不住像格雷夫斯(Robert Graves)一樣對自己喊道：「我的詩是寫給詩人讀的！」這種語氣好像有點負氣。不過我覺得，旣然身爲詩人，而不是一個推銷員或經紀人，我唯一的任務就是把詩寫好，該寫成什麼樣子就是什麼樣子，而不應根據別人的需要去做。我的基本詩觀是「以小我暗示大我，以有限暗示無限」，因此我認爲，詩永遠是個人情感和經驗的意象化和秩序化，而且是一種價值的創造，但必須透過暗示，才能顯示由個人擴大爲衆人的價值。正如各位所指出，我的詩中傷痕累累，充滿了生命中悲苦的和挫敗的意象，充滿了悲劇性。對我而言，詩人的使命就是透過詩來解除生命的悲苦，這種詩是知性的，是批判性的，詩決不像一束花一樣只使人愉快或感動而已，更重要的是使人對生命有所感悟。如果我的詩眞能達到這種境界，擁有讀者的多寡，已不是問題了。

聽到各位的高見，不論說好說壞，我都感到心悅誠服。最後我想對李瑞騰提出的問題稍作解答：詩不宜當作歷史讀，詩人最大的本錢是想像，因此詩中的事物都不必是事實的眞。我寫〈與李賀共飲〉，旨在自我調侃，其中有關李賀的身世與事蹟，也是信手拈來，不求準確，其表現手法正如我寫〈李白傳奇〉，只求能抓住他們兩人的神。我把李白的死處理得神奇，很超現實——抓住峰頂的那條飛瀑，盪入了滾滾而去的溪流——這只是詩的手法，與他實際的死是兩回事。假如以讀史或考據的方法去讀詩，而結果發現詩中事事皆眞，我想這未必就是一首好詩。

——原載《中外文學》一〇四期 一九八一年元月

蕭蕭寫作年表

民國三十六年（西元一九四七年）七月二十七日出生於彰化縣社頭鄉朝興村。
曾祖父爲晚淸秀才，父親務農。

民國四十二年 入朝興國民學校就讀。

民國四十五年 小學四年級，得恩師柳明智、任文治先生指導，閱讀課外讀物，初識文學。

民國四十八年 小學畢業，入臺灣省立員林中學初中部。在初一導師何乃斌誘引下，苦背古文。

民國五十一年 直升省立員林中學高中部。創辦校內刊物《晨曦》文藝，後來由校方接辦，改爲《員中青年》，續任主編。

民國五十二年 六月十八日在彰化市舊書攤上購得洛夫詩集《靈河》，初識現代詩。嗣後參加「中國文藝函授學校」詩歌組，閱讀覃子豪先生所編講義。
十月，在一次《笠》詩刊的籌備會上，認識詩人桓夫——生平第一位認識的詩人，同時也會見了林亨泰、錦連等。
十一月，習作第一首詩，發表於桓夫商借《民聲日報》編刊的《詩・展望》上。

民國五十三年　高三，與同學黃榮村參加以古貝、陳奇合為主的《新象》詩刊，參與編輯。此年盡讀員中圖書館中國古典小說。

民國五十四年　入輔仁大學中國文學系，認識外文系學長王裕之，瘋狂閱讀並背誦現代詩。任中文系、哲學系合組之「文哲學會」會長，參與《輔大新聞》編務。選修葉嘉瑩教授「詩選」課程。

民國五十五年　任「輔大新聞社」及「新境界社」社長，與林文寶、周順、林明德等共同主編《輔大新聞》、《新境界》校刊，及《輔仁文學》系刊。

七月，參加暑期「戰鬥文藝營」，與陳芳明、周玉山同組，受詩人瘂弦、鄭愁予指導，習作較多。

九月，協助陳芳明創辦輔大「水晶詩社」。選修張秀亞教授「新文藝」課程。

民國五十七年　認識青年詩友林鋒雄、陳明台、黃勁連、鍾友聯、龔顯宗、李弦、蔣勳、翔翎、皇篁（華岡詩社）及羅青等人。

民國五十八年　年初，撰寫〈文學無我論〉長文，開始熱中於文學特質之省察。

六月，輔大畢業，考取師大國文研究所碩士班。

七月入伍，服役於國防部心戰總隊「光華廣播電臺」。

十二月赴金門。

民國五十九年 二月，寫作散文〈流水印象〉，《這一代》月刊連載。
三月、四月、五月，撰述三萬字論文評析洛夫一首〈無岸之河〉，引起詩壇注意。
七月，退伍。
九月，入師範大學國文研究所讀碩士班（所長林尹先生）。結識「創世紀」詩社諸君子。
十二月，認識青年詩友辛牧、施善繼，並策劃成立屬於青年而有中國風貌的詩社。

民國六十年 一月，「龍族詩社」正式成立（創社詩人共有九位：辛牧、施善繼、林煥彰、林佛兒、景翔、喬林、陳芳明、蘇紹連、蕭蕭）。第一首詩〈舉目〉發表於《龍族》創刊號。

民國六十一年 五月，退出龍族詩社。稍後蘇紹連亦退出，組成「後浪詩社」，爲「詩人季刊」前身。
六月，碩士論文《司空圖詩品研究》在恩師盧元駿先生指導下完成，通過碩士學位考試，論文輯入師大國文研究所集刊。
八月，返回員林，任中州工專講師兼課外指導組主任。此年秋天與戴惠櫻結婚。
此後五年未與詩壇往來。

民國六十二年 四月，長男必沛出生。

民國六十三年　八月，轉任達德高級商工職業學校教師兼訓育組長。與張漢良同獲「創世紀」詩社創立二十週年詩評論獎。

民國六十五年　五月，出版第一本散文集《流水印象》（原題《七個印象》）。

民國六十六年　四月，經由瘂弦先生推介，出版現代詩評鑑專集《鏡中鏡》（幼獅文化公司發行）。八月，轉任再興中學教師。認識詩友渡也、李瑞騰、向陽等人。

民國六十七年　六月，出版詩集《舉目》，主編「詩人小集」六冊（廖莫白：《菊花過客》，李仙生：《名片與卡片》，牧尹：《黑臉》，楊亭：《靜聽流水》，蘇紹連：《茫茫集》，蕭蕭：《舉目》），由「詩人季刊社」發行。

民國六十八年　主編《詩人季刊》。四月，出版《青紅皀白》（中國古典詩歌中的色彩，故鄉出版社發行）。五月，出版《現代名詩品賞集》（聯亞出版社發行），爲近一年來詩人座談實錄。十一月，出版《現代詩導讀》五大册（與張漢良共同編著，故鄉出版社發行），包括導讀三册，理論一册，批評一册。

民國六十九年　元月，開始發表「朝興村雜記」各篇散文，正式專事散文創作。三月，應「文藝月刊」邀請，撰寫「現代詩泛論」，開始逐期連載。四月，出版《中學白話詩選》（與楊子澗共同編著，故鄉出版社發行）。

出版現代詩評鑑專集《燈下燈》(東大圖書公司，三民書局發行)。

八月，次男必浩出生。

民國七十年

元月，應《幼獅少年》之邀，撰寫「我們來寫詩」逐期連載，指導青少年寫詩。

二月，出版第二本散文集《美的激動》，重刊第一本散文集《流水印象》(均由蓬萊出版社發行)。

六月，出版《中國當代新詩大展》(與陳寧貴、向陽共同編選，德華出版社發行)。

七月，應《臺灣時報》副刊邀請，策劃「時報詩學月誌」，每月月底出刊。

民國七十一年

三月，出版《現代詩入門》(故鄉出版社印行)。

三月，出版第三本散文集《穿內褲的旗手——朝興村雜記》(蓬萊出版社發行)。

七月，應《自立晚報》副刊(向陽主編)邀請，每週撰寫專欄「蓬萊速記」(週一刊出)。

八月，離開再興中學，轉任景美女中教師，並經由李瑞騰介紹爲德明商專兼任講師。

九月，以〈小學生與阿兵哥〉一文獲《聯合報》副刊「愛的故事」散文徵文佳作。

十一月，出版詩集《悲涼》，收入一九七一年至一九八二年全部詩作(爾雅出版社印行)。

民國七十二年 八月二日，獲中國青年寫作協會頒贈「第一屆青年文學獎」，並當選爲青年寫作協會理事。

十月，出版《今生之旅》散文選四册（與鄭明娳共同編選，故鄉出版社發行）。

十一月，出版散文集《來時路》（即《穿內褲的旗手》改版，爾雅出版社印行）。

民國七十三年 三月一日，出版《七十二年詩選》（年度詩選値年主編，爾雅出版社印行）。

十月十五日，出版散文集《太陽神的女兒》（九歌出版社印行）。

十二月一日，出版《感人的詩》（希代書版有限公司出版）。

民國七十四年 三月十日，出版《七十三年散文選》（年度散文選値年主編，九歌出版社印行）。

四月，重排出版散文集《美的激動》（五十開袖珍本，文鏡文化事業有限公司發行）。

十月，以《太陽神的女兒》榮獲七十四年「金鼎獎」（優良圖書獎），得獎評語：「作者具有駕馭多種風格的創作能力，對生活、對自然、對青年、對文化皆有一種積極進取而超越表層的關懷與見解。」

民國七十五年 五月四日，以《來時路》榮獲七十五年「中興文藝獎章」（散文獎）。

五月十日，出版散文集《稻香路》（九歌出版社印行）。

十月，以〈鏗鏘〉一詩榮獲《中央日報》「千萬讀者，百萬徵文」詩歌類佳作獎。

民國七十六年 二月一日至十日，與洛夫、張默、向明、白萩等人應「千島詩社」諸社團之邀，赴菲律賓參加「菲華現代詩學研討會」，並順道訪問香港，認識藍海文、傅天虹等詩人，討論中國現代詩前途。

四月，編選《鼓浪的竹筏》（青春小夢之一，臺中晨星出版社印行）。

四月，出版評論集《現代詩學》二十八萬字（東大圖書公司，三民書局印行）。

四月，出版《感性蕭蕭》（蕭蕭散文自剖集）（希代書版有限公司出版）。

八月，離開景美女中，轉任北一女中教師。

民國七十七年

二月十日，出版《七十六年散文選》（年度散文選值年主編，九歌出版社印行）。

二月十六日至二十二日，與羅青應菲律賓「千島詩社」之邀，再度赴馬尼拉演講。

六月，獲行政院文建會及中國新詩學會頒贈「詩運獎」。

七月，「現代詩注」開始於《文藝月刊》逐月連載。

九月十日，出版散文集《與白雲同心》（九歌出版社印行）。

九月，「一行心情兩行淚」極短篇散文開始於《大華晚報》隔天連載。

十二月，應「合森文化事業有限公司」之邀，擔任編輯顧問。

民國七十八年

元月，出版《青少年詩話》（爾雅出版社印行）。

元月，「中學生詩話」開始於《幼獅文藝》及《青年世紀》隔月連載。

四月，出版微型散文集《一行兩行情長》（席幕蓉插畫，漢光文化公司印行）。

七月，出版詩集《毫末天地》（漢光文化公司印行）。
九月，因李瑞騰先生之推薦，赴文化大學教授「新文藝選讀及習作」。
九月，出版散文集《測字隨想錄》（合森文化公司印行）。自此書出版後，先後在《中國時報》闢「字字玄機」專欄，《聯合報》闢「神字妙算」專欄，掀起港台兩地測字熱潮。

民國七十九年

二月，出版《七十八年詩選》（年度詩選值年主編，爾雅出版社印行）。
七月，出版《字字玄機》（健行文化出版，九歌出版社發行）。
九月，應黃湘陽先生之邀，赴輔仁大學教授「新文藝習作」。
十月，出版《神字妙算》（躍昇文化公司印行）。

民國八十年

二月，出版《八字看平生，一字透玄機》（健行文化出版，九歌出版社發行）。
四月，編選《詩魔的蛻變——洛夫詩作評論集》（詩之華出版社印行）。
五月四日，獲中國文藝協會第三十二屆文藝獎章（散文創作獎），贊語曰：「表現敦厚而深情，鮮活而富情趣，作品中充滿對社會的關懷與愛心。」
六月，出版評論集《現代詩縱橫觀》（文史哲出版社印行）。
七月，出版論述《現代詩創作演練》（爾雅出版社印行）。

民國八十一年　三月，出版散文集《忘憂草》（九歌出版社印行）。
十月，出版散文集《每一滴汗水都有他自己的聲音》（耀文圖書公司印行）。

民國八十二年　二月，出版古典詩論著《從鍾嶸詩品到司空詩品》（文史哲出版社印行）。
六月，出版論述《現代詩廊廡》（彰化縣立文化中心印行）。
十月，出版散文集《站在尊貴的窗口讀信》（九歌出版社印行）。

民國八十三年　六月，出版散文集《四十七歲的蘇東坡，四十七歲的我》（爾雅出版社印行）。
九月，編選《詩儒的創造—瘂弦詩作評論集》（文史哲出版社印行）。
九月，編選《詩癡的刻痕—張默詩作評論集》（文史哲出版社印行）。

民國八十四年　三月，出版散文集《禪與心的對話》（九歌出版社印行）。
四月，編選《永遠的青鳥—蓉子詩作評論集》（文史哲出版社印行）。

民國八十五年　三月，出版詩集《緣無緣》（爾雅出版社印行）。
四月，出版散文集《心中升起一輪明月》（九歌出版社印行）。

民國八十六年　三月，出版論述《雲端之美，人間之美》（駱駝出版社印行）。
十一月，出版論述《現代詩遊戲》（爾雅出版社印行）。

民國八十七年 八月，出版論述《詩從趣味始》（幼獅文化公司印行）。

民國八十九年 二月，出版詩集《皈依風皈依松》（文史哲出版社印行）。